图书在版编目（CIP）数据

独立董事与公司治理 / 华生等著. –上海：东方
出版中心，2023.1
　　ISBN 978-7-5473-2111-9

　　Ⅰ.①独… Ⅱ.①华… Ⅲ.①上市公司－董事会－研
究－中国 ②上市公司－企业管理－研究－中国 Ⅳ.
①F279.246

中国版本图书馆CIP数据核字（2022）第235596号

独立董事与公司治理

著　　者　华　生　等
策 划 人　肖春茂
责任编辑　肖春茂
装帧设计　周伟伟

出版发行　东方出版中心有限公司
地　　址　上海市仙霞路345号
邮政编码　200336
电　　话　021-62417400
印 刷 者　山东韵杰文化科技有限公司

开　　本　890mm×1240mm　1/32
印　　张　12.875
字　　数　250千字
版　　次　2023年3月第1版
印　　次　2023年3月第1次印刷
定　　价　85.00元

华生

等 著

独立董事与公司治理

INDEPENDENT
DIRECTORS
AND
CORPORATE
GOVERNANCE

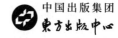

中国出版集团
东方出版中心

目　录

为严重的问题。本书的作者们从康美药业案引发的独立董事的职责边界问题入手，深入探讨了独立董事制度在中国土壤上的适应性和改造的可能性问题，提供了中外对比的各种制度规定和案例，并进一步提出现代企业特别是上市公司治理结构和制度建设，在中国现状下需要解决的深层次问题。由于公司治理结构和制度建设涉及公司法的相关规定，现在又正值全国人大常委会在向社会广泛征集对公司法修改的意见，所以本书在第五章把我们关于公司法修改的相关建议放了进来，并延伸讨论了作为现代企业制度基础的有限责任问题。希望这些思考和相关的资料对读者和相关研究者、决策者有所参考和启发。

本书是集体工作的产物，其中一些章节是由部分或大部分作者共同合作完成的，一部分是由个人独立完成的。作者有华生、汲铮、董申、张晓奇、蔡倩、梁寒。作为这个课题的负责人，书中若有任何错漏之处，我自当承担主要责任。

华　生

2022 年 12 月于北京

　　2021年11月19日,《我与上证报的故事|华生:风雨之中结友情》发表。上证报还在新华社客户端作了推送,文章的阅读量达到130多万。不过这个任务既然完成了,我就又重回自己读书的平静生活轨道。没有想到的巧合是,就在几天以后,康美药业的判决曝光,其中关于独立董事承担天价连带赔偿责任的问题,引起了社会的广泛关注和热烈讨论。这样我就被迫回答了几家媒体的追踪采访。12月4日,监管部门有关负责人也公开表态,表示“近期康美案引发了市场各方对独立董事制度的讨论。对各方完善独立董事制度的意见建议,中国证监会高度重视,已组织专门力量进行研究,将充分听取各方意见与相关部门积极沟通、推动系统性完善相关制度安排。中国证监会在着手对独立董事制度进行研究,将推进系统性完善相关制度安排”。上证报的同志把他们关于这个消息的报道发给了我,并说这个我呼吁多年的问题,终于引起了主管部门的关注。这时候我才意识到,没承想竟然是康美药业的司法判决,引爆了上下各方面对独立董事制度的关注。独立董事制度在中国的适应性问题可能第一次被提上了研究和解决的日程。这样当然就更值得深入研究论证,把问题真正说清楚。这样就引出了我与团队一起就独立董事制度问题连续写了6篇文章,无意中开始了和上证报又一次的合作与友情。

　　独立董事制度在中国的实践所遇到的扭曲和问题,长期以来不断受到人们的诟病。但是由于认识和利益的路径依赖,一直没有得到真正的审视,从而就惯性地维系下来。由于独立董事的存在,人们假定其发挥了对上市公司应有的监督作用,这样反而遮蔽了对公司治理结构和制度建设的真正缺口和问题的重视,其实这后者才是更

从独董制度到公司治理　　　　　（代序）

　　这本书的写作纯粹来自一个偶然的事情。本来近两年了，赶上疫情延绵不绝而有更多时间居家，除了带同事和学生们作一些学术研究，我自己也利用这个时间静下心来拉开距离，作了一些延伸阅读，看了一批哲学、人类学和历史学的书籍，思考这个剧变的世界给我们乃至人类所提出的挑战。

　　2021年10月底，《上海证券报》的同志突然联系我，说《上海证券报》创立30周年，他们搞了一个策划栏目，是《我与上证报的故事》，说我与上证报渊源颇多，也给过很多支持，特别希望我也能写一篇。上证报是我喜爱的一张证券报纸，特别是在2016年轰动中国资本市场的宝万之争的高潮中，当时正值我担任万科公司的独立董事，上证报为我提供了一个发声的平台，在头版头条和重要版面，破天荒地连续发表了我这样一个普通学者的7篇文章，成为宝万之争这个中国证券市场上的重要事件中浓墨重彩的一笔。当时在人们对保险公司等金融资本的恶性跨界扩张还存在着很多模糊和混乱认识的时候，上证报这样连续发表我的文章，也承担了相当大的责任和风险，我对此一直铭记在心。所以他们的约稿我一听就毫不犹豫地答应了。

第一章

从康美药业案看独立董事的
法律责任

第一节　康美案引发了什么[1]

　　既然有明确的法律规定，也有国际惯例的支持，那么为什么"康美案"首次对独立董事连带责任的追究还是引起了这么大的反响？究其原因，恐怕还是很多人已经习惯于独立董事拿的钱不算很多，因此也就应当没有多少投入和责任的常态。

　　"康美案"对独立董事的处罚具有积极意义，主要是指其引发了包括监管层在内的社会各界对独立董事制度存在问题的深度思考，对推动已践行20年的独立董事制度的全面改革与去向选择有深远意义。

———————————

　　上市公司财务造假大案康美药业特别代表人诉讼案（以下简称"康美案"）一审判决的宣判，开始了中国股市的特别代表人诉讼、上市公司重大违法普遍追究董事会成员个别责任的时代。其中，5名独

———————

1. 本节原发表在《上海证券报》的《上证观察家》栏目，作者：华生、董申、张晓奇，2021年12月14日。

立董事被判承担5%至10%不等的巨额连带赔偿责任，金额高达1.23亿元至2.46亿元，引起了社会各界的强烈反响和震动。

在中国证券市场上，人们多少已经习惯了在公司出现重大违法案件后，追究公司主要负责人和肇事者的经济和刑事责任。因此，这起连续3年以上财务造假并且造假金额超过1 200亿元，最终导致上市公司进入破产重组的恶性案件，其最终处理结果会严惩主要责任人和肇事者，应当说是人们的普遍预期。因此，广州市中级人民法院（以下简称广州中院）的一审判决结果公布后，相关主要责任人受到严肃处理并未引起多大关注。相反，分担责任较小的独立董事也被判决承担相对其收入金额巨大的连带赔偿责任，引发了广泛的讨论。

一、独董承担巨额连带赔偿责任，是否公平合理？

相较于被法院判决承担的1.23亿元至2.46亿元不等的连带赔偿责任，5名时任独立董事在康美集团任职期间所得津贴最多的仅为10万元左右，最少的则只有7.1万元。同时独立董事作为外部人，对于企业内部的真实情况了解有限。因此，独立董事收入与赔付金额之间的巨大反差所引发的判罚合理性与公平性，以及如果长此以往独立董事制度往哪里去的争论，自然成为"康美案"引爆的舆论焦点。

对巨额连带赔偿责任质疑的声音主张独立董事从上市公司拿到的薪酬很少，而且判决中的5名独立董事多数并不是公司财务方面的专家，亦非公司全职管理人员，每年只来公司几天最多十几天，掌握公司的日常经营信息有限，因此让他们鉴别财务报告的真实性实为强人所难。连带赔偿责任应该考虑到独立董事的个人能力、投入精力等其他要素，特别是考虑到职务收入水平后承担如此巨额的连带责任，在合理性和公平性上都欠妥。有人还举出了一些国际经验，如美国独立董事很少被追讨到要自掏腰包承担连带赔偿责任，又如日本以董事从其任职公司获取的一定年度平均薪酬、津贴的总额为限承担责任等。那么，这些意见是否真有道理？这些援引可靠吗？

首先，从法理上来看，赔偿或连带赔偿责任从来与工作时间、能力、精力、收入多少等无关。极端的例子是为他人提供担保签字盖章，这样一个简单往往也是善意的行为，就可能会带来巨额连带赔偿责任的后果。会计师事务所实际上通常对上市公司审计投入的时间和精力比独立董事大得多，会计师个人得到的收入相对而言可能更少，但是却被法律认定应承担更大通常是全额的赔偿责任。独立董事作为公司核心决策机构的董事会成员，在上市公司出现重大违法案件时，应承担相应的经济责任和法律责任，在法律上早有明文规定。独立董事也是董事，并没有超越法律的特殊豁免权，这一点在国内国外都是一样的，并不存在中国的法律包括《证券法》特别严苛的问题。

那么，一些人援引的国际惯例又是怎么回事呢？仔细去查，这些援引并不严肃严谨。与我国独立董事制度引进20年来，直至此次"康美案"之前几乎从不追究独立董事的经济法律责任与连带赔偿责任不同，国外的较少追究并不是不追究。如美国，虽然一般情况下确实很少追究独立董事的个人连带赔偿责任，但是在与"康美案"性质一样的案件中，如同样是因为长期财务造假导致公司破产重组、股东蒙受巨额损失的安然事件中，在安然公司、投资银行、会计师事务所等赔付47.69亿美元弥补投资者损失的同时，独立董事们也支付了高达1 300万美元和150万美元的和解金给投资人和安然公司员工才免于被起诉追究刑事责任。而在另一起重大财务造假导致公司被迫破产重组的世通案件中，独立董事们则是支付了2 000万美元的和解金，免于被中小股东提起诉讼追究其刑事责任。可见，在美国同样性质的案件中，独立董事不仅要负经济责任，还面临刑事诉讼的风险。

再如，日本的《公司法》第425条规定了公司可以在章程中设置以董事从其任职公司获取的收入设定赔偿比例。但是，该规定的适用条件为"善意和无重大过失"的情况。特别是该法第429条更进一步明确了这种限定只适用于公司本身追究董事赔偿责任，不适用于第三者主要是以公司股东为代表要求的损害赔偿。由此可见，在日本这类股东可以索赔的案件中，并不存在可以和被告收入挂钩设置倍数来封顶一说。

其实，在广州中院对"康美案"的一审判决中，已经基于相关责任人担任职务的不同对其应负的连带责任作出了区别化的裁定，包括公司实际控制人在内的5名高管和董事被判100%连带赔偿责任并追究其刑事责任，而独立董事们则分别按情况承担5%至10%的连带责任。可以看出，作为中国特别代表人诉讼案的第一例，法院在判决时，特别是对涉及的独立董事连带赔偿责任时，在严格依照法律的同时又采取了格外审慎和严谨的态度。这就使得"康美案"的判决更具有不同寻常的分量和意义。

既然有明确的法律规定，也有国际惯例的支持，那么为什么"康美案"首次对独立董事连带责任的追究还是引起了这么大的反响？

究其原因,恐怕还是很多人已经习惯于独立董事拿的钱不算很多,因此也就应当没有多少投入和责任的常态。所以很多人最直接的反应还是试图从减少独立董事的赔偿责任和增加独立董事的保险和待遇方面去努力恢复原先的平衡。问题是,用进一步增加市场主体和广大投资者负担的办法去维持独立董事原先的太平日子真有必要吗?

现在,司法已经走到了实践和研究的前面,如果我们还在找种种理由来修补粉饰、试图回到花好月圆相安无事的过去,已经既不可能,也太不应该了。况且随着监管机构陆续推出特别代表人诉讼、公开征集股东权利委托行使等重大改革创新举措,可以想见,今后这类维护中小股东权益、追究相关责任人的案件还会明显增多。从这个意义上我们可以认为,监管创新和司法推进已经不可阻挡地掀开了中国上市公司治理制度全面改革新的一页。

所以,"康美案"的重大意义,就是揭开了独立董事职务风险的盖子,暴露了现行独立董事制度的设计缺陷与问题,从而可以大大推动上市公司治理结构的改革完善。

二、巨额连带赔偿责任给中国独董制度带来的冲击

我们说"康美案"对独立董事的处罚具有积极意义,主要是指其引发了包括监管层在内的社会各界对独立董事制度存在问题的深度思考,对推动已践行20年的独立董事制度的全面改革与去向选择有深远意义。独立董事巨额连带赔偿责任的判决给中国独立董事制度带来的冲击是史无前例的,也可以说击中了现存独董制度问题的要害。

　　长期以来，大股东、实际控制人或公司核心高管的亲朋好友及其推荐的人，是中国上市公司独立董事人选的主要来源。独立董事以学者、教授和财务与法律白领精英为主，其薪酬年平均在8万元至10万元。这笔钱不算很多，但相对于其本职收入来说，也还是一笔不错的收入。此外，担任上市公司的独立董事还对扩展自己的人脉和社会关系、增加自己的知识和信息面，也有帮助。在这种基于亲朋好友推荐而取得信任关系的独立董事现状下，尽管有不少独立董事当选后也还是努力负责的，但是显然从本质上就难以发挥监管部门和中小股东所期待的作用。这一制度能够长期维系而相安无事，从上市公司来说是遵守相关法规规定的必选动作，从独立董事来源的供给上则是由于薪酬和潜在收益与责任和风险不大之间的对称平衡。

　　"康美案"引发的就是这种收益和风险之间的失衡。因此当本来被认为是无风险的独立董事有可能对公司违法的经济损失负连带赔偿责任时，有些独立董事提出离职显然是情理之中的事。由此可见，在现有的独立董事制度下，免除或减少独立董事的责任和风险，既不符合相关法律的规定，也会带来独立董事更加不必负责任的道德风险。但是，重罚或会带来逆向选择从而使独立董事队伍的素质下降。"康美案"揭示的现行独立董事制度的这种两难困境，才是其深层次的真正拷问和挑战。

　　风平浪静、岁月静好了20年的独立董事制度竟然会被一个"康美案"所引爆，这恐怕是很多人始料未及的。要回答这个问题，需要回顾我们当年引进独立董事制度的历史背景。2001年正是中国加入世贸组织的这一年，其时融入国际社会、与国际准则和惯例接轨是当时的大潮流。而中国也确实从加入世贸和接轨中获益良多。这也是20年来中国经济实现腾飞的重要外部条件。但是不能不说，由于历史的局限和当时我们认识和经验的匮乏，在引进中也多少有一些难以避免的盲目性和弯路。如2001年在证券市场上，也正是受到国际市场上原始发起人股可以自由流通的规则影响，中国在那一年启动了国有股减持的工作。由于国有股在中国股市创立之初，为防止国有资产流失，就公开郑重宣布暂不流通，实行的是国有股法人股按净资产转让的规则，中国股市已经长期形成了流通股和非流通股不同的价格和产权认定。因此，国有股按市价减持给证券市场造成了巨大的冲击并引起了激烈的争论。后来，国务院果断废止了减持规定，党中央在2005年决策开启了股权分置改革，最终以符合中国国情的方式顺利地完成了流通股与非流通股的并轨，被公认为是中国证券市场改革取得的巨大成功和奠基之举。与此类似，独立董事的设立本来是20世纪90年代国企海外上市的产物，这样有关方面就开始建议国内上市公司也可以设立独立董事。2001年设立的独立董事制度，因其当时的作用与影响并不大，在长期实践中并没有得到真正的审视，并由于路径依赖维系下来。"康美案"的意义就在于它暴露了我们现在对独立董事制度认识的众多误区，警醒我们必须去重新面对和回答一些本源的问题：现行的独立董事制度能够实现人们期待的功能吗？现行法规对独董薪酬来源和人员构成的要求是确有道理还是走入了误区？独立董事的本来职责真是我们今天要求的那样吗？

第二节　美国对独立董事法律责任的追究[1]

康美药业连续3年财务造假,涉案金额超过1 200亿元,最终导致公司进入破产重组程序。康美药业财务造假案一审判决5名独立董事承担5%—10%不等的连带赔偿责任,涉及金额高达1.23亿元至2.46亿元,因与其职务收入的巨大反差引发了对判罚合理性与公平性的质疑,从而引发了广泛的讨论。他山之石,可以攻玉。这里试从独立董事(外部董事)这项舶来制度的源发地——美国来作审视,类似于康美这种公众公司财务造假案中的独立董事是否会被追究法律责任。

一、康美独立董事在美国

康美案中,法院根据《中华人民共和国证券法》(2014年修订)第69条规定,发行人、上市公司的董事、监事、高级管理人员和其他直接责任方,在公告的财务报告、年度报告、中期报告、临时报告以及其他信息披露资料中,有虚假记载、误导性陈述或者重大遗漏,致使投资者在证券交易中遭受损失的,应当承担连带赔偿责任。5名独立董事"虽然并未直接参与财务造假,却未勤勉尽责,存在较大过失,且均在案涉定期财务报告中签字,保证财务报告真实、准确、完整,所以前述被告是康美药业信息披露违法行为的其他直接责任人

---

1. 本节作者汲铮。

员"[1]。法院认定5名兼职独立董事,不参与康美药业日常经营管理,过失相对较小,其中2名仅在《2018年半年度报告》中签字的,被判承担5%范围内投资者损失的连带责任,其他3名10%范围内承担连带责任。从以上判决可以看出,在我国司法实践中,独立董事与其他董事尽等同的义务、承担同样的责任。独立董事虽未涉入日常经营,但法律要求其要尽勤勉义务,并且要求在年度报告、半年度报告等信息披露资料中签字的董事对财务真实性与可靠性负责。

康美案在美国是典型的证券欺诈集团诉讼,又称代表人诉讼(representative suit),指公司某类股东权益受到侵害,其中一位或者数位股东为了自己和所有受到同种权益侵害的股东而提起的诉讼。一般是由上市公司未及时披露对公司股价可能发生重要影响的信息而引发。在美国,提起证券欺诈诉讼的法律依据是《证券法》第17条以及《证券交易法》第10条,具体如下:"任何人直接或间接地利用任何洲际通商、邮政方式或手段或全国性证券交易机构进行下列行为均属违法:(1)用任何工具、阴谋或手段进行欺诈;(2)对重大的事实作不真实的表述;或在表述时,考虑到表述行为所处的情势,为使表述不令人产生误解,遗漏的重要事实是该表述不可或缺的一部分;(3)参与任何构成或可能构成对他人的欺诈或欺骗的行为或商业行动。"可以说,《证券法》第17条和《证券交易法》第10条是美国证券法制的反欺诈条款的基石。

在证券欺诈集团诉讼的被告中独立董事通常也会被列在其中。

---

1. 康美案判决书。

虽然没有具体的数据统计有多少独立董事被列为被告，但美国学者估计，每年大约有十几起诉讼将独立董事列为被告。此类案件大都以和解结案，独立董事偶尔会负有责任，但自掏腰包的责任是极为罕见（extremely rare）的[1]。自1991年到2004年底，美国共有3 239起联邦证券集团诉讼，其中有1 754起案件以和解结案。在这些和解结案的案件中，是很难甄别出外部董事究竟支付了多少赔偿金的。为此，有研究者对原告首席律师、董责险的保险人和保险经纪人进行了电话调查，调查发现，只有4起案件的外部董事自掏了腰包予以赔偿，其中就包括广泛报道的安然（Enron）案和世通（WorldCom）案[2]。可见，倘若作为公司董事会成员的独立董事并没有履行信义义务（fiduciary duty）并造成了严重后果肯定会被追责。至于，能否到承担自负财产责任的程度还要看独立董事是否足够富有，这点与美国的制度安排有关，后面会作进一步介绍。所以，从康美财务造假案来看，无论是在中国，还是在美国，独立董事无疑同样会承担连带经济责任。

二、美国独立董事的信义义务

综上所述，在财务造假（欺诈）类的案件中，独立董事（外部董事）虽未直接参与，但倘若造成严重后果，委托人（股东）有理由怀疑独立

---

1. Bernard S. Black, Brian R. Cheffins and Michael Klausner. "Outside Director Liability: A Policy Analysis," *Journal of Institutional and Theoretical Economics* (JITE), March 2006, Vol. 162, No. 1, pp.9-10.
2. 邢会强，《美国如何追究独立董事的法律责任？》，https://weibo.com/ttarticle/p/show?id=2309634705569893384451。

董事未尽信义义务。根据特拉华州法律[1]，公司和其他实体的高级职员、董事和其他控制人负有三项主要的信义义务：① 注意义务（the duty of care）；② 忠实义务（the duty of loyalty）；③ 善意义务（the duty of good faith）[2]。以安然案为例来看看司法实践中对信义义务的争辩，一份来自美国参议院政府事务委员会常设调查小组委员会对安然案的调查报告[3]。2002年5月7日，小组委员会就安然公司董事会维护股东利益的角色和责任，以及安然公司倒闭和破产中所扮演的角色举行了听证会。

在访谈中，所有13名安然董事会成员都强烈反对上述调查报告中关于董事会未能履行监督职责的结论。他们辩称，他们合理地依赖安然管理层、安达信（Andersen）和文森-埃尔金斯（Vinson & Elkins）提供的保证，并履行了对公司运营进行合理监督的义务。在听证会上，董事会的所有5名证人都明确拒绝对安然公司的倒闭承担任何责任。前执行委员会主席约翰·邓肯（John Duncan）作证说，董事会"努力工作""问了一些探索性的问题"。他表示安然的问题在于安然的管理层没有"说出真相"，管理层和安达信的人员都"很清楚公司面临的问

---

1. 特拉华州的"公司法"在美国是最有影响力的，因为超过50%的美国上市公司，包括64%的财富500强，都选择在该州注册。

2. Lopez, Erik (June 27, 2015). "Fiduciary Duties: Minority Shareholder Rights," The M&A Lawyer Blog. Jasso Lopez PLLC. Retrieved August 28, 2015.

3. Report prepared by the permanent subcommittee on investigations of the committee on governmental affairs, United States Senate, "The role of the board of directors in Enron's collapse," 2002.

题,却没有告诉我们"。前财务委员会主席威诺库先生作证说,安然公司"提醒人们董事的作用是有限度的",而董事本质上是一份"兼职工作"。他说:"我认为,我们不能因为没有解决或补救向我们隐瞒的问题而受到批评。"安然董事会成员否认对安然公司的倒闭承担任何程度的个人责任,这是一个很明显的指标,表明董事会未能认识到其在制定公司总体战略方向、监督管理和确保负责任的财务报告方面的信义义务。

安然的董事们抗议说,他们不能为对管理层以及安达信等机构的不当隐瞒行为负责,但调查委员会认为安然的众多错误都是众所周知的,并没有向董事会隐瞒。董事会知道并批准了高风险会计做法、大量未披露的账外交易、不当的利益冲突交易和过多的薪酬计划。调查委员会的调查并没有证实安然董事会成员质疑管理层并提出尖锐问题的说法。相反,调查发现,董事会经常依赖安然管理层和安达信的陈述,很少或根本没有努力核实所提供的信息,很容易批准新的商业项目和复杂的交易,对公司运营的监督薄弱。这违反注意义务。同时,调查还发现了一些董事会成员与安然之间的财务联系,这些联系共同引发了对董事会成员独立性和挑战管理层意愿的质疑。这违反了忠实义务。在听证会上,小组委员会发现了十多个危险信号,这些信号本应促使安然董事会提出尖锐的问题,审查安然的政策,并考虑改变路线。这些危险信号没有被注意到。在很多情况下,由于存在问题的做法,并依赖管理层和审计人员的陈述,安然董事会未能提供审慎的监督和制衡,而这是其善意义务所要求的。

由此可见,董事会未能履行信义义务中所要求的三个义务,未能提供足够的监督和约束来阻止管理层的过度行为,安然董事会促成了公司的崩溃,应对此负有一定责任。在安然案中,联邦法院批准的一系列和解分配计划中,安然公司的前董事是唯一达成和解的个人,他们总共需要赔付1.68亿美元给投资者以弥补在安然丑闻中的损失,其中1 300万美元为董事自负,其余为董责险(D&O Insurance)覆盖。

三、独立董事诉讼制度的平衡性追求

安然和世通的外部董事支付了数千万美元的个人款项,这引发了人们的担忧,即董事们同意担任公司董事会成员,从而将他们的个人净资产置于风险之中。但正如前文所述,个人自负责任仍然是例外,而不是常态。美国学者总结道,会计丑闻足够明显,且董事会的监督失职现象极为严重,致使公司破产,同时独立董事足够富有,以至于值得追诉[1],独立董事才可能需要承担自负的财产责任,典型案例就是安然案和世通案。一般来讲,倘若未及上述案例的严重程度,独立董事会受到多重的制度保护。

首先,独立董事受经营判断规则(business judgment rule,也译作:商业判断规则)保护。经营判断规则是从公司法中判例法衍生的一种原则,在正常情况下,董事的行动受到经营判断规则的保护,该规则假定控制人的行为是适当的,只要他们本着善意,在知情的基础上采取行动,并真诚地相信所采取的行动符合公司的最佳利益,即我们前述

---

1. Bernard S. Black, Brian R. Cheffins and Michael D. Klausner. "Outside Director Liability," *Stanford Law Review*, Vol. 58, 2006, p.1140.

文章所介绍的信义义务。除非原告能证明存在欺诈、非法或者利益冲突的情形，否则法院就会认为董事已尽信义义务，从而受到经营判断规则保护。经营判断规则是法庭对董事的一种承诺，如果董事的决策满足前述条件，那么法院将尊重并保护董事的独立性，即使董事的决策事后被认为是错误的，亦无需承担相应责任。因此，秉承这个法律精神，法院在作裁定时，也仅仅对董事决策的程序进行审查，而不介入决策的实质性内容。法院无权对涉诉交易提出自己认为适当的经营策略，而否定董事曾经作出的经营判断。此外，为了质疑公司董事会的行为，原告要承担举证责任，即"提供证据证明董事在作出被质疑的决定时，违反了他们的善意、忠实或注意的三义务中的任何一个"。

其次，美国州立法允许公司补偿董事的损失。特拉华州在1986年修改了标准公司法，增设了102b-7条，允许公司章程中设立"免除或限制董事违反其对公司和股东的信义义务而承担的个人经济赔偿责任"。除非董事违反对公司或股东的信义义务，比如违反了忠实义务、善意义务和注意义务等。美国《示范公司法》第2.02b-4条也有相似免除条款。这样一来，在满足以上条件，倘若董事被诉讼，即使输了官司，经济赔偿责任也会由公司代为履行。

最后，董责险会覆盖绝大多数情况下独立董事的经济赔偿。董责险是一种责任保险，是针对公司的董事和高级管理人员，或组织本身。当被保险人因其不当行为而受到法律诉讼而遭受损失时，作为赔偿（补偿）或预付辩护费用。这种覆盖范围可以扩大到刑事、监管调查或审判所产生的辩护费用。不过，如果作为被告的董事输了官司，其将不能获得保险公司提供的保险金，而以和解的方式解决纠纷则可以。同时规定,被认为违反了《证券交易法》第10b-5条、从事欺诈行为的被告不得享受公司提供的免责及相关补偿待遇。因此,为了获得保险金及享受公司的免责条款,被告更愿意选择以和解的方式解决纠纷。在这种情况下,董事很少需要自掏腰包。

综上所述,除了与康美案类似造成公司破产等严重后果的世通案或安然案外,美国对于独立董事法律责任的追究意在寻求一种平衡,一种信义义务与经营判断规则间的平衡。一方面,根据美国的经营判断规则,董事和高级管理人员在其商业活动中享有广泛的自由裁量权,法庭充分予以尊重;另一方面,倘若董事违背信义义务,其将不再受经营判断规则保护,从而为股东提供了一定程度上的保护。这种制度安排伴随着董事会由经营层为主的内部管理型董事会向以外部董事为主的监督型董事会的转变。对于董事而言,最为重要的工作也由原来负责公司的经营管理转向了把握战略方向、监督、选聘与评估管理层等,这也是强化监督所要求的独立性原则引致的兼职属性带来的必然结果,而上述司法诉讼的一系列机制设计也是为这一安排所提供的法律保障。

第三节　美国董事信义义务的法律原则[1]

在英美普通法系中,信义义务是一个重要的概念。具体而言,凡一方当事人对另一方当事人给予信任和信赖,被信赖一方的义务不

---

1. 本节作者汲铮。

能被完全约定，需要靠法律对这种义务的框架进行规定的法律关系均属于信义关系，被信赖方要履行的义务就是信义义务。在金融学意义上讲，信义义务的存在是为了确保那些管理他人资金的人为受益人的利益行事，而不是为他们自己的利益服务，其是衡平法或法律中的最高谨慎标准。公司的董事与公司和股东间就是信义关系，其要求董事绝对地、不可动摇地、以最大的谨慎履行其义务，以合理、合法的方式行使其权力，不仅必须坚决维护其所管理的公司利益，而且必须避免从事任何对公司不利的活动，或者使公司丧失其本应得的利益[1]。

《特拉华州普通公司法》第141条e款，规定"董事会成员或者董事会设立的委员会成员，善意依赖公司记录，善意依赖公司高级职员或者雇员，或者董事会委员会向公司提供的信息、意见、报告或者陈述，或者善意依赖经公司或者公司的代表人以合理的谨慎选任的任何其他人向公司提供的信息、意见、报告或者陈述，且合理地认为该其他人对于所涉事项具有专业能力或者专家能力的，则该董事会成员或者董事会设立的委员会成员履行职务时受完全保护"。以上是特拉华州《公司法》对董事信义义务的规定，其被具化为：注意义务、忠实义务以及善意义务。

注意义务要求控制人在充分考虑所有信息后，在知情的基础上采取行动。这一义务要求这些人合理地熟悉自己可供选择的方案。在这样做时，他们可以依靠雇员和其他顾问，只要他们是以批判的眼

---

1. Guth v. Loft Inc, 5 A.2d 503, 23 Del. Ch. 255 (Del. 1939).

光审视,并不是毫无疑问地接受提供给他们的信息和结论。忠实义务要求控制人关注公司及其他所有者的利益,而不是他们的个人利益。一般来说,他们不能利用职务所获得的信任、信心以及内部信息来促进私人利益,或批准一项不利于公司或其他所有者而为他们提供个人利益(如继续就业)的行动。善意义务要求控制人在作出商业决策时谨慎,即处于类似职位的合理谨慎的人在类似情况下会使用的谨慎。当控制者出于不正当的目的或(某种情况下)他们的行为产生严重不公平的结果时,即使他们的行为不违法,他们也非善意行事。

实践中,美国法院在判定中逐步完善对信义义务中的注意义务、忠实义务以及善意义务的注解。下面介绍美国历史上与此相关的标志性案例来感受司法实践中的法律原则。

标志性案例一：信义义务法律原则的确立　古斯诉劳弗特案[1]

对于美国公司法而言,古斯诉劳弗特案(Guth v. Loft Inc案)是非常重要的判例(特拉华州公司法案例),其涉及董事信义义务,尤其是忠实义务的司法基本精神。同时也打破了1726年在基奇诉桑福德案(Keech v. Sandford案)中确立的"受托人不应在其私人交易和受托工作之间留有任何利益冲突的可能性"规定。

查尔斯·古斯(Charles Guth)是劳弗特(Loft, Inc.)的总裁,该公司是一家糖果和糖浆制造商,在其店里的汽水机提供可乐。劳弗

---

1. Guth v. Loft Inc, 5 A.2d 503, 23 Del. Ch. 255 (Del. 1939).

特公司一直从可口可乐公司购买可乐糖浆,但在可口可乐拒绝给劳弗特公司更大的批发商折扣后,认为从百事可乐公司购买会更便宜。然而,百事可乐公司在古斯询问从百事可乐获得糖浆之前就破产了。古斯随后自己购买了百事可乐公司及其糖浆配方。在劳弗特公司化学家的帮助下,古斯重新制定了配方,并很快声称要将糖浆配方卖给劳弗特公司。随后,古斯被劳弗特公司股东起诉,声称他没有向劳弗特公司提供这个机会,而是挪为己用,从而违反了对公司忠诚的信托义务。

法院认为,考虑到所披露的所有事实和情况,获得百事可乐商标和配方、商誉和业务的机会属于劳弗特公司,而古斯作为其总裁,没有权力将这个机会占为己有。古斯诉劳弗特案是特拉华州所有忠诚义务案件的始祖。该决议引入了一个基本理念,法官丹尼尔·莱顿(Daniel J. Layton)是这样表述的:

公司管理人员和董事不得利用职务之便为自己谋取私人利益。虽然严格意义上来讲他们不是受托人,但他们与公司及股东之间存在信义关系。基于对人类特征与动机的深刻理解,长期以来的公共政策形成一条准则,要求公司高级职员或董事绝对地、坚定不移地、以最大的谨慎履行其义务。这条准则不仅要求高级职员或董事坚决维护公司的利益,而且避免其从事任何对公司不利的活动,致使公司丧失本应得到的利益,同时使其能够合理合法地行使其权力[1]。

此外,倘若一家公司因为① 没有钱、② 不同的业务和/或③ 它没

---

1. 英文原文见链接1-1。

有"兴趣或合理期望"来把握住这个机会，而发现一位董事合法地为自己抓住了这个机会，这并没有任何问题。莱顿法官认为忠实义务并没有一成不变的标准，它取决于案件的事实，法院可就任何交易的公正性进行调查并作出决定。《特拉华州普通公司法》第144条也遵循了这一规定。

标志性案例二：明确经营判断规则保护的前提 史密斯诉凡·高尔科姆案[1]

史密斯诉凡·高尔科姆案（Smith v. Van Gorkom案），通常被称为环联公司案（Trans Union案），是特拉华州最高法院的案件，讨论了董事的注意义务。此案之所以被认为是一个重要案例，是因为它明确指出：倘若董事会违反了对公司股东的注意义务，经营判断规则的保护不再有效。该判例"剥夺了公司董事和管理人员以前由商业判断规则提供的保护外衣，使他们因违反规则规定的职责而承担重大过失侵权责任"[2]。

该案涉及由杰伊·普利兹克（Jay Pritzker）控制的玛蒙集团（Marmon Group）提议的对环联公司杠杆收购。作为环联公司董事长兼首席执行官的被告凡·高尔科姆（Jerome W. Van Gorkom）在未咨询外部金融专家的情况下选择接受55美元的提议价格。他

---

1. Smith v. Van Gorkom 488 A.2d 858 (Del. 1985).

2. Howell L A. "Post Smith v. Van Gorkom Director Liability Legislation with a Proactive Perspective," Clev. St. L. Rev., 1988, 36: 559.

只咨询了公司的首席财务官以确定适用于杠杆收购的每股价格。凡·高尔科姆和首席财务官没有确定公司的实际总价值。在一次持续2个小时的会议上，董事会批准了环联公司以55美元每股的价格出售，然而参会前董事并不知晓会议议题。法院对此高度批评，写道"记录中没有任何有力的证据表明55美元代表了公司的每股内在价值"。此外，在会议中，也没有讨论管理层先前的反对意见；同时一些相关的内容也未披露，包括凡·高尔科姆用以得出提议价格的有疑问的计算方法。

在史密斯诉凡·高尔科姆案判决书中，特拉华州最高法院驳回了被告的辩护观点，董事会表示接受要约的决定是基于他们的专业知识，同时声称这是正确的，因为以高出市场价格48%的溢价出售表明这是一笔不错的交易。法院认定董事们严重疏忽大意，因为他们在没有大量询问或任何专家建议的情况下迅速批准了并购。因此，董事会违反了对公司股东的注意义务，不再受经营判断规则的保护。并批准了和解协议，环联公司董事向公司及股东支付了高额赔偿[1]。法院表示：

该规则本身"是一种假设，即在作出商业决策时，公司董事在知情的基础上，本着善意和诚实地相信所采取的行动符合公司的最佳利益"。因此，攻击董事会决定为不知情的一方必须反驳其经营判断

---

1. 法院将该案发回重审，以确定董事会作出决定时的公允价值，并在公允价值超过55美元的范围内裁定赔偿金。该案在判决之前以2 350万美元的价格和解，大约相当于每股1.87美元。赔偿的条件是Trans Union公司或董事个人的保险公司支付1 000万美元，其余的1 350万美元大部分由收购Trans Union公司的Pritzker公司出资。

是知情的假设[1]。

史密斯诉凡·高尔科姆案使经营判断规则保护的前提清晰了很多。但批评的声音指出，高额的赔偿责任强烈抑制了潜在的优秀人才进入董事会任职，而这会导致更糟糕的公司治理状况。其后，特拉华州修订了《特拉华州普通公司法》，增加了第102b-7条。该条款允许公司在其公司章程中采用一项董事豁免的条款，使董事不必因违反信义义务而承担个人赔偿责任。

标志性案例三：董事监督义务的拓展　凯尔马克公司派生诉讼案[2]

凯尔马克公司派生诉讼案（Caremark International Inc. Derivative Litigation案）是特拉华州衡平法院的民事诉讼案，是美国公司法中的一个重要案例，其因其对监督职责的扩展而最为人所熟知并得到广泛引用，也正是因为此案，企业普遍加强了合规建设。撰写判决意见书的首席法官艾伦（Allen）提出了关于合规的问题："为了使公司得以通过在法律范围内的运营来实现目标，董事会需在组织和监督企业方面担负起哪些责任？"

1994年，凯尔马克公司的股东向特拉华州法院提起了派生诉讼，指控董事未能建立适当的内部控制和信息报告系统，从而违反了他们应尽的信义义务（fiduciary duty），他们未能阻止吃回扣的违法行为发生，对公司造成了严重的影响。在诉讼的前一年，在政府对其不

---

1. 英文原文见链接1-2。

2. Caremark International Inc. Derivative Litigation, 698 A.2d 959(Del. Ch. 1996).

正当行为的持续调查压力下,凯尔马克公司董事会的审计和道德委员会通过了一项新的内部审计章程,要求对合规政策进行全面审查。因此,股东认为,这足以让董事会掌握足够的信息并引起警觉。事实上,就在衍生诉讼发生前一天(8月4日),明尼苏达州联邦陪审团发起了一项对凯尔马克公司在该州的2名销售人员"中饱私囊"的行为的诉讼,董事会从管理层处获悉,并随即召开董事会议商讨此事,否认与起诉书有关的任何不当行为。次日5名股东提起派生诉讼,声称董事会违反了监督义务,未能充分监督员工行为,也没有采取措施纠正,任由事态发展,使凯尔马克公司面临罚款和遭受损失。其后的几个月内,凯尔马克公司又陆续收到若干份起诉,其均予以了否认,并声称诉讼事由均未触及特拉华州法律的红线。之后,凯尔马克公司逐步关停了涉嫌违规的项目,并在得到董事会的批准后主动寻求和解并愿意支付赔偿金。

　　法官批准了和解,要求董事会对企业雇员进行更严格的监督,同时首席法官艾伦指出,董事无须事无巨细地参与到公司治理的方方面面,大多数公司决策不需要董事监督。"从法律上讲,董事会本身只要批准最重要的公司行动交易:兼并、资本结构的变化、业务的根本变化、CEO的任命和薪酬等。"[1]董事会没有义务也没有必要去"监视"公司的每一名员工。

　　自史密斯诉凡·高尔科姆案以来,"掌握相关和及时的信息是董事会履行《特拉华州普通公司法》第141条所规定的监督及监察职责

---

1. 英文原文见链接1-3。

的重要前提。"[1]董事们必须确保组织中存在的信息和报告系统能够合理地为高级管理层和董事会提供及时、准确的信息，足以使管理层和董事会在其范围内，对公司是否遵守法律及其经营业绩作出知情判断。如果没有一些合理的制度，董事可能会因不遵守适用的法律标准而承担损失。可见，公司董事的信义责任包括董事有义务采取一些积极的法律合规措施。具体而言，董事会"有责任确保管理层建立适当的信息和报告系统"[2]，以确保公司遵守其运营所依据的关键监管制度。这条随后成为特拉华州公司法评估董事监督责任的必要条件。

凯尔马克公司派生诉讼案后，法院定义了一项多因素测试，旨在确定何时违反了这种注意义务（此案中监督义务被归为注意义务，其后被归为忠实义务）。原告必须证明：

（1）董事知道或应当知道公司正在发生违法的事情[3]。

（2）但董事却置之不理，没有拿出有效手段去阻止违法行为[4]。

（3）董事的失职导致了公司的损失[5]。

标志性案例四：信义义务的"程序"判定　迪士尼公司派生诉讼案[6]

在迪士尼公司派生诉讼案（Walt Disney Co. Derivative Litigation

---

1. 英文原文见链接1-4。

2. 英文原文见链接1-5。

3. 英文原文见链接1-6。

4. 英文原文见链接1-7。

5. 英文原文见链接1-8。

6. Walt Disney Co. Derivative Litigation 907 A. 2d 693 (2005).

案）中，涉及董事信义义务中的善意义务，大多数意见都围绕着对"恶意"定义的讨论展开。这里作者想展示的是美国司法实践中，信义义务判断中法院所奉行的主旨，"最低限度的程序主义标准（minimalist proceduralist standards）"，即董事为避免因违反义务而个人承担所造成的商业损失的责任所必需的行为是很低的。

迈克尔·奥维茨（Michael Ovitz）是创新艺人经纪公司（Creative Artists Agency）的创立者，是好莱坞一流的人才发掘者，年收入2 000万美元。1995年，迪士尼公司的董事长迈克尔·艾斯纳（Michael Eisner）希望他加入，并在迪士尼薪酬委员会主席欧文·拉塞尔（Irwin Russell）的带领下与他就薪酬问题进行了谈判。直到谈判顺利进行时，薪酬委员会和董事会的其他成员才被告知。奥维茨强调他每年的总收入约为2 400万美元。如果一切顺利，他的薪水会上涨；如果事情不顺利，他会获得一份离职补偿金。欧文·拉塞尔提醒说，该公司的薪酬明显高于正常水平，会招致非常强烈的批评。薪酬专家克里斯托（Crystal）警告称，奥维茨得到的是"低风险高回报"的职位，但该报告并未得到整个董事会或委员会的批准。1995年8月14日，迈克尔·艾斯纳在薪酬委员会正式开会讨论之前向新闻界发布了任命。欧文·拉塞尔、雷蒙德·沃特森（Raymond Watson）、西德尼·波埃特（Sidney Poitier）和小伊格纳西奥·洛萨诺（Ignacio E. Lozano, Jr.）于9月26日会面了一个小时，他们讨论了其他四个主要项目，但并没有邀请顾问克里斯托。不到一年，奥维茨就失去了艾斯纳的信任，在没有重大过失的情况下终止了他的合同。奥维茨一年的工作获得了1.4亿美元。股东们提起了派生诉讼，争议聚焦在两个决定：① 聘用奥维茨；② 解雇奥维茨。

特拉华州最高法院的雅各布斯法官撰写判决意见书时提出六个主要观点：① 奥维茨在与迪士尼公司协商雇佣协议时，并没有违反其信义义务；② 奥维茨在被解雇时接受了雇佣协议中规定的1.3亿美元的遣散费，并没有违反他的信义义务；③ 有充分的证据表明公司的薪酬委员会在批准奥维茨的雇佣协议时并未违反其信义义务；④ 在首席执行官和公司总法律顾问已经决定解雇奥维茨时，董事会和薪酬委员会都无需就奥维茨的离职进行投票；⑤ 有足够的证据表明，CEO和公司总法律顾问在认定奥维茨不能被正当理由解雇时支付其遣散费，并没有违反其信义义务；⑥ 支付遣散费不构成合法浪费。

首席法官钱德勒（Chandler）指出，本案职能以重大过失为依据，这意味着"漠视或故意无视全体股东"或者"无理性的界限"的举动。正是出于这个原因，"违反注意义务的行为很难查实"。艾斯纳聘用奥维茨的决定是一个商业判断。要反驳这一观点，就必须证明存在重大过失或恶意。他说他已经正确地了解所有事实，所以这并不是严重过失（即使这种行为本不应该作为一个范例，"尤其是在他把自己封为自己魔法王国的无所不能、永不犯错的君主时"）。这是出于善意，并且主观认为这是符合公司的最大利益。

标志性案例五：无经营判断的董事监督职责　斯通诉里特尔案[1]

在具体介绍这个案例前，这里先补充个背景知识：在美国，股东

1. Stone v. Ritter—911 A.2d 362 (Del. 2006).

提起派生诉讼之前必须先向公司提出诉讼请求，通过这种前置程序的设置给股东增加成本，以抑制诉讼袭扰的发生，同时这也秉承了美国公司法一贯的理念，即法庭不介入公司事务中，尽量将公司经营决策的最终决定权交由董事会。但倘若股东提起的诉讼涉及董事会或董事会成员，法庭允许股东豁免派生诉讼的前置程序，即不向董事会提出诉讼请求而直接诉诸法院。那么，在考察能否免除前置程序时，法庭审查的核心是什么，接下来所呈现的就是这方面内容。在斯通诉里特尔案（Stone v. Ritter 案）中尤为特殊的是，当董事会不涉及经营判断时，股东想要豁免派生诉讼的前置程序，法庭主要考察，是否存在明确的事实对公司董事在行使监督责任时善意行事产生合理怀疑。

有两个人涉嫌经营庞氏骗局，其大部分资金是通过美国南方银行（AmSouth Bancorporation）运营的。最终，两名庞氏骗局策划者被定罪，美国南方银行被要求支付了 4 000 万美元的罚款和 1 000 万美元的民事罚款，以解决该银行员工未能按照联邦银行保密法（BSA）和联邦反洗钱法（AML）的要求提交"可疑活动报告"的刑事和民事指控。有证据表明，如果员工建立了任何基本的监控系统，他们会立即发现这些信息。由于公司损失了罚款，美国南方银行的股东（原告）基于这些事件对公司董事（被告）提起了派生诉讼，声称"被告完全没有实施任何形式的法定监控、报告或信息控制，这些监控、报告或信息控制将使他们能够了解需要他们注意的问题"，从而认为董事违反了监督职责。原告在提起诉讼之前未能向董事会提出要求，声称该要求应被免除。衡平法院不同意，以需要提出诉讼请求为由驳回了诉讼。

在法官兰迪·霍兰（Randy Holland）撰写的整体意见中，最高法院确认了上述观点。如果特定事实不能合理怀疑公司董事在履行监督职责时是善意的，则会因未提出诉讼请求而驳回派生诉讼[1]。在本案中并不涉及商业决策的情况下，诉讼请求免除的标准是，具体的事实指控是否构成合理怀疑，即在诉讼请求提交之时，董事们本应该行使其独立和公正的商业判断来回应这一项请求[2]。原告人试图通过声称被告人面临重大的个人责任可能性来满足这一标准。然而，这点必须考虑到公司章程的免责条款，该条款可以免除被告违反注意义务的行为，但不能免除其违反忠实义务或善意义务。非善意行事并非必然导致直接承担信义责任，但非善意行事可能导致责任，因为其是认定当事人违反忠实信义义务而承担信义责任的条件。因此，由于要确立董事的监督责任必须有非善意行为，这种行为所违反的信义义务即为忠诚义务[3]。可见，忠实的信义义务不仅限于财务或利益冲突，还包括董事非善意行事。

由凯尔马克派生诉讼案所阐明的董事监督责任的必要条件是：①董事完全未能实施任何报告机制、信息系统或控制机制；或②建立这样的系统或控制，有意地未监测或监督其运作，从而使自己无法获悉应注意的风险或问题。无论哪种情况，认定责任都需要证明董事已

---

1. 英文原文见链接1-9。

2. 英文原文见链接1-10。

3. 英文原文见链接1-11。

知其信义义务而未履行。当这些标准适用于原告所提请的事实时,很明显,被告并非没有善意行事。事实表明,被告建立了合理的信息和报告制度,并设立了各个部门和委员会来监督美国南方银行遵守联邦银行法规,该系统还使董事会定期监控此类合规性。虽然事后看来,该组织的内部控制并不充分,也未通知董事会"危险信号"。被告已采取措施以确保建立合理的信息和报告系统。因此,尽管员工可能向董事会报告缺陷,但没有理由要求董事个人对监督此类员工失误负责。

在斯通诉里特尔案中,特拉华州最高法院重新诠释了凯尔马克公司派生诉讼案,将监督责任解释为善意义务和忠实义务,而非原来的注意义务。这项解释的变更意义在于,董事因注意义务涉诉通常能享受公司章程中免责条款的庇护,然而股东若能证明董事会成员有违善意义务,则处于更为有利的位置。

从上述司法实践的案例显见,法庭主要从经营决策(a business decision)、程序合理谨慎(process due care)、出于善意(good faith)和无利益冲突(disinterestedness)四个方面去审视董事是否履行信义义务,判断董事是否受经营判断规则的保护,从而是否可以不对失误承担责任。

第四节　美国公众公司的财务欺诈[1]

康美案是新《证券法》确立中国特色证券特别代表人诉讼制度

---

1. 本节作者汲铮。

后的首单案件,也是迄今为止原告人数最多、赔偿金额最高的上市公司虚假陈述民事赔偿案件,同时,康美案是迄今涉案金额最大的上市公司财务造假案。这里通过对美国财务造假(财务欺诈)案的特征梳理以及典型案例——安然案的介绍与对比,总结美国遏制财务欺诈的机制设计要点,以期对下一步改善我国上市公司财务报告环境提供依据。

一、美国财务欺诈案的典型特征介绍

COSO委员会(Committee of Sponsoring Organizations of the Treadway Commission)[1]是全美反财务欺诈报告委员会发起组织。本小节介绍的是COSO委员会资助的两次旨在分析财务报表舞弊事件的研究,其提供一个大样本情况下发生财务欺诈案件的上市公司典型特征。研究主要关注的是涉嫌违反《1934年证券交易法》第10b-5条或《1933年证券法》第17a条,这些是与财务报表报告相关的主要反欺诈条款。这两次研究横跨了1987—2007年的20年,项目数据源于美国证券交易委员会(SEC)自1982年以来,对涉嫌会计(审计)不当行为的公司、审计师或官员进行调查时所发布的会计和审计执行发布(Accounting and Auditing Enforcement Releases)。接下来,我们先介绍具体公司层面的特征,具体如下:

---

1. Treadway委员会,即反欺诈财务报告全国委员会。最初由美国五大专业会计协会和机构赞助和共同资助:美国注册会计师协会(AICPA)、美国会计协会(AAA)、国际财务执行官协会(FEI)、内部审计师协会(IIA)和管理会计师协会(IMA)。

首先，大多数财务欺诈公司（占样本的72%—73%）都是在场外交易市场交易，并没有在纽约证券交易所或美国证券交易所上市。其中50%的公司在纳斯达克（NASDAQ）上市，23%的公司在电子公告板（electronic bulletin boards）、粉单（pink sheets）或其他场外交易市场进行交易。

其次，从公司的财务健康视角来看，在发生欺诈行为之前，一些公司经历了净亏损或接近盈亏平衡。其中最低的四分之一反映出企业处于净亏损状态，并遭受净经营现金流短缺。

第三，从财务欺诈的手段来看，最常见的财务报表欺诈手段为不当的收入确认，其次是多报现有资产或费用资本化。故意错报财务报表比挪用资产要频繁得多。1998—2007年收入欺诈占案件总数的60%以上，而1987—1997年为50%。

第四，从财务欺诈涉案的内部人员来看，80%以上的欺诈案件中，首席执行官（CEO）和（或）首席财务官（CFO）都在一定程度上参与其中。在SEC完成调查的两年时间内，约有20%的CEO或CFO被起诉，最终超过10%的CEO或CFO被定罪。大多数CEO或CFO（80%或以上）在美国证券交易委员会最近一次与欺诈相关的调查后的两年内离开了公司。在此期间，21%的CEO被起诉，64%的被起诉CEO被判有罪。同样，17%的CFO被起诉，75%的被起诉CFO被判有罪。

第五，从财务欺诈涉案的外部人员来看，与无财务舞弊的公司相比，财务欺诈公司在财务报名造假期间会更倾向于更换审计师。舞弊公司的审计师变更率是类似的无舞弊公司的审计师变更率的2倍。

60%的公司是在欺诈期间更换审计师,而剩下的40%则在开始之前就已经更换审计师。与此同时,四大会计师事务所在欺诈期间审计了79%的欺诈公司,与没有欺诈的公司相似(83%)。因此,各种类型和规模的公司的审计人员发现财务欺诈行为的概率差异并不显著。

第六,从财务欺诈公司的关联交易来看,欺诈公司披露的关联方交易明显多于非欺诈公司。79%的欺诈公司在第一次欺诈期间提交的委托书中披露了关联方交易,相比之下,在可比期间,非欺诈的公司只有71%。对于欺诈公司来说,关联方交易的频率越高,说明关联方交易的存在可能反映了欺诈风险的增加。

此外,通过对欺诈公司和非欺诈公司董事会特征差异的分析发现,在监管机构、交易所和治理专家所关注的那些董事会治理的特征方面,两类公司缺乏显著差异。这个点与我们一般惯性的认知有所不同。第一,1991—1999年期间,从事虚假财务报告的公司比没有舞弊的公司有更多的内部董事(即管理层)。第二,舞弊公司的审计委员会与非舞弊公司的审计委员会差异不大,两类公司的审计委员会的平均规模约为3名成员,平均每年开近4次会。第三,两类公司都有薪酬委员会,欺诈公司和非欺诈公司的薪酬委员会特征差异也不大。第四,平均而言,舞弊公司的董事会拥有会计或金融专业知识的董事比非舞弊公司还要多。第五,欺诈公司和非欺诈公司的高管和董事持有的股票没有显著差异。第六,欺诈公司的董事会开会的频率明显高于非欺诈公司的董事会,这一差异可能反映了这样一个事实:在欺诈期之前,欺诈公司经常经历财务压力,这导致了额外的董事会会议。这些结果表明,单纯的公司治理规范性要求并没有最终显现在公司治理的外在特征上，从而起到有效改善财务报告环境的目的，可能需要研究治理过程和其他治理机制的相互作用会更具有重要意义。

二、安然财务欺诈案

上小节介绍了美国COSO委员会资助的一项系列研究以便给出美国财务欺诈案一个整体的特征信息，本小节选取美国历史上最为重要的一个财务欺诈案——安然案予以剖析。

安然（Enron）公司于1985年在肯尼斯·雷（Kenneth Lay）合并休斯敦能源公司和北部（InterNorth）能源公司的基础上创立。直到2001年12月2日，身为美国第7大上市公司的安然公司宣布破产，拥有634亿美元资产的安然公司破产一度成为美国历史最大破产案（翌年世界通讯破产案超过安然案）。

安然公司倒闭责任首当其冲的就是董事会。美国参议院常设调查小组委员会就安然公司董事会在公司倒闭和破产中所扮演的角色作出如下结论：董事未尽到信义义务，未能保护股东，致使安然公司倒闭。一直以来，董事会允许安然公司从事高风险会计准则的、不恰当的利益冲突交易、大量未披露的账外活动，以及支付过高的高管薪酬。董事会目睹了安然管理层的许多可疑行为，但却选择无视这些行为，这损害了安然股东、雇员和商业伙伴的利益。具体而言，首先，安然董事会在知情的情况下允许安然从事高风险的会计操作。其次，尽管存在明显的利益冲突，安然董事会依然批准，允许首席财务官负责建立和运作LJM私人股本基金，该基金与安然公司有业务往来，并从安然公司的损失中获利。董事会对LJM的交易和薪酬控制监督不足，未能保护安然股东免受不公平交易之害。再次，安然董事会在知情的情况下允许安然进行数十亿美元的账外活动，以使其财务状况看起来比实际要好，并未能确保充分公开披露导致安然倒闭的账外负债。又次，安然董事会批准公司高管薪酬过高，未能监督安然2000年年度奖金和绩效工作计划造成的累计现金流失，未能监督或制止董事会滥用董事长权力。最后，安然董事会的独立性因公司与某些董事会成员之间的财务关系而受到损害。董事会也未能确保公司审计师的独立性，允许安达信在担任安然外部审计师的同时提供内部审计和咨询服务。

最终，公司的创始人肯尼斯·雷被指控6项证券和电汇诈骗罪（securities and wire fraud）全部成立，面临最高45年的刑期，然而在宣判日前，肯尼斯·雷因心脏病发作去世而被撤销刑事指控，但美国联邦政府仍从他的遗产中没收了1 200万美元的资产。对安然公司的时任CEO杰夫瑞·斯基林（Jeffrey Skilling）的起诉涵盖了广泛的金融犯罪，包括银行欺诈、对银行和审计师虚假陈述、证券欺诈、电汇诈骗、洗钱、共谋和内幕交易等，最终斯基林被裁定19项罪名成立，被判入狱24年零4个月并罚款4 500万美元，2013年美国司法部与斯基林达成减刑10年的协议。另一位重要人物是时任CFO的安德鲁·法斯托（Andrew Fastow），在达成认罪协议后，作为法庭起诉雷、斯基林和考西（首席会计官，被判入狱7年）的证人，被予以轻判，最终入狱6年，假释2年，没收2 380万美元资产。总之，多达16名内部人士在安然案中被判有罪。此外，董事会的其他成员最终与股东达成和解协议，共赔付1.68亿美元给投资者以弥补在安然丑闻中的损失，其中1 300万美元为董事自负，其余为董责险覆盖。

在安然财务欺诈导致破产案中，另一个重要责任方是金融中介服务机构，以审计机构与投资银行为代表。安达信会计师事务所（Arthur Andersen）自安然公司创设伊始就开始为其提供审计服务，直至破产总共16年之久。除了外部审计工作外，安达信还为其提供内部审计和咨询服务。2002年6月15日，安达信因粉碎与安然审计有关的文件和电脑记录而被判妨碍司法公正，而SEC于2002年8月31日令其交出注册会计师执照，并暂停其从事上市公司的审计业务。尽管最高法院2005年5月31日推翻了该公司的定罪，认定先前判决缺乏充分证据，但丑闻的影响加上刑事共谋的调查结果早已摧毁了该公司。最终裁定也只能使安达信在民事诉讼中可以处于一个比较有利的位置，使合伙人不会因为败诉而赔得倾家荡产。作为曾经五大会计师事务所之一的安达信会计师事务所早已分崩离析，事务所的美国、德国、法国、俄罗斯、南非、新加坡公司并入安永会计师事务所（Ernst & Young），而中国大陆、香港部分则并入普华永道会计师事务所（Pricewaterhouse Coopers），从此全球五大会计师事务所变成"四大"。

此外，美国银行摩根大通（J. P. Morgan Chase & Co.）和花旗集团（Citigroup Inc.）曾被指控通过隐藏数十亿美元贷款来帮助安然公司欺骗投资者，在2001年底倒闭前的6年中通过与银行进行的复杂离岸交易筹集的约85亿美元，实际上是变相贷款。美国证券交易委员会表示，它们让股东相信该公司带来的现金远远超过其实际收到的现金,从而使安然公司能够掩盖其不断增长的债务负担。与2家银行相比,美洲银行(Bank of America)与安然的金融交易规模相对较小,仅因其作为某些安然和安然相关债务发行的承销商而被起诉。最终,上述3家银行与投资者达成和解协议,分别支付22亿、20亿和6 900万美元的赔偿。

三、美国财务造假案的监管要点

从以上介绍可以看出,无论是大样本分析,还是个案的介绍,财务造假案都由公司的"带头大哥"CEO伙同财务负责人CFO等,正所谓"最大的敌人往往是自己或来自内部"。21世纪初,在连续的、屡创新高的财务欺诈案的助推下,美国国会参众两院以绝对压倒性票数通过了由民主党议员萨班斯和共和党议员奥克斯利共同起草的公司改革法案,这就是著名的《萨班斯-奥克斯利法案》(Sarbanes-Oxley ACT, SOX法案),其被认为是1933年《证券法》和1934年《证券交易法》确立美国证券市场法规基本框架以来最大的一次证券立法改革与调整。

《萨班斯-奥克斯利法案》也被称为《公众公司会计改革和投资者保护法案》(参议院)和《企业和审计问责制、责任、透明法案》(众议院),从名字就可以看出SOX法案可以说是一次针对性的立法,完全瞄准了财务欺诈公司所暴露的核心问题,即如何确保财务报表的真实性以及审查公司财务报表的外部审计师的独立性。SOX法案中除了一些个别条款也适用于非上市公司(例如故意销毁证据以阻碍联邦调查),总共11个部分都是针对所有美国上市公司的董事会、管理层以及会计师事务所,主要有如下四方面的强化。

首先,加大对公司关键人物的责任约束及处罚力度。SOX法案第302条规定公司的首席执行官(高级职员)和首席财务官(高级职员),或履行类似职能的人需要对公司财务报表的真实性发表声明,以证明已经阅读了报告,内容所陈述的财务信息对于披露期间的财务状况等重要内容作出公允的表述。这样一来明确了高级管理人员对公司财务报告的准确性和完整性承担个人责任,从而减少将来以不知法规作为辩护理由推脱责任的情形。倘若明知故犯的话,根据SOX法案第906条,这些高级管理人员需要承担刑事责任,最高可以处以500万美元的罚金和20年的监禁。对于妨碍司法公正,包括但不限于销毁文件记录和电脑记录等,可被处以20年监禁(SOX法案第802、1102条)。

其次,外部审计的独立性。在SOX法案之前,提供外部审计的会计师事务所本该是财务"监督者",但同时会为被审计的上市公司进行利润更丰厚的非审计或咨询工作,这样至少从形式上存在利益关联的表象。因此,SOX法案第202条规定负责外部审计的会计师事务所在未到上市公司审计委员会核准时,不得向公司提供非审计业务。负责上市公司审计的会计师事务所的审计合伙人每5年必须变换一次(SOX法案第203条)。同时为避免上市公司与会计师事务所之间的旋转门现象,第206条规定在对上市公司进行审计前的12月内,公司的高级管理人员不能就职于该事务所。此外,SOX法案设立了公众公司会计监督委员会(PCAOB),其是一个非营利组织,旨在对提供审计服务的会计师事务所进行独立监督,以进一步保护投资者的利益和公众利益（SOX法案第1章）。

再次，加强内部控制程序。这类改进主要是对系列财务欺诈案中董事会，特别是审计委员会的监督失灵的改进。这些丑闻发现审计委员会并没有真正独立于管理层，或者并不具备足够的专业知识以了解复杂的业务。因此，法案要求所有公司建立审计委员会并保持其独立性（SOX法案第301条），其中至少应配备一名财务专家（SOX法案第407条）。审计委员会有权聘用审计师，并可以决定会计师事务所是否能够提供非审计业务，若提供则必须披露（SOX法案第201、202条）。同时要求管理层和外部审计师报告公司财务报告内部控制的充分性（SOX法案第404条），这要求保存各项具体交易记录和管理层对内控有效的声明，这需要付出巨大的合规成本，从而使第404条成为SOX法案中最具争议的条款。2004年收入超过50亿美元的美国公司将收入的0.06%用于合规，而收入低于1亿元的公司则要花费2.55%[1]。

最后，增强财务信息披露。安然案中CFO利用大量的表外业务隐瞒了公司的财务状况，因此，SOX法案要求财务报告应披露资产负债表表外交易以作回应（SOX法案第404条）。同时要求企业及时向SEC披露与其财务状况或者与运营重大变化有关的信息（SOX法案第409条）。上市公司要在年度报告中披露他们是否制定了一份适用于高级财务人员的道德准则，并报告任何道德败坏情况；倘若未制定准则，需要就此作出说明（SOX法案第406条）。

---

1. https://www.sec.gov/info/smallbus/acspc/acspc-finalreport.pdf.

　　除了上述对关键人物责任、外部审计独立性、内部控制程序以及信息披露做了大量修改，SOX法案其实针对财务欺诈案实施过程中的特点，作了许多的细部改进。比如针对不同会计准则对财务报表的影响，SOX法案第204、301条要求会计师事务所应向上市公司审计委员会提供一份报告，详细分析不同财务处理方法对财务数据的或有影响。再比如针对安然案中CFO法斯托向会计师事务所施压，法案第303条规定任何董事或管理人员胁迫、操纵或误导提供外部审计的会计师的行为，都是违法的。再有法案第304条规定当财务报告需要进行重述时，管理人员有义务向公司退还因经营绩效而获得的股票期权或红利，倘若这样安然案中未到股东集体诉讼时，公司高管就已经需要退还大部分所得。由此可见，SOX法案无论从大处还是微处都有值得我们借鉴之处。

四、康美案后的他山之石

　　拿康美案与安然案的处罚相比，中美两国都对CEO施以一定年限的入狱刑罚，但显然美国的处罚更重，罚款也更多。安然案中创始人因心脏病去世，虽然豁免了刑责，但仍然被处以1 200万美元的罚款。对实施审计的会计师事务所，美国显然处罚更重，直接导致安达信解体，世界的会计师事务所从此变成了"四大"；而中国对会计师事务所仅仅处以一定数额的罚款。此外，在美国除了被罚款的CEO、CFO与创始人等，其他的涉案相关方银行、投资银行等都与受损的投资者达成了高额的赔付和解协议；而中国对其他涉案的相关方并未有进一步的处罚。

当然,处罚并不是目的,更为重要的是推动公众公司财务报表的真实性与准确性,以保护广大投资者的权益。那么,借鉴SOX法案,现阶段我们或许能够作如下的尝试与改进:

第一,强化关键人责任与加大对其处罚。在中国,董事会的所有董事和监事会的监事都会在各自会议决议公告中签字,并承诺"年度报告所披露的信息不存在任何虚假记载、误导性陈述或重大遗漏,董事(监事)会对其内容的真实性、准确性和完整性承担个别及连带责任"。但从美国财务欺诈案件的大数据发现、安然个案以及康美案中,可以发现有动力有能力实施财务欺诈案的都是公司内部关键人,主要指上市公司的CEO和CFO。SOX法案改革后,也是进一步明确了这两名主要高管的责任以及加大了对其参与财务造假的处罚。在美国股权分散为基础的公司治理中都作如此安排,更何况我国股权相对高度集中,绝大多数公众公司都有实际控制人。因此,在确认财务报告真实性方面我们可以借鉴美国的办法,公司财务报告仅让CEO与CFO签字、承诺,从而强化CEO与CFO的责任,同时加大对其违法的经济与刑事处罚。

第二,退还违法所得。一般来讲,财务造假的激励总归是为了粉饰公司现状,更好取得相应的回报。在美国安然案中,时任CFO法斯托调整了财务准则重述了财务报表,进而掩盖了真实财务状况,而公司高级管理人员因公司"优秀"的绩效而获得股票期权激励与分红。SOX法案对此作了回应,当财务报告需要进行重述时,管理人员有义务向公司退还因经营绩效而获得的股票期权或红利。那么,将这一制度迁移至国内,当发现财务造假时,实际控制人与涉案股东、管理人员有义务向公司退还因经营绩效而获得的股票溢价收益、股票期权或红利。

第三,强化实施外部审计的独立性,对配合造假其他相关方实施更为严厉的处罚,或者支持股东向其追索损失。在美国的财务欺诈案以及安然案中,其他的涉案相关方都会被追究法律责任以及经济处罚。作为公众公司的财务"监督者"的第一责任人,公司内部的财务舞弊者理论上是很难逃过其专业的外部审计的。可能考虑到审计服务市场终归是买方市场与不要过多干预市场等因素,SOX法案并没有强制上市公司定期更换会计师事务所,而是每5年更换一次主查的审计师。更为严厉的是,安达信因安然财务欺诈案被美国证监会暂停审计业务,从而直接导致其"肢解"。其他涉案的相关方,花旗集团、摩根银行以及美洲银行都与投资者达成了巨额的和解赔付,美林证券更是因安然案有4人入狱。

综上可见,上市公司的财务欺诈是一个外部环境约束不足,内部关键人物驱动的产物。康美案已然尘埃落定,这里提供些美国相关方面的经验与教训,可作为监管层在既有的框架作改进的参考依据。倘若康美案犹如美国安然案,冀望在中国的世通案出现前,我们已迎来中国版的《萨班斯-奥克斯利法案》。

附:《萨班斯-奥克斯利法案》的若干关键条款[1]

第201条　审计师执业范围之外的服务

---

1. 英文原文见链接1-12。

（a）**被禁止的活动**——在《1934年证券交易法》第10A条结尾处增补：

"（g）**被禁止的活动**——除子条（h）中规定，在册会计师事务所（和SEC确定的适当范围内的该会计师事务所的任何关联人员）在对发行人进行本编所要求的，或SEC根据本编而制定的规则所要求的，或根据《2002年萨班斯-奥克斯利法案》第101条而成立的公众公司会计监管委员会开始工作180天后（在本编简称'委员会'），该委员会制定的规则所要求审计的同时向该发行人提供非审计服务均属于违法。非审计服务包括：

"（1）记账服务或与审计客户的会计记录或财务报表有关的其他服务；

"（2）财务信息系统的设计和实施；

"（3）评估或估值服务、公允性意见或实物出资报告；

"（4）精算服务；

"（5）内部审计外包服务；

"（6）管理职能或人力资源管理；

"（7）经纪人或券商、投资顾问或投资银行服务；

"（8）与审计无关的法律服务或专家服务；

"（9）委员会根据规章确定禁止的任何其他服务。

"（h）**非审计服务所需的预准**——依照子条（i），在册会计师事务所只有事先征得发行人的审计委员会同意，方可为该审计客户提供子条（g）（1）到（9）之外的非审计业务，包括税务服务。"

(b) **免责权限**——如果SEC认为免责对于公共利益具有必要性或适当性，并与投资者保护的目的相一致，在SEC采用与第107条的委员会规则相同的方式审查的条件下，委员会可以采用专案的形式免除任何人、发行人、会计师事务所或交易遵从（经本条补充后的）《1934年证券交易法》第10A(g)条禁止提供某些服务的规定。

第202条　预准要求

在《1934年证券交易法》第10A条结尾处增补：

"(i) **预准要求**——

"(1) **原则上**——

"(A) **审计委员会的预准**——由发行人的审计师所提供的所有审计服务[包括提供证券承销所需的信心保证书（事务所认为发行人上市公告书的财务数据符合公认会计准则的声明——译者注）或州法律要求的对保险公司的法定审计]和不包括在子款(B)中的非审计服务，均需由发行人的审计委员会预准。

"(B) **对预准要求的例外**——为发行人提供非审计服务，可以免除子款(A)所需的预准，如果——

"(i) 在提供非审计服务的会计年度内，为发行人提供的所有非审计服务的报酬总和不超过该发行人支付给该审计师的收入总额的5%；

"(ii) 在签订业务约定书时，发行人并未意识到该服务是非审计服务；并且

"(iii)此类服务被很快地提请发行人审计委员会的注意，并在审计工作完成之前通过审计委员会的批准，或通过审计委员会中一个或多个成员的批准，当然，这些成员须是董事会成员，并且审计委员会已将预准权授予他们。

"（2）**向投资者披露**——本子条所指发行人的审计委员会批准其审计师从事任何非审计服务均应在第13（a）条所需的定期报告中向投资者披露。

"（3）**授权**——发行人的审计委员会可以将本子条所要求的授予预准的权力交给审计委员会的一个或多个指定成员，这些成员必须是董事会中的独立董事。依据本款而被授权的成员预准本子条的某个活动的任一决定，应在每次排定的会议上，提交给整个审计委员会。

"（4）**其他目的审计服务的批准**——为了履行子条（m）（2）中的职责，如果发行人的审计委员会批准审计业务约定范围内的某项审计服务，应认为这种审计服务已符合本子条的预先批准要求。"

第203条　审计合伙人的轮换

在《1934年证券交易法》第10A条结尾增补：

（j）**审计合伙人的轮换**——如果在册会计师事务所（对该审计业务负主要责任）的审计牵头（或协调）合伙人，或对该审计负有复核责任的合伙人，在过去5年内每年均向该发行人提供审计服务，该会计师事务所继续向该发行人提供审计服务属于违法。

第204条　审计师向审计委员会报告

在《1934年证券交易法》第10A条结尾增补：

"(k) **向审计委员会报告**——为发行人提供本编所需的任何审计业务的在册会计师事务所应及时向该发行人的审计委员会报告以下情况——

"(1)所有将要使用的重要会计政策和方法；

"(2)与发行人管理层讨论过的公认会计原则允许的财务信息的所有可行性处理方法使用这些可行性披露和处理方法的后果，以及在册会计师事务所选择的处理方法；和

"(3)在册会计师事务所与发行人的管理层之间用于沟通的其他书面材料，例如管理建议书或未调整差异汇总表。"

第301条　公众公司审计委员会

在《1934年证券交易法》第10A条后面增补：

"(m)**关于审计委员会的准则**——

"(1)**SEC规则**——

"(A)**原则上**——在本法案颁布后270天之内，SEC应当依据规则，指示全国性的证券交易所和证券协会，禁止未遵守下述(2)至(6)要求的发行人的任何证券在任何交易所上市交易。

"(B)**矫正的机会**——上述(A)中的SEC规则应该为

发行人提供适当的程序，以便其有机会在该禁止生效之前，矫正构成上述（A）所列的禁止基础的缺点。

"（2）**与在册会计师事务所有关的责任**——发行人的审计委员会作为董事会下属的委员会。应当直接负责为该发行人指定、偿付和监督在册会计师事务所编制、签发审计报告和其他相关工作（包括解决管理层与审计师对于财务报告的不同意见），并且在册会计师事务所应当直接向该审计委员会报告。

"（3）**独立性**——

"（A）原则上——发行人审计委员会的每一个成员均应是该发行人董事会的成员，而且应当独立。

"（B）**标准**——为了达到本款所说的独立性，发行人审计委员会成员除了作为审计委员会成员、董事会成员或其他董事会的委员会成员之外，不能——

"（i）接受该发行人的任何咨询、顾问费或其他报酬；或

"（ii）是发行人或其下属机构的关联人员。

"（C）**免责权限**——SEC可以在其认为适当的情况下针对审计委员会成员的某种特定关系免除其遵守款（B）的要求。

"（4）**投诉**——每个审计委员会均应建立以下办事程序——

"（A）发行人针对会计内部会计控制或审计事务投诉的接受、保留和处理；和

"（B）发行人的雇员针对可疑会计或审计事务机密、匿

名举报。

"(5)**聘请顾问的权限**——每个审计委员会为了履行其职责在其认为必要时,有权聘用独立的律师或其他顾问。

"(6)资金——每个发行人要提供由审计委员会确定的履行其董事会下属委员会职能的适当的资金,用以偿付——

"(A)编制或签发审计报告的在册会计师事务所;和

"(B)审计委员会依据款(5)聘请的顾问。"

第302条　公司对财务报告的责任

(a)**所需的规章**——SEC应当依据规则,要求依据《1934年证券交易法》第13(a)和15(d)条呈报定期报告的所有发行人的主要执行负责人、首席财务负责人或履行相似职务的人员,在依上述法案各条要求呈报的每一份年度或季度报告中书面确认——

(1)签署的公司负责人已经复核了该报告;

(2)基于该负责人的了解,报告中不存在对重要事项的任何不真实陈述,或遗漏了与出具审计报告所处环境相关的必要的重要事项的陈述,不误导;

(3)基于该负责人的了解,报告中包括的财务报表和其他财务信息,在所有重要方面公允地反映了发行人在报告期内的财务状况和经营成果;

(4)签署的公司负责人——

(A)对建立和保持内部控制负责;

(B)设计了这些内部控制,以保证这些负责人了解与发

行人及其合并报告的下属机构有关的重要信息,尤其是那些在定期报告编制期内的信息;

(C)评价了在报告发布前90天内发行人内部控制系统的有效性;和

(D)在报告中陈述了对发行人内部控制系统有效性的评价结论。

(5)签署的公司负责人们向发行人的审计师和董事会的审计委员会(或履行相同职能的人员)披露了——

(A)内部控制的设计或运作中的所有重大缺陷,这些缺陷可能影响发行人记录、处理汇总和报告财务数据的能力并且已经向审计师指明所有内部控制的重要弱点;和

(B)涉及发行人管理层或其他在内部控制系统中具有重大作用人员的任何欺诈行为,无论该欺诈行为严重与否;并且

(6)签署的公司负责人们已在报告中指明,在内部控制评估结束之后,内部控制系统或其他对内部控制具有重大影响的因素是否发生了重大变化,包括对重大缺陷或重要弱点进行的任何改正。

(b)**国外重新注册没有影响**——当发行人在美国之外建立新企业或者把公司办公地点从美国转移到美国之外时,该发行人都不能因此以任何方式解释或应用本法案第302条的任何内容,从而降低第302条中所需的声明的法定强制力。

(c)**截止期限**——子条(a)所需的规则应在本法案被通过后的30

天内生效。

第303条　对审计工作的不当影响

（a）**禁止性规则**——发行人的任何负责人、董事或相关人员违反SEC制定的必要和适当的符合公众利益或投资者保护的规则和规章，欺诈性地影响、强迫、操纵或误导对发行人财务报表进行审计的独立注册会计师，以使其提供存在重大误导的财务报表的行为，均属违法。

（b）**执行**——在民事程序中，SEC拥有强制执行本条和依据其颁布的规则和规章的排他性权限。

（c）**不取代其他法律**——子条（a）的规定可以被增加，但不能取代其他法律及其颁布的规则和规章的规定。

（d）**制定法规的最终期限**——SEC应当——

（1）在该法案生效后的90天内提出本条所需的规则和规章的草案；并且

（2）在该法案生效后的270天内发布本条所需的规则和规章。

第401条　定期报告中的信息披露

（a）**所需的信息披露**——在《1934年证券交易法》第13条后增补：

"（i）**财务报告的准确性**——每份包含财务报表和按照（或调整为）本编所指的公认会计原则编制并报送SEC的财务报告，

均应反映在册会计师事务所按照公认会计原则、SEC 准则和规章所作出的所有重大调整。"

"(j) **资产负债表表外业务**——《2002 年萨班斯-奥克斯利法案》颁布后 180 日内,SEC 应发布最终规则,要求报送到 SEC 的年度和季度财务报表应披露所有重大的资产负债表外业务、安排、义务(包括或有负债)和发行人与未纳入报表合并范围的实体或其他个人的其他关系,这些事项可能对发行人当期或未来的财务状况、财务状况变动、经营成果、清偿能力、资本支出、资本来源或收入费用的主要部分等具有重大影响。"

(b) **SEC 对预测数据的规定**——《2002 年萨班斯-奥克斯利法案》颁布后 180 日内,SEC 应发布最终规则,要求报送到 SEC 的,或者以公告、出版物和其他任何形式发布的,包含在其间或其他报告中的与证券法律有关的预测财务信息,应当按照下述方式出现——

(1) 不含有对重大事实的虚假表述,或不遗漏与编制预测财务信息相关的环境的重大事实,不误导;和

(2) 依据公认会计原则调整发行人的财务状况和经营成果。

(c) **对特殊目的实体的研究和报告**——

(1) **责成调查**——SEC 应在由本条增补的《1934 年证券交易法》第 13(i) 条所需的资产负债表表外信息披露规则生效后一年之内,完成对发行人的申报和披露的调查,以确定——

(A) 资产负债表表外业务的范围,包括资产、负债、租赁、损失以及特殊目的实体的使用;和

(B) 公认会计原则是否导致发行人的财务报表向投资

者清晰地反映了资产负债表表外业务的经济实质。

（2）**报告和建议**——在款（1）所要求的研究完成后6个月之内，SEC应提交报告给总统、参议院的银行、住房和城市事务委员会和众议院金融服务委员会，指出——

（A）与《1934年证券交易法》第13或第15条有关的定期报告的发行人的资产负债表表外业务的金额或估计金额，包括资产、负债、租赁、损失以及特殊目的实体的使用；

（B）利用特殊目的实体来促成资产负债表表外业务的范围；

（C）公认会计原则或SEC规则是否导致发行人的财务报表向投资者清晰地反映了此项业务的经济实质；

（D）特别地，当发行人承担了由其资助的特殊目的实体的大部分风险和收益时，公认会计准则是否会导致发行人将其合并编表；并且

（E）在发行人向SEC申报的财务报表和信息披露中对资产负债表表外业务报告方面，改善其清晰性和质量的SEC建议。

第404条　管理层对内部控制的评价

（a）**所需的规则**——SEC应当指定规则，要求根据《1934年证券交易法》第13（a）或15（d）条编制的所有年度报告需包括内部控制报告，它应当——

（1）声明管理层对于建立和保持充分的内部控制结构和财

务报告程序的责任；和

（2）包含一个对于发行人最近会计年度末的内部控制结构和财务报告程序的有效性评价。

（b）**内部控制评价和报告**——关于子条（a）所需的内部控制评价，每个为发行人编制或签发审计报告的在册会计师事务所均应验证并报告发行人管理层所作的评价。依照本子条所做的验证应遵守本委员会发布或采纳的财务报表审计业务准则。任何此类验证都不应当是一项单独的业务。

第906条　公司对财务报告的责任

（a）**原则上**——联邦法典第18编第63章被修订为在第1349条后面加入由本法案创建的：

"第1350条　负责人未能书面确认财务报告。

"（a）**定期财务报告的书面确认**——任何依照《1934年证券交易法》第13（a）或15（d）条由发行人向SEC申报的包含财务报表的定期报告，应当附送一份由发行人的首席执行官和首席财务官（或同等职位的负责人）签署的书面声明。

"（b）**内容**——子条（a）所需的声明应确认包含财务报表的定期报告完全遵循《1934年证券交易法》第13（a）或15（d）条的要求，并且，包含在定期报告中的信息在所有的重要方面公允地表达了发行人的财务状况和经营成果。

"（c）**刑事处罚**——任何人——

"（1）在明知随声明附送的定期财务报告不符合本条的

所有要求时,书面确认本子条(a)和(b)所指的声明,将会
被处以不超过1 000 000美元的罚款或10年以下的监禁,或
两者并罚;或者

"(2)在明知随声明附送的定期财务报告不符合本条的
所有要求时,蓄意书面确认本子条(a)和(b)所指的声明,
将会被处以不超过5 000 000美元的罚款或20年以下的监
禁或两者并罚。"

(b)文字修订在联邦法典第18编第63章开始部分的目录结尾
加入:

"第1350条公司负责人未能书面确认财务报告。"

第五节　日本公司中的董事限定赔偿制度及其适用范围[1]

日本《公司法》第432条规定,由于董事的业务倦怠给公司造成
损失的,该董事当对公司负有赔偿责任。业务倦怠指董事未尽到同
法第356条所列的向股东大会的报告义务和第419条规定的发现重
大违规事项向监事会(监察委员会)的报告义务。即根据日本的法律
规定,如果董事没有尽到类似我国《公司法》第147条、第149条规定
的"勤勉义务",公司出现重大损失后,也要承担赔偿责任。

然而,在法律上规定要尽到报告义务、不得倦怠容易,但在实际
操作中如何确立一套让股东和董事都可以接受的判断董事是否尽到

---

1. 本节作者董申。

了勤勉义务的制度则要困难得多。在没有明显过失的情况下，公司出现损失后，这里面有多少是由于董事们的倦怠造成的，本身就很难说清，如果在这上面纠结，不仅会增加费用支出还会直接影响公司的运营；另一方面，即便确实有倦怠行为，但不构成明显过失，要董事们赔少了起不到惩罚和警示的作用，要他们赔得太多，形成巨大的或有风险，或会带来逆向选择，有使得董事人群的素质下降的可能。

为了应对以上矛盾，日本在司法实践中形成了一套董事向股东大会负责，由股东大会制定在非故意、无重大过失下，对董事倦怠行为的惩罚标准，并制定例外情况，最终由司法判断的解决方案。具体操作及法律规定如下：

（1）公司出现重大损失后，如果要认定董事们不必对公司负有倦怠责任进行赔偿，根据同法第424条规定股东大会全票认可通过外，不可免除。特殊情况为同法第426条的规定经除该董事外的董事会成员的二分之一以上提案通过，且全体股东中不超过3%反对时方可成立。也就是公司如果出现了严重亏损，要么是股东全体同意，要么是董事会专门为该董事提案并获得97%的股东认可，才可以免于被追究倦怠责任。现实中，公司出现重大经营损失，没有明显过失或过错，董事们想旱涝保收也基本不可能，被追责赔钱难以避免，即日本公司的"罚俸文化"，出现重大经营性损失，包括董事在内的所有从公司领取薪酬的高级管理人员，按照具体比例罚没薪酬。

（2）对于非董事恶意行为和无重大过失，公司出现重大经营性亏损后，董事们赔多少钱事先明确记入经股东大会讨论通过的公司章程。同法第425条列出的基本指针，最低赔偿额度如下，董事长及最高执行官为从公司的6年所得、执行董事为从公司的4年所得、其他董事及监事为从公司的2年所得。同法第427条进一步规定，针对那些不从事公司日常经营业务的董事，公司可在定款中事先约定，属于善意及无重大过失时董事（非执行）的赔偿金额的上限，依据与董事签订责任限定的契约。根据同法第466条、第309条2-11的规定，定款需要超过二分之一以上表决权的股东出席并且出席股东的三分之二以上同意方可成立。事先约定了最高赔偿上限等于是给董事上了责任险，虽然当公司出现重大经营性损失后，董事们难以独善其身，但是只要不是明显的故意或重大过失，也就不必担心被追责追到倾家荡产。

（3）同法第429条规定，董事及公司高管履行业务职责时的恶意行为及重大过失行为造成巨大损失的情况，对第三者的损害负有赔偿责任，第430条进一步规定当董事或公司被第三者追究损害赔偿责任时，其他董事作为连带债务人负有连带赔偿责任。可见，日本的赔偿责任限定契约针对的是董事和公司高级管理人员在没有明显过失下对公司的赔偿责任，故意和重大过失不在其列，同时只对公司追诉其赔偿责任有效，股东和债权人在内的第三者的赔偿要求不受到限定赔偿制度的限制。因此，康美事件后，国内的一些文章主张可以参考日本的董事限定赔偿责任制度，根据独董的薪酬制定一个赔偿比例以减少独董的风险收益不对称，是忽略了该制度的适用范围，股东集体或代表诉讼控告上市公司财务造假，按照日本公司法的规定也是不适用于限定赔偿的例外情况。

（4）日本公司法中明确规定的董事及公司高管必须对第三者承

担损害赔偿义务的情况。根据同法第429条的规定,经证实存在以下情况时(包括但不限于),负有对第三者损害赔偿责任。其中,① 董事和执行董事。股票发行及增发、公司各类债券发行中存在重要信息的未披露、虚假披露或未记载;财务报表、公司业务报告及其附属报表中存在重要信息的未披露、虚假披露或未记载;虚假注册行为;虚假公告。② 公司财务负责人。财务报表及其附属报表、合并报表中应记录的重要信息中存在虚假记载或记录。③ 监事或监事委员会委员。监事报告的重大事项中存在虚假的记录或记载。④ 外部审计师。外部审计报告中存在重大事项的虚假记录。日本的法律规定中将虚假信息披露完全归于董事及执行董事的责任,公司财务负责人、监事或监事委员会委员及外部审计人员所承担的是在各自的报告中有无明知故犯的重大虚假记载或记录行为,这其中的关系特别是董事会、监事会、外部审计人员三者的关系,我们会在本书的另一章节《日本监事会制度简介》中具体分析。

从日本的董事限定赔偿制度中我们可以看到,它是将企业是否出现重大经营损失这个指标作为董事倦怠与否的判断标准。虽然简单粗暴但与制定各类细化指标相比,对公司的日常经营影响小,判断所需的费用和时间也少,并且容易获得多数股东的支持;另一方面,在董事没有出现明显过失时,其对重大经营损失的责任负担规定为事先约定的和与收入挂钩的方式,不仅将董事的风险收益控制在了一个可预见的范围,避免了董事的逆向选择,而且也是大多数股东可以接受的方法;最后,法律明确规定了,属于恶意和重大过失所造成的对第三者的赔偿责任时的主要情况,在执行层面相对有章可循。

附：相关日文法令[1]

日文法律原文出处：会社法|e-Gov法令检索。

第十一节　执行官等的赔偿责任

（执行官等对股份公司的赔偿责任）

第四百二十三条　董事、审计会计师、监事、执行官及外部审计会计师（以下各章略称为执行官等），由于职务倦怠造成损害时，对股份公司负有赔偿责任。

（对股份公司赔偿责任的免除）

第四百二十四条　前条第一项所列责任，除非得到全体股东的同意，不得免除。

第四百六十六条　股份公司设立后，可通过股东大会决议的形式指定修改公司定款。

第三百零九条-2　股东大会决议须由有表决权过半数以上的股东出席（有定款约定为三分之一以上的，须超过约定）并且取得出席

------

1. 日文原文见链接1-13。

股东票数的三分之二以上同意方可形成（有定款约定高于此比例的，以定款为准）。

（在公司定款中事前约定董事等免除条款）

第四百二十六条　虽有第四百二十四条的规定，但是在设置有监事（拥有两名以上董事的情况）或监察委员会及提名委员会设置公司的定款中，可事前约定以下第四百二十三条第一项所列责任，当该执行官在行使职务时属于善意且未构成重大过失时，综合考虑该执行官的业务执行状况以及其他相关事项认为有必要时，经除该董事外的其他董事过半数同意（设置有董事会的公司为董事会决议）后，可设定免除额度。此项须在公司定款中约定。

根据第一项的规定中的公司定款免除相关执行人的责任（设置有董事会的公司为董事会决议）后，如有董事对前条第二项所列事项及免责理由有异议的，应立即以公告的形式告知股东，公告时间不得低于一个月。

出现以下情况时，股份公司不得根据公司定款免除第一项中所列的执行官责任：在本法第三项和第五项规定的有效期间内，拥有总股份数（第三项中负有赔偿责任的执行官持有股份时，为除去该部分后的股份）决议权百分之三（如另有公司定款规定低于该比例时，依从定款比例）的股东反对；公司为某公司的全资子公司时，拥有母公司总股份数（第三项中负有赔偿责任的执行官持有股份时，为除去该部分后的股份）决议权百分之三（如另有公司定款规定低于该比例时，依从定款比例）的股东反对。

（责任的部分免除）

第四百二十五条　虽有前条（第四百二十四条）的规定，关于第四百二十三条第一项所列责任，当该执行官在履行职务时属于善意且没有重大过失时，应赔付的总责任额度与本法第四百二十七条第一项所列最低赔偿额度的差额，作为特定责任（本法第八百四十七条第四项，下同）经该公司股东大会（公司为其他股份公司的全资子公司时，根据本法第八百四十七条第3-1规定，为该公司及其母公司的股东大会）的决议可以免除。

最低赔偿额度

以该执行官在公司履行职务时作为对价领取的年财产收益为基准额，根据法务省的政令，各级别执行官分为4档，其分别的对应系数如下：

（1）董事长、首席执行官6倍。

（2）董事长以外的执行董事，首席执行官以外的执行官4倍。

（3）董事（非执行）、审计会计师、监事、外部审计会计师2倍。

（责任限定合约）

虽有第四百二十七条、第四百二十四条的规定，对于不负责公司日常业务的董事、审计会计师、监事及外部审计会计师（本条及第九百十一条第三项第二十五号中的"非执行董事等"）的第四百二十三条第一项所列责任，对其履行职务时出现的基于善意和无重大过失的行为的情况，公司可以在定款中与其约定赔偿额度，最高赔付上限以约定额度或本法规定的最低赔付额度中高的为基准。

（执行官等对第三者的赔偿责任）

第四百二十九条　执行官在履行其职务时出现恶意或重大过失时，对由此而产生的第三者的损失负有赔偿责任。

董事及业务执行官的以下行为：

（1）股票发行及增发、公司各类债券发行中存在重要信息的未披露、虚假披露或未记载。

（2）财务报表、公司业务报告及其附属报表中存在重要信息的未披露、虚假披露或未记载。

（3）虚假注册行为；虚假公告。

公司审计会计师（内部）。

财务报表及其附属报表、合并报表中应记录的重要信息中存在虚假记载或记录。

监事或监事委员会委员。

监事报告的重大事项中存在虚假的记录或记载。

外部审计会计师。

外部审计报告中存在重大事项的虚假记录。

（执行官等的连带责任）

第四百三十条　当发生执行官或本股份公司负有对第三者的损害责任赔偿时，其他执行官作为连带责任人，也对赔偿负有连带债务责任。

独立董事应有怎样的
职责、薪酬与资历

第一节　我们在哪里走入了误区[1]

我国当前独立董事的首要特点是"高知"，以兼职的学者教授和从事财务法律专业的知识白领为主。而标普500上市公司在职独立董事中，具有企业资深高级管理人员背景的合计56%。深厚的职业背景、丰富的工作经验，在很大程度上保证美国上市公司的独立董事们能够抓大放小，不必事必躬亲就能对公司的重大事务作出独立、老到的判断。

当股权高度分散、各个持股数量有限、时间长短不一的中小股东们既无能力亦无足够动力去管理公司，美式独立董事们实际上是经公司最高权力机构股东大会选举和授权后，代理了股东的职能，从而创建了一种颠覆了经济学传统理论与实践、股权分散下的新型公司治理结构和制度。

————————

任何经济工作都是要人去做的。设立与运行独立董事制度，首

————————

1. 本节原发表在《上海证券报》的《上证观察家》栏目，作者：华生、蔡倩、董申，2021年12月15日。

先是要选择合适的人来做独立董事,而任何单位招人不外乎要设定薪酬和资质基准以满足一定岗位职责的要求。由于我国与美国等海外上市公司的股权结构不同,从而在治理控制结构上有着根本性的差异,因此,在引入和实践适应他国国情的独立董事制度时,就不能不进行一些修改,以免走入误区。

一、独立董事的薪酬待遇

在市场经济条件下,不同的岗位有不同的待遇,什么样的待遇招什么样的人。随着中国经济的迅速发展,今天再来看中美之间相同岗位的薪酬待遇,已经发生了变化。其中,虽然中美基层一般员工的岗位待遇差距仍然较大,但是企业精英和核心技术骨干的薪酬待遇已经不相上下。这也是为什么这些年来,有越来越多的海外华人乃至欧美的精英人士来中国就业。不过,由于长期以来我国上市公司独立董事的工作量并不大,也没有具体的责任要去承担,因此整体薪酬并不高。根据Wind的统计,截至2020年底,在沪深两市的4 503家企业中,独立董事人数合计14 060人,平均年薪84 155元。这个薪酬水平在商界算是很低了,但对于学界和一般职业白领来说,考虑到投入少及其附带潜在的社会关系收益,也是一个不错的兼职收入。同时,由于独立董事被认为既然独立,就应该减少与上市公司之间的利益瓜葛,因此独立董事的酬劳除了固定薪酬之外,与其任职企业绩效和股价表现无关。《上市公司股权激励管理办法》中还专门规定,股权激励"不应当包括独立董事"。

相比之下,美国的独立董事除了每年领取固定薪酬外,股权激励

第二章｜独立董事应有怎样的职责、薪酬与资历　　　　　　　　　　067

占了很大比重。根据世界第三大猎头公司韦莱韬悦对美国标普500及财富500公司中，年销售额在100亿美元以上的大型公司独立董事的收入统计，独立董事们的年平均酬劳达31万美元。其中，从董事会领取的现金津贴平均约为12万美元，还有19万美元为公司以限定股票等股票期权方式发放的股权激励。如苹果公司2020年给独立董事的现金薪酬为10万美元，股权和期权为25万美元；谷歌公司给独立董事的现金薪酬平均约为7.5万美元，股权期权部分除首席独立董事为118万美元以外，其他平均约在35万美元；亚马逊公司以不给现金薪酬著名，但是给了独立董事平均90多万美元的股权激励。可见，声誉机制的作用不可夸大，与激励相容的物质奖励还是不可或缺的。

　　这样对比是否表明我们的独立董事薪酬也应该普遍增加几十倍呢？当然不是。因为，与美国等国相比，我国独立董事的资历资质和岗位职责相去甚远。

二、独立董事需要什么资历和资质？

　　我国当前独立董事的首要特点是"高知"，以兼职的学者教授和从事财务法律专业的知识白领为主。据Wind统计，截至2020年底，在全部14 060名独立董事中拥有博士学位的为6 122名，占总人数的43.54%，财务人员占比约为10%，法务人员占比约为13%，三项合计占比接近七成，其他各行各业全部加起来只有三成。

　　高知当然有知识，但书本知识与实践知识还是有很大的差别的。搞学术与管企业是两个不同的领域。所谓术业有专攻，隔行如隔山，学术做得好，懂书本知识，但不懂企业经营管理，本来也是正常现象。至于同样被特别推崇的财务和法律行业的白领精英，看似很对口，但是专业面还是较为狭窄，特别是企业内部本身就有财务部、法务部，上市公司也都聘请了专门的会计师事务所、律师事务所做财务顾问和法律顾问，因此，这些人的专业知识对于企业来说很难能增加多少附加价值。

管理企业往往未必需要太高的学位，但需要很多市场天赋和哈耶克所说的干中学的默会知识。商场如战场，没有真打过几场恶仗、经历过多年磨砺，很难洞悉其中的门道。从这个意义上讲，人们将一贯注重的学历、专业以及在该专业的工作时间等量化指标作为判断独立董事能力的标准，恐怕有失偏颇。因此，人们长期以来所诟病的独董不懂，在独立董事人员的构成上，就已经预先大体决定了。

还是以独立董事制度在公司内部治理结构中发挥决定性作用的美国为例，据美国宾夕法尼亚大学沃顿研究资料服务中心的数据，标普500上市公司在职独立董事中（退休年度为2021年度以后），现任其他公司高管的占比为20%，其他公司退休董事及高管的占比约为25%，经营顾问的占比为11%，此三项合计，具有企业资深高级管理人员背景的合计为56%。另外，还有13%的独立董事出身于投资机构、银行等金融业高层人员。这样一来，约有七成的独立董事职业背景为资深工商界人士，而学者的占比只有4%，财务和法务人员加起来不到3%，其中不少还都是当过校长或事务所高级合伙人的。人们所熟知的著名企业家如比尔·盖茨、苹果的当家人库克等都是或曾是别的大公司的独立董事。

因为独立董事基本上是经验丰富的资深人士，又有很多人离任后成为职业或专职独立董事，美国的独立董事们被笑称为"退休高管俱乐部"，其实是有些道理的。如IBM的独立董事平均年龄为61.7岁，比我们现行的法定退休年龄高了近2岁，其13名董事会成员中的12名独立董事，除1名为大学校长、1名为退役的四星海军上将外，其余10名全部都是其他企业离任的CEO或董事长、副董事长。这种老骥伏枥之下深厚的职业背景、丰富的工作经验，在很大程度上保证了美国上市公司的独立董事们能够抓大放小，不必事必躬亲就能对公司的重大事务作出独立、老到的判断。尤其是这样一群人聚集在一起就某个问题问询公司经营者时，不亚于对公司经营者的一场面试。

我国上市公司独立董事的来源之所以呈现高知化，除了认知偏差外，也受到了企业发展阶段和特色国情的影响。比如，央企国企的独立董事聘请要由有关部门从诸多方面去考虑平衡；由于民营上市公司担任独立董事属于经商办企业，因此一些国企干部乃至在高校中担任一定管理职务的学者均不能担任，已担任的也要清理请辞；民营企业的企业家大都忙于家族的生意，没有时间给别的企业当独立董事，即便退休了，也仍牵挂自家的企业。因此，从这个角度看，中国的独立董事大都缺乏从事企业经营管理的实践经验，让他们去看住、管好企业与企业家，有些勉为其难。

三、独立董事履职的尴尬

如今人们对参与上市公司欺诈和财务造假的董监高，追究其经济与法律责任没有异议。但是对于造假和违法犯罪失职失察的董监高特别是独立董事，是否也要追究连带赔偿责任，则有不同意见。中国证监会最近发布的《上市公司独立董事规则（征求意见稿）》秉承了2001年发布的《关于在上市公司建立独立董事制度的指导意见》的精神，要求"独立董事对上市公司及全体股东负有诚信与勤勉义务，并应当按照相关法律法规、本规则和公司章程的要求，认真履行职责，维护公司整体利益，尤其要关注中小股东的合法权益不受损害"。实际上这一次广州中院正是根据这一条，在"康美案"判决书中认为康美药业的一些董监高包括独立董事虽然并未直接参与造假，但对这样巨大的财务造假长期失察，"未尽勤勉义务，存在较大过失，且均在案涉定期财务报告中签字，保证财务报告真实、准确、完整，所以前述被告是康美药业信息披露违法行为的其他直接责任人员"，因而判决相关独立董事承担程度不等的连带赔偿责任。

因此，从司法角度看，签字背书保证是认定直接责任的关键证据。但问题在于，由于缺乏组织、领导和资源支持，独立董事在履职过程中往往处于尴尬的境地。一是绝大多数的独立董事，都有自己的本职工作。在表决时，当与自己本职工作和时间安排相冲突，独立董事就只能通过电话连线，或者委托其他董事代为投票。二是出于对内容保密和信息披露合规的考虑，上市公司管理层多在董事会召开前两天甚至开会时才将提案内容提交给独立董事阅读签字认可。按照有关规定，会议结束当晚文件就要公告。独立董事根本没有能力去对陈述的真实性作出判断。三是独立董事没有自己的组织和牵头人，无法形成合力，往往同为一家公司的独立董事到任职期满，彼此之间不过是每次开会见面时的点头之交。四是如果独立董事要对自己签字的会议文件表示疑虑,想勤勉尽责地进行调查,就算独立董事有这个时间和精力,也需要得到一定的支持和人力财力资源。更何况要审计一家中型的上市公司,通常需要负责签字的两名注册会计师,带领十几个专职人员进入企业工作月余,去费时费力地查账、核对票据和清查盘点库存,即便如此,都还有可能存在疏漏和被瞒骗。

四、美式独立董事的职责

大体上直至20世纪70年代,美国证券监管者长期奉行的是市场主义原则,即中小股东用脚投票,自己对自己的资产负责,各人独自判断公司好坏与经营者合格与否,用买入或卖出股票来作自然选择。那时独立董事的职责是相对简单与单一的,仅仅是一个由独立董事组成的审计委员会,负责核查外部会计师事务所的财务审计报告。1972年水门事件爆发,随着案件的深入调查,许多著名公司及其董事卷入政治行贿丑闻,加之在当时风起云涌的杠杆并购潮中,上市公司的丑闻不断、大案要案频出,公司内部人士控制的董事会的诚信度受到严重质疑。在各界反应强烈的压力下,美国政府与监管者才步入了更积极干预的监管轨道,独立董事制度也被赋予了更多的功能与重任。现在,在一个标准的由独立董事占绝大多数的美式董事会中,独立董事除了掌控原有的审计委员会外,更主要的是对决定董事和公司高管人选的提名委员会及负责制定上述人员薪酬基准的薪酬委员会享有垄断权力。

根据纽交所公司治理规定,独立董事应承担的职责为:为了更有效地考察管理层,应定期举办没有公司内部管理者参加的经营会议,组建全部由独立董事组成的提名/治理委员会；全部由独立董事组成上市公司薪酬委员会，上述两个委员会应制定特定职责的书面章程；组成由独立董事组成的审计委员会，每年至少审查一次由公司外部独立会计师提供的报告。

因此，在美式独董制度下，独立董事们占董事会绝对多数，并有自己的组织和领导即首席董事，定期召开无企业内部高管层参加的经营会议，评价管理者、甄选公司高管及董事人选并确定其薪酬标准，审计委员会则主要是核查外部会计师事务所提交的财务审计报告。

当股权高度分散、各个持股数量有限、时间长短不一的中小股东们既无能力亦无足够动力去管理公司，美式独立董事们实际上是经公司最高权力机构股东大会选举和授权后，代理了股东的职能，从而创建了一种颠覆了经济学传统理论与实践、股权分散下的新型公司治理结构和制度。这时独立董事的主要职责就是在所有权经营权高度分离、股东自身又很难负责的情况下，利用其丰富的公司运营管理经验，为上市公司选择与撤换董事和高管，对其经营业绩作出评价，制定合理的薪酬标准。即便如此，在美国，这个目标是否真能实现，也有不同的观点和争论。

然而这样也就不难理解，为什么美国发生的财务造假案件，主要追究的是负责审计的会计师事务所的责任。由于巨大的审计风险，会计师事务所因声誉效应等市场原因不断整合为几大世界级巨头。尽管如此，安然事件仍然导致了如安达信这样的世界级会计师事务所轰然倒闭。因此，在收取高昂费用、专职肩负审计重任的权威会计师事务所都失察或被骗的情况下，国外在一般情况下确实不会去追究非其主要职责的独立董事的连带赔偿责任。但是当出现如安然、世通那样经营管理层严重违法犯罪，通过内部交易伪造财务数据导致公司破产清算后，法院也不会站在支持独立董事免责的一边。因为他们严重失职选错用错了人，并且对其违法犯罪行为长期失察，给股东造成难以挽回的巨大经济损失后，也必须被要求承担一定的经济法律责任。

综合以上这些情况，现在的问题就变为：这种基于不同国情和发展阶段的美式独立董事制度，我们能够照搬、应当照搬吗？独立董事制度是否还可以修补？如是，要经过怎样的手术才能拿来洋为中用？如否，又能有什么样的替代？

第二节　美式独立董事的职责[1]

20世纪30年代的经济大萧条使得美国的投资公司的基金持有者们蒙受了巨大的损失，实体经济和资本市场的基本面走势固然是最根本的原因，完全由投资公司的基金经理们组成的董事会是否真的尽到了及时调整基金经理人选、改变投资策略维护持有者利益的职责，还是引发了持有者对投资公司的严重不信任。在这个大背景下，1940年，美国国会通过了《投资公司法》(Investment Company Act of 1940)，要求投资公司的董事会中必须有一定比例的独立于投资公司的外部人士担任。《投资公司法》的实施被认为是美式独董制度确立的标志性事件，独立董事制度也随之从投资公司自发扩展到了那些同

---

1. 本节作者董申、蔡倩。

样是由分散的投资者们持有资产单位——股票的公众公司。

　　然而，在这类不受法律约束和保护的自发性扩展下，独董的职责显然是不明确的，就如哈佛大学MBA课程的创设者迈尔斯·梅斯（Myles Mace）在其经典著作《公司董事：神话与现实》（*Directors: Myth and Reality*, 1971）中所述，二战后独立董事制度在美国公众公司的兴起，可以说是历史的一项选择，但独董更像是被管理层控制的"被动的士兵"，并非掌握权力的人。独董的职责不明一直持续到20世纪70年代中期才开始发生根本性变化。尼克松水门事件曝光后，随着调查的深入，美国的一些上市公司及其董事们卷入了政治贿赂被逐渐曝光；另一方面，始于60年代末的美国第三次上市公司并购高潮中，由公司内部经理人主导的董事会在并购活动中的不透明性，也进一步加剧了投资者对董事会的不信任。

　　1977年，在纽交所的审计委员会标准中，首次要求董事必须独立于管理层，并提出公司的审计委员会须完全由此类董事构成。1978年《公司董事指南》中则对"独立于管理层"明确作出了区分：一是区分执行董事（management）和非执行董事（non-management）；二是区分关联董事（affiliated）和非关联非执行董事（non-affiliated non-management）。在该标准下，在公司曾经任职的高管和雇员都被视为执行董事。而如果某个董事与公司有经济或者个人身份的关联，"可以被视为对商业判断产生干预"的被定义为关联非执行董事。

　　在上市公司贿赂和并购不透明丑闻频发之下，自20世纪20年代以来长期占统治地位的内部经理人控制公众公司的治理结构受到了严重挑战，董事会中独董的独立原则在法律上被予以了规定，在这一时期，独董在董事会中组成独立的审计委员会，将公司财务的审计权从职业经理人手中剥离。今天，经过四十多年的制度迭代进化，特别是80年代和90年代的一系列修法，《公司治理原则 1992》中最终确立了上市公司的董事中，必须由"与公司高管层没有任何明显关联（significant relationship）"的董事占多数而组成。其后，美国的各大交易所对董事会中经营委员会、提名委员会、薪酬委员会的人员构成的具体要求相继出台，美国的独立董事制度被赋予了更多的职责。在一个标准的由独立董事占大多数的美式董事会中，独立董事除了掌控原有的审计委员会外，还对负责提名董事和公司高管的提名委员会，以及对负责制定上述人员薪酬基准的薪酬委员会享有绝对控制权并定期召开由首席独立董事召集的全部由独董构成的经营会议。提名、薪酬、经营会议和审计委员会如今完全排除公司内部董事，仅由独立董事构成。

根据纽交所上市公司手册303A下的各项，可以明确确认独立董事应承担的职责（受控公司可豁免303A.01、303A.04与303A.05项）。303A.03项为了更有效地监督管理层的权力，各上市公司必须在没有管理层参与的情况下定期召开经营会议[1]。 303A.04项上市公司必须设立一个完全由独立董事组成的提名/公司治理委员会，并应制定至

---

1. 一般要求是召开仅有非管理董事的会议，"非管理"董事是指所有非执行董事，包括那些因物质关系、以前的身份或家庭成员或任何其他原因而不能独立的董事。但上市公司可改为只举行独立董事定期经营会议，而如果上市公司选择召开所有非管理董事的定期会议，该上市公司应每年至少举行一次仅包括独立董事在内的经营会议。

少规定了某些特定职责的书面章程,包括:确定有资格成为董事会成员的个体,并由董事会选择或推荐下届股东年会的董事候选人;制定并向董事会推荐一套适用于公司的公司治理指南;监督对董事会和管理层的评估等。303A.05项上市公司必须设立一个完全由独立董事组成的薪酬委员会,并应制定至少规定了某些特定职责的书面章程,包括:审查和批准与CEO薪酬相关的公司目标,并根据这些目标评估CEO的业绩,决定和批准CEO的薪酬水平;就董事会批准的非CEO执行官的薪酬、激励薪酬和股权计划向董事会提出建议等。303A.07项审计委员会至少由三名成员组成,且全部为独立董事,并应制定至少规定了某些特定职责的书面章程,包括:协助董事会监督上市公司财务报表的完整性、是否符合法律法规要求、独立审计师的资格和独立性、内部审计职能和独立审计师的履职情况、至少每年获得并审查一份由独立审计师出具的报告、与管理层及独立审计师会面审查并讨论经审计的年度财务报表和季度财务报表等。这些职责能发挥作用的前提则是303A.01项上市公司董事会中独立董事要占多数的规定。

与此类似,纳斯达克证券市场的5600系列(Nasdaq 5600 Series)公司治理要求中,对在纳斯达克上市的公司中独立董事占董事会多数,提名、薪酬和审计委员会的组成与职责均有相应规定,分别载于5605(b)—(e)项[受控公司可豁免规则5605(b)、(d)和(e),但5605(b)中涉及独立董事执行会议的要求除外]。具体内容如下:5605(b)董事会的大多数成员必须由独立董事组成,此要求赋予了这些董事更有效地履行职责;独立董事必须定期召开只有独立董事出席的会议("经营会议"),且每年至少举行两次;5605(c)每家公司都必须采用正式的审计委员会书面章程，必须拥有并证明其拥有并将继续拥有至少由三名成员组成的审计委员会，每名成员必须是独立董事；5605（d）每家公司都必须证明其已采用正式的薪酬委员会书面章程，必须拥有并证明其拥有并将继续拥有至少由两名成员组成的薪酬委员会，每个委员会成员必须是独立董事；5605（e）必须通过以下方式选择或推荐董事候选人以供董事会选择——在只有独立董事参与的投票中，独立董事占董事会的独立董事多数，或仅由独立董事组成的提名委员会。

另外，关于独立董事对于上市公司高管的任免，也有不少法律规定，例如，《标准商事公司法》规定公司高管可以依据公司章程细则产生，或者由董事会依据章程任命；《特拉华州普通公司法》也规定公司高管依据章程细则产生后，由董事会决定；《示范商事公司法》8.4.3条规定高管在任何时候，不管是否有理由，都可以被董事会罢免。我们熟知的苹果公司，其章程细则就规定CEO由董事会任命，且董事会可以任命下属高管，也可以授权董事长、CEO或总裁来任命这些下属高管。

由此可见，在独立董事制度已经成熟的美国，其独立董事的主要职责集中在召开经营会议评价管理者、甄选公司高管及董事人选并确定其薪酬标准这三项，当然履职的前提是各委员会全部由独立董事组成。虽然有审计委员会，但在职责中的排名和工作量都是最弱的。而我国所强调的监督监察公司高管、大股东或实际控制人等职责并没有出现在独立董事职责的规定中。美国的独立董事事实上是接管了董事会最重要的三大权限——高管与董事的人事权、经营评价权、薪酬决定权。其中，高管与董事的人事权显然是最重要的权限。这是因为，缺乏第一个权限，则后两个权限即便设置了也几乎形同虚设。

今天，我们再次审视美国独立董事制度时不难发现，独立董事的职责其实就是在股权高度分散的情形下，股东中难以产生公司实际控制人来指派代表股东利益的董事去选择、评价经营者，进而监管当局采取的折中策略——既然没有作为实际控制人的大股东，那么就由股东大会选举产生股东们认可的有能力、有动力、有公信力的人去担任董事，并由他们去选择和判断经营者合格与否。毕竟，股东大会是股份公司的最高权力机关，这种投票选择的结果符合股份公司的一般原则。如此重任之下，由于独立董事的选择决定了公司高管的人选和激励水平，公司每年在固定津贴外支付给独立董事平均19万美元的股权奖励，将其主要收入与公司未来收益挂钩，不仅有必要而且有助于其在甄选公司高管时更加负责，这也从另一个侧面反映了美式独立董事职责的作用力。

附：纽约证券交易所上市公司手册[1]

303A.00　介绍

适用性

在纽交所上市的公司必须遵守第303A条规定的有关公司治理

---

1. 英文原文见链接2-1。资料来源：https://nyse.wolterskluwer.cloud/listed-company-manual/document?treeNodeId=csh-da-filter!WKUS-TAL-DOCS-PHC-%7B0588BF4A-D3B5-4B91-94EA-BE9F17057DF0%7D--WKUS_TAL_5667%23teid-66。

的某些标准。与纽约证券交易所的传统方法以及2002年萨班斯–奥克斯利法案的要求一致，第303A条的某些规定适用于某些上市公司，但不适用于其他上市公司。

股票上市

第303A条完全适用于所有上市普通股本证券的公司，但以下情况除外：

（1）受控公司

个人、集团或其他公司持有超过50%的董事选举投票权的上市公司无需遵守第303A.01、303A.04或303A.05项的要求。受控公司必须遵守第303A节的其余规定。

303A.01　独立董事

上市公司必须独立董事占多数。

有效的董事会在履行职责时要进行独立判断。要求独立董事占多数，将提高董事会的监督质量，并减少损害利益冲突的可能性。

303A.03　经营会议

为了赋予非执行董事更有效地监督管理层的权力，各上市公司的非执行董事必须在没有管理层参与的情况下定期召开经营会议。

注：为了促进非执行董事之间的公开讨论，公司必须定期安排高管会议，让这些董事在管理层不参与的情况下开会。"非管理"董事是指所有非执行董事，包括那些因物质关系、以前的身份或家庭成员或任何其他原因而不能独立的董事。303A.03条款所指非执行董事

会议，上市公司可改为只举行独立董事定期经营会议。如果上市公司选择召开所有非执行董事的定期会议，该上市公司应每年至少举行一次仅包括独立董事在内的高管会议。

303A.04　提名/公司治理委员会

（a）上市公司必须有一个完全由独立董事组成的提名/公司治理委员会。

（b）提名/公司治理委员会必须有书面章程：

（i）该委员会的目的和职责至少必须包括：确定符合董事会批准标准的有资格成为董事会成员的个人，并选择或建议董事会选择下届年度股东大会的董事提名人选；制定并向董事会推荐一套适用于本公司的公司治理指南；监督董事会和管理层的评估。

（ii）委员会的年度业绩评估。

303A.05　薪酬委员会

（a）上市公司必须有一个完全由独立董事组成的薪酬委员会。

（b）薪酬委员会必须有书面章程，规定：

（i）委员会至少须对以下事项负有直接责任：

（A）审查和批准与CEO薪酬相关的公司目标，并根据这些目标评估CEO的业绩，决定和批准CEO的薪酬水平；

（B）就董事会批准的非CEO执行官的薪酬、激励薪酬和股权计划向董事会提出建议；

（C）准备S-K条例第407（e）（5）项所要求的披露。

（ii）薪酬委员会的年度业绩评估。

（iii）第303A.05（c）条规定的薪酬委员会的权利和责任。

303A.07　审计委员会额外要求

（a）审计委员会必须至少有三名成员。所有审计委员会成员在没有适用规则10A-3（b）（1）条豁免情况下必须满足第303A.02条规定的独立性要求。

（b）审计委员会必须有一份书面章程，规定：

（i）委员会的目的至少必须是：

（A）协助董事会监督（1）上市公司财务报表的完整性，（2）上市公司是否符合法律法规要求，（3）独立审计师的资格和独立性，（4）上市公司内部审计职能和独立审计师的履职情况（如果上市公司根据第303A.00条的规定正在利用过渡期，尚未具备内部审计职能，章程必须规定委员会将协助董事会监督内部审计职能的设计和实施）；

（B）准备S-K条例第407（d）（3）（i）项所要求的披露。

（ii）审计委员会的年度业绩评价。

（iii）审计委员会的职责至少必须包括《交易法》第10A-3（b）（2）、（3）、（4）和（5）条规定的职责，以及：

（A）至少每年获得并审查一份由独立审计师提供的报告，该报告描述以下内容：公司的内部质量控制程序；5年内由公司最近的内部质量控制评审或同行评审或由政府或专业机构进行的调查提出的关于公司的一次或多次独立审计的任何重大问题，以及采取任何措施来处理此类问题；(评估审计师独立性)独立审计师与上市公司之间的所有关系。

（B）与管理层及独立审计师会面，审查和讨论上市公司年度经审计的财务报表和季度财务报表，包括审查上市公司"管理层对财务状况和经营成果的讨论和分析"项下的具体披露情况。

（C）讨论上市公司的财报发布，以及向分析师、评级机构提供的财务信息和收益指引。

（D）讨论有关风险评估和风险管理的政策。

（E）定期与管理层、内部审计师(或其他负责内部审计职能的人员)和独立审计师单独会面。

（F）与独立审计师一起审查任何审计问题以及管理层的应对措施。

（G）为独立审计师的雇员或前雇员制定明确的招聘政策。

（H）定期向董事会报告。

附：纳斯达克5600系列规则关于上市公司治理的要求[1]

5601. 序言

申请在纳斯达克上市的公司必须满足本规则 5600 系列中概述

---

1. 英文原文见链接2-2。资料来源：https://listingcenter.nasdaq.com/rulebook/Nasdaq/rules/Nasdaq-5600-Series。

的质量要求。

5605. 董事会和委员会

(b) 独立董事

（1）多数独立的董事会

董事会的大多数成员必须由规则5605（a）（2）中定义的独立董事组成。

要求董事会由大多数独立董事组成，赋予这些董事更有效地履行这些职责。

（2）经营会议

独立董事必须定期召开只有独立董事出席的会议（"经营会议"）。

预计经营会议将每年至少举行两次，并且可能更频繁地与定期安排的董事会会议一起举行。

(c) 审计委员会要求

（1）审计委员会章程

每家公司都必须采用正式的书面章程，并确保审计委员会将每年审查和重新评估正式书面章程的充分性。书面章程内容为：

（A）审计委员会的职责范围，以及如何履行这些职责，包括结构、流程和成员要求。

（B）审计委员会有责任确保其从外部审计师处收到一份描述审计师与公司之间所有关系的正式书面声明；积极与审计师就任何

可能影响审计师客观性和独立性的公开关系或服务进行对话,并采取或建议全体董事会采取适当行动来监督外部审计师的独立性。

(C)委员会监督公司的会计和财务报告程序以及公司财务报表的审计工作的目的。

(D)规则5605(c)(3)中规定的审计委员会的具体职责和权力。

(2)审计委员会构成

(A)各公司必须拥有并证明其拥有且将继续拥有至少由三名成员组成的审计委员会,该审计委员会成员必须:(i)是规则5605(A)(2)中定义的独立董事;(ii)符合《法案》第10A-3(b)(1)条规定的独立标准[但须符合《法案》第10A-3(c)条规定的豁免];(iii)在过去三年内,任何时候均未参与编制本公司或本公司任何现有子公司的财务报表;(iv)能够阅读和理解基本财务报表,包括公司的资产负债表、损益表和现金流量表。另外,每个公司必须证明其至少有并将继续至少有一个审计委员会的成员过去有从事金融或会计行业的工作经历、必要的会计专业认证,或任何其他类似的经验或背景,这些形成了个人的金融复杂性,包括担任或曾经担任过首席执行官、首席财务官或其他负有财务监督职责的高级官员。

(3)审计委员会的职权

审计委员会必须具有遵守《法案》第10A-3(b)(2)、(3)、(4)和(5)条所必需的特定审计委员会职责和权力[除《法案》第10A-3(c)条规定的豁免外]，涉及以下责任：(i)注册会计师事务所；(ii)有关会计、内部会计控制或审计事项的投诉；(iii)聘请顾问的权力；以及(iv)审计委员会决定的资金。投资公司的审计委员会还必须建立一套程序，让投资顾问、管理人员、主承销商或投资公司的任何其他会计相关服务提供商的员工以及投资公司的员工对有问题的会计或审计事项进行保密、匿名的提交。

(d) 薪酬委员会要求

(1)薪酬委员会章程

各公司必须证明其薪酬委员会已采用正式书面章程，且将每年对正式书面章程的充分性进行审查和重新评估。章程必须明确规定：

(A)薪酬委员会的职责范围，以及如何履行这些职责，包括结构、流程和成员要求。

(B)薪酬委员会决定或建议董事会决定公司首席执行官及所有其他高管的薪酬。

(C)在就其薪酬进行投票或审议时，首席执行官不得出席。

(D)规则5605(D)(3)中规定的薪酬委员会的具体职责和权力。

(2)薪酬委员会构成

(A)各公司必须拥有，并证明其已经拥有且将继续拥有至少两名成员组成的薪酬委员会。每个委员会成员必须是规则5605(a)(2)中定义的独立董事。此外，在确定任何担任薪酬委员会成员的董事的独立性时，董事会必须考虑确定董事是否与公司

有关系的所有具体因素,这些关系对该董事独立于管理层的能力具有重大影响,包括但不限于:

(i)该董事的薪酬来源,包括公司向该董事支付的任何咨询费、顾问费或其他补偿费;

(ii)该董事是否与本公司、本公司的子公司或本公司子公司的子公司有关联关系。

(3)薪酬委员会职权

根据《法案》第10C-1(b)(2)、(3)和(4)(i)-(vi)条的规定,薪酬委员会必须具有以下具体职责和权力。

(A)薪酬委员会可自行决定聘请薪酬顾问、法律顾问或其他顾问,或征求其意见。

(B)薪酬委员会应直接负责其聘请的任何薪酬顾问、法律顾问和其他顾问的任命、薪酬和监督工作。

(C)公司必须根据薪酬委员会的决定,提供适当的资金,用于向薪酬顾问、法律顾问或薪酬委员会聘请的任何其他顾问支付合理的薪酬。

(D)薪酬委员会可在考虑以下因素后,选择薪酬顾问、法律顾问或薪酬委员会的其他顾问(内部法律顾问除外),或接受其意见:

(i)聘用薪酬顾问、法律顾问或其他顾问的人员向公司提供其他服务;

(ii)聘用薪酬顾问、法律顾问或其他顾问的人员从本公司收取的费用，按其聘用薪酬顾问、法律顾问或其他顾问的人员总收入的百分比计算；

（iii）聘用薪酬顾问、法律顾问或其他顾问的人旨在防止利益冲突的政策和程序；

（iv）薪酬顾问、法律顾问或其他顾问与薪酬委员会成员的任何业务或个人关系；

（v）薪酬顾问、法律顾问或其他顾问持有的公司股票；

（vi）薪酬顾问、法律顾问、其他顾问或聘用该顾问的人与本公司高管的任何业务或个人关系。

(e) 独立董事监督董事提名

（1）董事提名必须由以下人员选出或推荐给董事会进行遴选：

（A）在只有独立董事参加的投票中占董事会独立董事多数的独立董事，或

（B）仅由独立董事组成的提名委员会。

（2）各公司必须证明其已采取正式书面章程或董事会决议（如适用），以处理提名过程和联邦证券法可能要求的相关事项。

5615. 某些公司治理规定的豁免情况

(c) 受控公司的适用性

（1）定义

受控（控股）公司是指董事选举的投票权超过50%是由个人、团体或其他公司持有的公司。

（2）给予受控公司的豁免

受控公司豁免规则5605（b）、（d）和（e）的要求限制，除了5605（b）（2）中涉及独立董事经营会议要求。

应该强调的是，这种受控公司豁免不包括规则5605（c）下的审计委员会要求或规则5605（b）（2）下的独立董事经营会议要求。

第三节　独立董事的薪酬构成中外差异及其原因[1]

长期以来，对"声誉"的爱惜和珍视被国内的一些学者认为是美国独董发挥作用的最主要的激励，并且举出美国的独董们每年仅从董事会领取10万美元左右的现金津贴作为象征性的酬劳作为论据，指出为了维护花费大量时间和精力建立的个人声望和信誉，才是独董们尽职的主要原因。我们不否认"声誉效应"对个人行为的约束力，但是如果不尽职给个人带来的只是不足道的金钱损失，受损的主要是声誉，而尽职不仅没有更多物质奖励也对提高自身的声誉缺乏有效的帮助之下，一个真正爱惜自己的声誉的人为什么要冒着多年积攒的声誉毁于一旦的风险去担任独董呢？由此可见，用声誉机制作为美式独董尽职的原因，并不能很好地解释在美国为什么有很多有能力、有地位的人具有足够的动力去担任独董。

事实上，在发达国家独立董事的薪酬体系中，从董事会领取的

---

1. 本节作者董申、蔡倩。

现金津贴只是独董收入的一部分,薪酬组合中更多的部分是以限制性股票和股票期权为代表的股权激励。以独董制度最成熟的美国为例,根据史宾沙管理顾问公司(Spencer Stuart)发布的《2021 U.S. Spencer Stuart Board Index》报告的统计,在2020财年,美国标普500公司的董事薪酬构成中,有61%为股权奖励与股票期权激励(stock awards 56%, option grants 5%),只有37%为现金报酬(cash fees),并且有2%的董事在2021年选择全部以股票的形式支付报酬。同样根据世界第三大猎头公司韦莱韬悦(Willis Towers Watson)发布的《日美欧独立董事报酬比较》2020年调查结果显示,美国标普500及财富500强年销售额在100亿美元以上的137家大型公司中,向独立董事提供股票薪酬的公司占比高达99%。独立董事的年平均薪酬约高达31万美元,现金津贴约为12万美元,另外19万美元为公司以限定股票等股票期权方式发放的股权激励。

具体到一些知名的美国公司(详见本节所附的表2-2—表2-8),可以观察到无论是传统制造业企业如美国通用汽车公司,还是步入成熟期的科技企业如微软、戴尔及苹果,抑或是处于高速增长期的新兴高科技企业谷歌、特斯拉、亚马逊等,股权激励无一例外是独董薪酬体系的主要部分。也就是说,美国的薪酬体系实际上是将独董们的收益与公司的未来发展挂钩,以跨期激励为主并在当期支付给独董们一定的固定津贴。反观我国,根据Wind的统计,截至2020年底,在沪深两市的4 503家企业中,独立董事人数合计14 060人,平均年薪84 155元,其中,年薪在10万元及以下的独立董事占总人数的80.63%,且有超过一半的独立董事年薪在5万元至10万元之间，年薪在25万元至35万元之间的独立董事占比不足2%（详见表2-1）。此外，不同于美国等国外资本市场，我国除了支付独立董事固定薪酬，并未增加其他补偿或激励机制来促进其主动履职，而且为保证其独立性，还明确限制上市公司用股权激励手段来提升独立董事待遇，《上市公司股权激励管理办法》试行版与修订版均将独立董事排除在激励对象以外，明确表述为"激励对象……不应当包括独立董事"。

表2-1 我国沪深两市上市公司独立董事薪酬情况

年薪/元	比　例
0—10 000	5.70
10 001—50 000	19.54
50 001—100 000	55.39
100 001—500 000	19.04
500 001—1 000 000	0.31
1 000 001—5 500 000	0.02
合　计	100.00

由此可见，我国独立董事薪酬与美国等发达国家资本市场上市公司的独立董事薪酬存在显著差异，不仅缺乏股权激励这部分在海外占主要部分的薪酬，现金补贴也就是海外平均水平的十分之一左右。然而，我们与美国独董薪酬体系及绝对收入的巨大差异有其合理性和必然性。

首先，两者职责不同，使得两者的收入难以进行简单对比来区

第二章 | 独立董事应有怎样的职责、薪酬与资历   091

分高低。美式独董作为经营管理层的甄选者和评价者,责任重大,其决定与公司未来发展有直接关系,因此领取相对较高的薪酬特别是将薪酬收益与公司未来挂钩,采取股票期权的方式合情合理。而我们的独董,其被赋予的主要职能是监督和规范管理层及大股东侵害中小股东的行为,与企业的经营管理没有直接关系,和企业的未来发展也缺少内在的联系,作为非专职的外部监督者与前者的薪酬显然缺乏可比性,特别是站在对公司管理层和大股东的监督的角度上来看,须与公司进行利益切割,因此,禁止股权激励有其合理性。

其次,我们和美国的独董人选的资质不同,美国的独董以工商界、金融界的资深高级管理人员为主,平均30万美元的薪酬与其财富或收入相比并不为过,如谷歌的独董约翰·杜尔,虽然每年领取75 000美元的现金津贴和高达35万美元的股权激励,但是作为硅谷KPCB创业基金的掌门人,其个人的总资产75亿美元、净资产27亿美元,位居2019年美国福布斯排行榜第67位。肯尼斯·切诺特作为独董每年也从IBM获取24万美元的股权激励,但是作为美国运通的CEO,在2013年其薪酬已经高达2 830万美元。而我们的独董以大学教授、专家学者为主,其主业的专职年薪通常在30万元人民币以内,作为企业外聘的非专职人员,从相对于主业的收入来看,每年8万—10万元的收入基本可被视为合理的市场价格。

最后,工作的性质不同。两者虽然都是兼职,每年也都是实际工作时间2—3周,但我们的独董工作其实也就是参加一下大股东或管理层召集的会议，主要是看看上市公司提供的各类报表和文件，然后根据公司要求，在需要的地方盖章签字。而美国的独董们则是在排除管理层和大股东代表的情况下，定期召开由独董们组成的经营会议，决定管理层的薪酬水平，确定公司高管的提名，决定公司的重大经营问题。前者主要是事务性工作，而后者属于经营判断。实施股权奖励当然要看工作性质，只有给那些与公司未来收益、发展相关的职位的人才会利于公司长远发展，我们独董的工作性质也决定了其不应该也不能够获取高薪和股权激励。

从规定上看，我国独立董事参与的公司事务貌似很多，甚至连实际控制人及其关联企业对上市公司现有或新发生的总额高于300万元的借款往来都要其签字才能生效。但是，独立董事在董事会中处于少数派的地位，从根本上决定了其看似该管的事情挺多，现实中却即便想管也难以去管，最后演变成无事可管，现实中走程序成了独董的主要工作状态。正因为如此，本就在上市公司里无处作为的中国独立董事，无论其薪酬待遇提高与否，以及用什么方式提高，对改变现状意义都不大。

特别是在我国独立董事对上市公司没有什么实质性贡献的情况下这么做，不仅现状难以改善，而且反而会引发新的矛盾。如果真的给予独立董事高额股权奖励，比如效仿美国大型上市公司每年平均奖励19万美元水平，那么，一方面那些每天起早贪黑、兢兢业业为公司工作的中层主管不涨薪显然不行，由此便可能引发上市公司人力资本支出增加挤压公司利润，最终伤害投资人的情况；另一方面，部分上市公司的高管给自己开出高薪，已经引发了投资人的很大不满，被称为摆设的独立董事再每年都能拿120万元人民币的股权激励，这将给高管开拓更大的涨薪空间，市场主体和投资人便可能要为此支付更高额的费用。这样一来，最终难免导致投资人与上市公司管理层矛盾的激化。

附：7家美国上市公司独立董事薪酬情况

表2-2　苹果2020财年独立董事薪酬（单位：美元）

姓　名	现　金	股权激励	其他报酬	总　计
James Bell	100 000	249 923	9 179	359 102
Al Gore	100 000	249 923	8 398	358 321
Andrea Jung	130 000	249 923	22 282	402 205
Art Levinson	300 000	249 923	28 222	578 145
Ron Sugar	135 000	249 923	13 704	398 627
Sue Wagner	125 000	249 923	224	375 147

资料来源：Apple Inc. Notice of 2021 Annual Meeting of Shareholders and Proxy Statement。

表2-3　谷歌2020财年独立董事薪酬（单位：美元）

姓　名	现　金	股权激励	其他报酬	总　计
Frances H. Arnold	38 248	1 188 057	—	1 226 305
L. John Doerr	75 000	352 320	—	427 320
Roger W. Ferguson Jr.	75 000	352 320	—	427 320
John L. Hennessy	100 000	503 314	—	603 314

续 表

姓　名	现　金	股权激励	其他报酬	总　计
Ann Mather	100 000	352 320	—	452 320
Alan R. Mulally	75 000	352 320	—	427 320
K. Ram Shriram	75 000	352 320	—	427 320
Robin L. Washington	75 000	352 320	—	427 320

资料来源：ALPHABET · 2021 PROXY STATEMENT。

表2-4　亚马逊2019财年独立董事薪酬（单位：美元）

姓　名	股权激励
Tom A. Alberg	—
Rosalind G. Brewer	929 992
Jamie S. Gorelick	—
Daniel P. Huttenlocher	951 489
Judith A. Mcgrath	—
Indra K. Nooyi	901 729
Jonathan J. Rubinstein	951 489
Thomas O. Ryder	951 489
Patricia Q. Stonesifer	951 489
Wendell P. Weeks	929 992

资料来源：AMAZON.COM, INC. Notice of 2020 Annual Meeting of Shareholders & Proxy Statement。

表2-5　微软2020财年独立董事薪酬（单位：美元）

姓　　名	现　金	股权激励	其他报酬	总　计
Reid G. Hoffman	125 000	200 000	0	325 000
Hugh F. Johnston	155 232	200 000	0	355 232
Teri L. List-Stoll	140 000	200 000	15 000	355 000
Charles H. Noski	84 652	100 000	0	184 652
Helmut Panke	77 384	100 000	0	177 384
Sandra E. Peterson	132 616	200 000	0	332 616
Penny S. Pritzker	132 616	200 000	15 000	347 616
Charles W. Scharf	125 000	200 000	0	325 000
Arne M. Sorenson	140 000	200 000	15 000	355 000
John W. Stanton	139 884	200 000	15 000	354 884
John W. Thompson	125 000	360 000	0	485 000
Emma N. Walmsley	62 500	100 000	0	162 500
Padmasree Warrior	125 000	200 000	0	325 000

资料来源：Microsoft Corporation Notice of Annual Shareholders Meeting and Proxy Statement 2020。

表2-6　特斯拉2019财年独立董事薪酬（单位：美元）

姓　　名	现　金	期权激励	其他报酬	总　计
Robyn Denholm	191 257	2 524 440	27 982	2 743 679
Ira Ehrenpreis	37 500	—	—	37 500

续　表

姓　　名	现　金	期权激励	其他报酬	总　计
Lawrence J. Ellison	20 000	5 848 976	—	5 868 976
Antonio Gracias	25 240	—	—	25 240
Stephen Jurvetson	19 265	1 184 605	—	1 203 870
James Murdoch	32 500	—	—	32 500
Brad Buss	15 310	—	—	15 310
Linda Johnson Rice	11 196	—	—	11 196

资料来源: TESLA, INC. PROXY STATEMENT FOR 2020 ANNUAL MEETING OF STOCKHOLDERS。

表2-7　通用汽车2020财年独立董事薪酬(单位: 美元)

姓　　名	现　金	股权激励	其他报酬	总　计
Wesley G. Bush	139 792	191 003	12 261	343 056
Linda R. Gooden	159 792	191 003	22 990	373 785
Joseph Jimenez	159 792	191 003	31 844	382 639
Jane L. Mendillo	139 792	191 003	11 490	342 285
Judith A. Miscik	139 792	191 003	30 865	361 660
Patricia F. Russo	159 792	191 003	25 073	375 868
Thomas M. Schoewe	169 792	191 003	43 657	404 452

续　表

姓　　名	现　金	股权激励	其他报酬	总　计
Theodore M. Solso	239 792	191 003	36 573	467 368
Carol M. Stephenson	159 792	191 003	16 186	363 798
Devin N. Wenig	169 792	191 003	10 261	371 056

资料来源：GENERAL MOTORS COMPANY 2021 PROXY STATEMENT。

表2-8　戴尔2020财年独立董事薪酬（单位：美元）

姓　　名	现　金	股权激励	期权激励	总　计
David W. Dorman	75 000	112 498	112 498	299 996
William D. Green	75 000	112 498	112 498	299 996
Ellen J. Kullman	100 000	112 498	112 498	324 996
Lynn M. Vojvodich	93 750	112 498	1 112 490	1 318 738

资料来源：Dell Technologies Inc. 2020 ANNUAL MEETING OF STOCKHOLDERS PROXY STATEMENT。

第四节　独立董事资质与资历的中外对比[1]

长期以来，我国的独立董事被诟病为"独董不懂"，但是在另一方

---

1. 本节作者董申、蔡倩。

面,我们却又是全世界唯一一个对独董的资质及专业背景作出量化要求的国家。根据《关于在上市公司建立独立董事制度的指导意见》的规定,独立董事应当符合的基本条件包括:"一、根据法律、行政法规及其他有关规定,具备担任上市公司董事的资格;二、具有本《指导意见》所要求的独立性;三、具备上市公司运作的基本知识、熟悉相关法律、行政法规、规章及规则;四、具有五年以上法律、经济或者其他履行独立董事职责所必需的工作经验;五、公司章程规定的其他条件。"

在这种明确了专业知识背景及所属专业工作时间的要求下,也就形成了我们独特的以高级知识分子和法律、财务等高级白领人才为中心的独董队伍。据 Wind 数据库资料分析显示,截至 2020 年底,我国独立董事中,学者占比 45%,法务人员占比 10%,财务人员占比 13%,仅此三项合计占比 68%,也就是说有接近七成的独立董事属于人们口中常说的"高知"或"高级白领"(详见图 2-1)。

具体到代表性企业来看,笔者从 Wind 数据中分别统计了 15

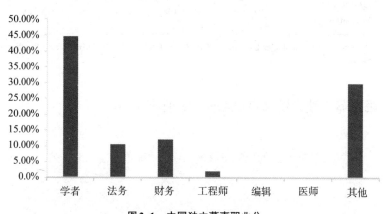

图 2-1　中国独立董事职业分

家央企和民企上市公司¹，截至2020年底独立董事职业类型的分布情况，分析可知，15家央企总共52名独立董事中学者占比约52%，由学者、法务和财务三类人员组成的"高知"团体占比约73%，高管占比仅为21%；15家民企总共48名独立董事中学者占比约52%，由学者、法务和财务三类人员组成的"高知"团体占比约83%，高管占比则仅为17%，这在一定程度上用实例验证了我国"高知"占七成的事实。无论是大型央企国企，还是各类民营企业，其独立董事构成中都是"高知"占多数。

高学历及在大学或科研院所的长期科研经历当然是宝贵的财富，然而这些宝贵的知识财富却对主要依靠市场经验、商业阅历甚至商业直觉才能够去判断的公司经营问题的帮助是非常有限的。一些匿名的独立董事接受媒体采访时就表示，很多报表看不懂，会议中就某个内容为何争论的原因也不太明白。以高级白领知识分子为核心和主要组成部分的高学历及高级职业素养与我们的独董们被称为"不懂"，折射出了我国上市公司中独立董事虽由高素质的研究型、专业性人才组成，却又普遍缺乏担任独立董事必要职业能力的缺陷。

独立董事不是公司的常勤员工，每年至多来公司十多天，全年工作时间不过百十来个小时，中国上市公司协会2020年发布的《上市公司独立董事履职指引》虽点明"独立董事应当确保有足够的时间和精力

---

1. 选取的15家央企旗下上市公司分别为：中核科技、中国卫星、航天信息、飞亚达、中船防务、华锦股份、保变电气、国睿科技、航发动力、中国石油、中国石化、中海油服、国电南自、文山电力、华能国际；15家民企上市公司主要是：舍得酒业、双汇发展、海天味业、香飘飘、金禾实业、美的集团、老板电器、飞科电器、索菲亚、永辉超市、恒瑞医药、贵州三力、羚锐制药等。

有效履行职责,原则上最多在五家上市公司兼任独立董事",但也仅仅限制"独立董事每年为所任职上市公司有效工作的时间原则上不少于十五个工作日"。在此前提下,要求独立董事仅仅依据公司提供的书面材料和对相关人员在有限时间内的问询,就能够作出个人的基本判断,这种能力显然不是仅从书本上能够学来的,能够拥有这类职业素养的人,必须是那些拥有长期的、丰富的企业运营经验的企业管理人员。

与此形成鲜明对比的是,在独董制度成熟的美国,根据沃顿研究数据服务中心(Wharton Research Data Services)关于美国独立董事的相关数据,整理统计后发现(标普500上市公司中在职独立董事的职业背景退休年度为2021年度以后,详见图2-2),同样是占独立董事群体接近七成,美国的上市公司则是由其他企业的高管或董事、董事长、包括银行在内的金融机构高级管理人员、商业咨询机构资深人士等工商金融界高级管理人员构成的。教授、学者、律师、会计等这部分高级白领知识分子占比极低,合计不足7%。

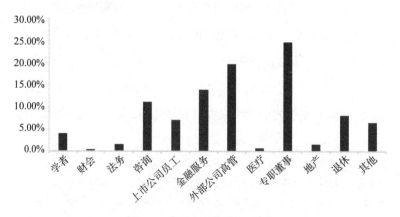

图2-2　美国独立董事职业分布

　　以上一节说明美国独立董事薪酬的几家上市公司为例，根据各公司最新的代理声明（Proxy Statement），其独立董事的职业背景对美国独立董事的组成特点给出了直观例证（详见表2-9至表2-15）。我们所熟知的苹果、微软、特斯拉、戴尔四家上市公司的独立董事全是高管，谷歌、亚马逊、通用汽车三家上市公司中也只是各有1或2名学者或律师，在7家公司总共53名独立董事中，高管占比约90%，"高知"群体占比仅9%，这与前文统计的我国央企和民企各52名独立董事的职业几乎完全相反。

表2-9　苹果2020财年独立董事职业背景

姓　　名	现职/前职
James Bell	波音公司的退休执行副总裁、公司总裁兼首席财务官
Al Gore	世代投资管理公司主席；凯鹏华盈合伙人
Andrea Jung	Grameen America LLC总裁兼首席执行官
Art Levinson	Calico首席执行官
Ron Sugar	诺斯罗普·格鲁曼公司的退休董事长兼首席执行官
Sue Wagner	贝莱德联合创始人之一

资料来源：Apple Inc. Notice of 2021 Annual Meeting of Shareholders and Proxy Statement。

表2-10　谷歌2020财年独立董事职业背景

姓　　名	现职/前职
Frances H. Arnold	加州理工学院化学工程、生物工程和生物化学教授
L. John Doerr	凯鹏华盈普通合伙人兼董事长

续　表

姓　　名	现职/前职
Roger W. Ferguson Jr.	Tiaa 总裁兼首席执行官
John L. Hennessy	斯坦福大学前校长
Ann Mather	皮克斯前执行副总裁兼首席财务官
Alan R. Mulally	福特汽车公司前首席执行官兼总裁
K. Ram Shriram	Sherpalo Ventures 管理合伙人
Robin L. Washington	Gilead Sciences 前执行副总裁兼首席财务官

资料来源：ALPHABET · 2021 PROXY STATEMENT。

表2-11　亚马逊2019财年独立董事职业背景

姓　　名	现职/前职
Rosalind G. Brewer	星巴克集团美洲区总裁兼首席运营官
Jamie S. Gorelick	Wilmer Cutler Pickering Hale and Dorr LLP 律师事务所合伙人
Daniel P. Huttenlocher	麻省理工学院施瓦茨曼计算机学院院长
Judith A. Mcgrath	Astronauts Wanted 高级顾问
Indra K. Nooyi	百事可乐前董事长兼首席执行官
Jonathan J. Rubinstein	Bridgewater Associates, LP 前联合首席执行官
Thomas O. Ryder	读者文摘协会前会长兼首席执行官
Patricia Q. Stonesifer	玛莎餐厅前总裁兼首席执行官
Wendell P. Weeks	康宁公司董事长、总裁兼首席执行官

资料来源：AMAZON.COM, INC. Notice of 2020 Annual Meeting of Shareholders & Proxy Statement。

表 2-12　微软 2020 财年独立董事职业背景

姓　　名	现职 / 前职
Reid G. Hoffman	格雷洛克合伙公司的合伙人；再造资本合伙人
Hugh F. Johnston	百事公司执行副总裁兼首席财务官兼副主席
Teri L. List-Stoll	Gap 前执行副总裁兼首席财务官
Sandra E. Peterson	Clayton, Dubilier & Rice, LLC（投资公司）运营合伙人
Penny S. Pritzker	Psp Partners, LLC 创始人兼主席；普利兹克房地产集团联合创始人兼董事长；灵感资本合伙公司联合创始人兼主席
Charles W. Scharf	富国银行首席执行官兼总裁
Arne M. Sorenson	万豪国际集团总裁兼首席执行官
John W. Stanton	Trilogy Partnerships 创始人兼董事长
John W. Thompson	微软公司独立董事会主席；Virtual Instruments Corporation 前首席执行官兼董事
Emma N. Walmsley	葛兰素史克公司的首席执行官
Padmasree Warrior	Fable Group, Inc. 创始人、总裁兼首席执行官

资料来源：Microsoft Corporation Notice of Annual Shareholders Meeting and Proxy Statement 2020。

表 2-13　特斯拉 2019 财年独立董事职业背景

姓　　名	现职 / 前职
Robyn Denholm	澳大利亚电信有限公司前首席财务官和战略主管
Ira Ehrenpreis	DBL Partners 创始人和管理成员；西部风险投资家协会（WAVC）的主席；Vcnetwork（加州最大、最活跃的风险投资组织）的主席
Lawrence J. Ellison	甲骨文公司的创始人和首席技术官

续　表

姓　　名	现职/前职
Antonio Gracias	Valor Management LLC（私募股权公司）首席执行官
Stephen Jurvetson	Future Ventures（风险投资公司）的联合创始人
James Murdoch	Lupa Systems（私人投资公司）的创始人兼首席执行官

资料来源：TESLA, INC. PROXY STATEMENT FOR 2020 ANNUAL MEETING OF STOCKHOLDERS。

表2-14　通用汽车2020财年独立董事职业背景

姓　　名	现职/前职
Wesley G. Bush	诺斯罗普·格鲁曼公司的退休董事长兼首席执行官
Linda R. Gooden	洛克希德·马丁公司的退休执行副总裁
Joseph Jimenez	诺华制药公司的退休首席执行官
Jane L. Mendillo	哈佛管理公司的退休总裁兼首席执行官
Judith A. Miscik	基辛格联合公司首席执行官兼副主席
Patricia F. Russo	惠普企业公司董事长
Thomas M. Schoewe	沃尔玛连锁公司的退休执行副总裁兼首席财务官
Carol M. Stephenson	西安大略大学艾维商学院退休院长
Devin N. Wenig	易趣公司退休总裁兼首席执行官

资料来源：GENERAL MOTORS COMPANY 2021 PROXY STATEMENT。

表2-15　戴尔2020财年独立董事职业背景

姓　　名	现职/前职
David W. Dorman	Centerview的负责人和创始人；AT&T的首席执行官
William D. Green	埃森哲前董事长兼首席执行官

续 表

姓　名	现职/前职
Ellen J. Kullman	杜邦公司前董事长兼首席执行官
Lynn M. Vojvodich	Salesforce（全球第四大企业软件公司）的前执行副总裁兼首席营销官

资料来源：Dell Technologies Inc. 2020 ANNUAL MEETING OF STOCKHOLDERS PROXY STATEMENT。

在什么样的人适合担任独董的问题上，我们和美国显然给出了两种完全不同的答案。我们注重的是专业背景和专业工作时间，而美国的独董则看重市场经验也就是人选的职业经历。就规则而言我们的更明确，而美国则缺乏统一标准，但是我们应该看到，董事作为股东的代表，产生于股东会且对股东会负责。董事会在公司治理中发挥根本性作用，是法律制度赋予董事对公司的委任托管责任，独立董事作为董事不应该也不能够例外。也就是说，在必须具有担负起委任托管责任的能力上，独董和董事是一样的，所不同的是前者还要符合独立性原则。当明晰了这一点后，会发现在我们的独董制度中明确规定的专业知识背景及专业工作时间要求与履行委任托管责任的能力没有必然联系，同时也和独立性原则缺乏因果关系。美国是在对独董的独立性作出明确要求后，其产生的规则及基准与其他董事无异。

从这个意义上说，当前我国的独立董事人群，普遍缺乏发挥作用所必需的职业背景。忽视独立董事对职业背景、商业经验等的客观要求，以专业背景、教育程度、专业工作年限等量化指标作为独立董事的筛选标准，即便人群整体素质提高，有些独立董事确实满腔热忱，希望为广大中小投资者服务，立志成为防范大股东及管理层侵害公众股东利益的"看门人"，公众股东利益的"捍卫者"，但是也难免最后只能成为良好的愿望。

第三章

独董制度：改革完善还是
另辟蹊径

第一节　一股独大下少数独立董事在公司治理中的真正难题[1]

要实现如相关规定所称"与其所受聘的上市公司及其主要股东不存在可能妨碍其进行独立客观判断的关系"，那么，独立董事不由上市公司控股股东及管理层所推荐，显然是保证独立董事独立性的更为重要的前提。

独立董事无论是由中小股东提名还是由与上市公司独立的行业协会等机构提名，都可以达到这个目的。如果还想进一步避免控股股东在股东大会对被提名的独立董事人选的干预，还可以要求控股股东回避参加独立董事选举的投票。

————————————

如前所述，美式的独立董事制度是随着美国20世纪30年代起特别是70年代后，上市公司股权分散化的进程发展起来的。独立董事

————————

1. 本节原发表在《上海证券报》的《上证观察家》栏目，作者：华生、董申、张晓奇，2021年12月22日。

的产生和出现，主要是在两权分离的情况下去防范公司管理层的内部人控制。但中国迄今为止上市公司的股权仍然相当集中，绝大部分上市公司都有控股股东和实际控制人，所有权经营权往往合一，核心管理层就是控股股东和实控人自己，或者是他们直接的下属，防范的目标和主要对象大不相同。在这样的国情和发展阶段上，这种舶来的独立董事制度是否还能用，如何用，这就需要对其进行实事求是的全方位重新审视。

所谓独立董事，首先当然是其独立性。如果做不到独立性，那也就谈不上叫什么独立董事制度了。那么，在我国绝大部分上市公司都还是大股东控制和存在实际控制人的情况下，独立董事能否独立，怎样才能够做到独立，就成为设立独立董事制度的首要问题。其次，独立董事即便独立了，如果在董事会是少数派，那么在一股独大的大股东控制的公司治理结构中，有没有立足之地，能不能发挥作用？这是第二个要回答的问题。再次，在存在控股股东的情况下，独立董事能否和应不应当如美国那样，在董事会占多数，发挥主导作用？这里既有一个利弊得失的纯经济分析问题，也还有一个与目前我国的社会主义市场经济、与"建立中国特色的现代企业制度"是否相容相协调的政治经济学的问题。我们下面就来逐一展开讨论。

一、独立董事如何才能独立

我国现行关于保证独立董事独立性的规定，主要是独立董事不能是相关上市公司的雇员、领导亲属、经济关联方等显性的关系。应当说排除这些显性的关联，是保证独董独立性的必要条件，但是这显然还不是充分条件，因为它无法排除候选人是上市公司的大股东或核心管理层的朋友、同学等，或由亲朋好友举荐因而实际上有密切关联关系的人。因此，要实现如相关规定所称"与其所受聘的上市公司及其主要股东不存在可能妨碍其进行独立客观判断的关系"，那么，独立董事不由上市公司控股股东及管理层所推荐，显然是保证独董独立性更为重要的前提。

我国现行关于独立董事独立性显性条件的要求，应当说，与美国纽约证券交易所和纳斯达克证券交易所基本相同，许多条款几乎是当时一字不差拷贝过来的。如我国迄今规定的提名规则是"上市公司董事会、监事会、单独或者合并持有上市公司已发行股份百分之一以上的股东可以提出独立董事候选人"。最近发布的《上市公司独立董事规则》，应当说在这方面还有一些更多更严的扩展。这个规定在美国的情况下是没有问题的，因为人家的董事会，本来就是独立董事占多数、由独立董事控制，要防范的主要是公司经营管理层，要代表的是股东利益。但是，把这一条抄到中国来就大有问题了。因为我国目前上市公司董事会几乎全是由公司的大股东控制的，让董事会提名就是让大股东提名，而我国引进独立董事制度本来恰恰是要防范大股东对上市公司和中小股东利益的伤害。至于我们自己根据国情加进去的监事会，在美国单层制公司治理结构中是不存在的，在我国也存在与独董制度类似的问题。在中国的现实情况下，由于大股东同时控制了董事会、监事会以及股东大会，因此，让他们提名和决定独立董事人选，只能是南辕北辙，等于是完全把独立董事的提名权以及最后的决定权，拱手让给了上市公司控股股东自己。显然，让上市公司及其控股股东来挑选不受自己影响的独董候选人,这实在是勉为其难和对人性不必要也不得当的考验,肯定不是一个合乎逻辑的制度设计。

实际上即便在美国,中小股东等可以推荐独立董事人选,但是,正式的提名权通常还是属于全部由独立董事组成的提名委员会自己。这与我国独立董事自己没有任何提名权,而控股股东实际上垄断了董事包括独立董事的提名和决定的权利,显然是完全不同的。当然应当指出,我国独立董事提名权的归属设定仅仅是当时经验缺乏、没有认识到国情差异而进行的误拷贝。只要摆脱成见和惯性,真正认清了问题之后改变起来应该不是难事。独立董事无论是由中小股东提名还是由与上市公司独立的行业协会等机构提名,都可以达到这个目的。如果还想进一步避免控股股东在股东大会对被提名的独立董事人选的干预,还可以要求控股股东回避参加独立董事选举的投票。

综上可见,在我国目前的条件下,要做到独立董事人选的独立性,只要纠正当时由于历史的局限而形成的认识偏差,并无实质性的障碍,也不会遇到多大的阻力,应该说是完全可以达到的改革目标。

二、一股独大下少数独董在公司治理中的真正难题

美国的证券交易所普遍要求独立董事在董事会中的比例不低于三分之二,但实际上现在却达到了85%左右。而我国要求独立董事的比例不低于三分之一,但多年来上市公司普遍就是守在这个最低的比例上,反映了在一个普遍存在着控股股东和实际控制人的证券

市场上，市场主体本身并没有增加独立董事的内在积极性。那么，在一股独大的条件下，作为少数派的独立董事是否能够和如何发挥作用？这是我们需要回答和分析的第二个问题。

独立董事即便在比例上是少数，其法律规定从而不可剥夺的明确权利，是参加董事会会议并对所有议案签署自己赞成、反对或弃权的意见。要能够发挥维护上市公司整体利益，特别是关注中小股东的利益不受伤害，这就至少需要独立董事在签署董事会文件时认真勤勉，慎重使用自己的签字权。要做到这一点，除了需要独立性与判断力，独立董事要保证签字公告文件的"真实、准确、完整"，需要对上市公司真实信息完整准确地了解把握。这在很大程度上又取决于负责上市公司日常运营的经营管理层能否向他们提供真实可靠的情况。

然而，在一股独大的股权结构下，上市公司的各级管理层都是由大股东决定和任命的。上市公司的内部信息及其加工处理是被大股东控制的。他们向独立董事提供什么样的信息，几乎完全听命于控股股东和实控人。对控股股东和实控人损害上市公司特别是中小股东利益行为的信息，恰恰也是被他们要求去隐瞒的。在缺乏企业真实信息来源的情况下，兼职的独立董事不可能有时间、能力和资源去对每个签字议案组织独立调查。这样就将独立董事置于一个极为尴尬的困境：怀疑与不信任上市公司控股股东及管理层，就会在缺乏理由和证据的情况下成为上市公司的挑刺者与对立面，成为可能不受各方欢迎的干扰破坏力量；相信上市公司控股股东及管理层的诚实，包括信任公司聘请的专业会计师事务所的审计报告，自己不求甚解地去签字认可，既不是勤勉履职又有潜在风险。因为自己签字的每一份决议公告开头都有一个标准的程式化内容："保证本公告内容不存在任何虚假记载、误导性陈述或者重大遗漏，并对其内容的真实性、准确性和完整性承担个别及连带责任。"实际上这一次康美药业案判决要求独董承担个别及连带责任依据的正是这个公开承诺条款，从而首次揭示了独立董事在一股独大、信息不对称的情况下对公司公告特别是财务公告签字背书的巨大经济与法律风险。

因此，不难想见，随着监管部门继续推进代表权诉讼和股东委托授权改革创新，再加上人们普遍呼吁的独立董事提名程序的改革一旦被采纳，独立董事就可能会成为真正独立的董事。在这种情况下，独立董事与控制着上市公司董事会的控股股东及管理层的矛盾会大量出现和急剧尖锐化。这样，我们就会进入一个双重的两难境地：独立董事认真负责履职、仔细核查每一个需要签字的公告，必然会大大增加上市公司的成本负担和效率损失，反之，独立董事就会背负重大的个人经济和法律风险；但同时又如前所说，若减少或免除独立董事风险责任的做法，存在使独立董事继续沦为花瓶的道德风险，反之，独立董事签字所涉及的巨大风险又会导致劣币驱逐良币的逆向选择。最近美盛文化出现的独立董事在得不到公司真实信息情况下，事发前先是多少无奈地草率签字背书、事发后又强硬表态试图撇清责任，就是这种两难困境的一个典型案例。

美盛文化于2021年10月25日发布了三季报。所有董事包括独立董事都签字保证信息披露真实准确。但是，两天后深交所就发出了问询函，其中特别要求公司解释在一天内投资六家企业的原因及合理性，并"核查投资款的使用及去向的安全性及合规性，是否构成资金占用或利益输送"。问询函还特别要求"请独立董事对上述事项进行核查，并就上述六笔投资的商业逻辑与合理性，是否构成资金占用或利益输送发表专项意见"。深交所的问询函按规定被公告于众。11月5日，美盛文化又发公告称将延期回复交易所的问询函。但是，当时就如过去以往一样，这并未引起独立董事们的关注及表态。

12月9日，美盛文化公告了深交所对其在2020年1月至2021年4月控股股东违规占用资金的7.58亿元给予公开谴责的消息。12月10日，美盛文化又公告收到了浙江证监局的警示函，指出直到2021年9月30日控股股东仍在违规占用上市公司巨额资金。同日，美盛文化还最终公告回复了交易所对三季报的问询函，其中独立董事回复称"2021年12月9日下午5点，公司首次告知三位独董深交所上市公司管理二部于本年度10月27日发来问询函。获悉后我们三位独董连夜查证核实，依据目前掌握的信息，我们认为这六项投资均属于公司为达到实控人资金占用或利益输送的目的而刻意违规操作"，并强调这之前他们曾多次问询公司管理层是否有违规占用上市公司资金事宜，但均遭到否认。显然，由于此时康美药业判决案已成市场热点，这几位平时对公司情况很少了解的独立董事最终意识到了自身的巨大风险。

从美盛文化三位独董的声明可以看到，该公司控股股东及管理层长期蓄意隐瞒真实信息、欺骗独立董事，而兼职的独立董事对上市公司的情况所知甚少，因此在对公司三季报包括半年报的真实性缺乏了解的情况下签字从而自动做了程式化的保证背书。同时，这些兼职的独立董事对于监管部门对上市公司的问询和处理等公告并不关心因而也并不知情。直到上市公司董事会最后必须公告对交易所的回复函，且其中必须包括独立董事意见从而不能不找到独董时，独立董事们才首次知道这个近一个半月前的问询函，才知道公司控股股东再次占用大量资金并已被监管部门查实警示。在意识到自己的巨大风险和责任后，独董们立即作了强硬的表态，表示他们并非没有关注、问询乃至警醒上市公司及其大股东可能违规的问题，但是当公司否认问题存在时，他们只能选择相信上市公司的承诺，在半年报、三季报上签字背书。从这个案例可以立即引出如下两个推论：

（1）在一股独大的情况下，由于公司管理层受命与听命于控股股东而不必在意在董事会处于少数的独立董事，独立董事难以从公司管理层获取上市公司的真实信息，特别是无法获取控股股东损害上市公司及中小股东利益的信息。增加独立董事的其他权限不能改变这种信息不对称的基本状况。仅仅兼职的独立董事如果认真履职，对他们不能判断其真实性的公司报告特别是财务报告就不能签字背书，而只能要求公司出资由他们专门选择可信的审计机构对财报进行审计。但这样一来，既会经常性地增加公司和全体股东的财务负担，也会造成公司的财报不能如期公告发布，这就不能不频繁引发市场波动乃至监管问责，严重时甚至会触发上市公司的退市风险。更进一步，如果最后的审计结果并未发现财报的问题，那么又有一个是否受损失的公司和股东可以追究独立董事滥用权力的责任问题。如果权衡利弊，只是兼职而对实际情况了解和关心都有限的独立董事不得不在自己并不能确定真实与否的财报（多数情况下都是如此）上签字担保，那么他们就不能不背负巨大的个人经济和法律风险。这是第一个两难困境。

（2）如美盛文化这样的公司大股东和管理层，给公司的独立董事带来了过去没有但今天已经很现实的巨大经济与法律风险。公司为了留住这些独立董事，或减少与他们的冲突与摩擦，需要大幅度地增加独立董事的履职资源支持、薪酬待遇及保险保障安排，这样当然就会大大增加上市公司的效率损失以及公司与全体股东的负担，但是如果增加的程度不够，不能与现有的独立董事达成一致，那么现有的许多独立董事为了规避自身的风险就会选择辞任。在这种情况下，只有那些愿意为这个薪酬和条件铤而走险的人才会继续出任独立董事。这就又带来了前述的第二个两难困境。

从此可以看出，当存在着一股独大的控股股东且独立董事在董事会中又处于少数时，独董难以得到公司经营管理层的真实信息供给，又不能动辄发起代价不菲的专业独立调查，因而无论是谨慎地频繁拒绝签字，还是息事宁人地签字从而"对其内容的真实性、准确性和完整性承担个别及连带责任"，都是一个后果可能很严重的冒险，其地位是相当尴尬的。由于上市公司及其控股股东事先并不能有公信力地自我证明自己财务报告的真实性，市场必然要为这样的双重两难困境去支付远高于效率优化的成本和代价。因此，这显然不是一个理想的机制设计和制度安排。

那么，在这种主要防范对象是一股独大的控股股东，而不是如美国那样股权分散下的经营管理层的情况下，我们能否干脆照搬美式董事会的独立董事占多数的制度安排呢？当上市公司普遍存在着控股股东的情况时,这种选择现实吗? 成效又会如何呢?

第二节　独立董事主导董事会是股权分散下的替代选择[1]

　　上一节的分析表明,在存在着控股股东的情况下,如果独立董事仅在董事会占少数,由于管理层听命于大股东,兼职的独立董事信息匮乏,处境自然被动尴尬,不仅难以发挥作用,而且作为董事签字背书后还可能使自己面临困境险境。那么,我们能否也搬用海外独立董事在董事会中占多数从而处于主动和主导地位的制度呢? 下面我们从存在一股独大股权结构的一般视角,以及从中国特色社会主义市场经济的特殊视角,来分析和回答这个问题。

一、独立董事主导董事会是股权分散下的替代选择

　　从股份制的上市公司在英美国家发展的历史过程来看,随着公司的股权日益分散化,任何个别股东都难以对公司的董事会选举产生决定性的影响。这时分散、弱势而且流动性很强的股东就会逐步丧失对公司董事会的影响力,公司的控制权就会落到相对稳定的负责公司日常经营的管理层手中,从而形成所谓经理人资本主义的新阶段。20世纪30年代美国的这个股权分散化的过程开始有了相当发展,当时伯利和米恩斯所著的《现代公司与私有财产》一书,首次

1. 本节原发表在《上海证券报》的《上证观察家》栏目,作者: 华生、汲铮、蔡倩,2021年12月28日。

提出和系统阐述了现代公司的所有权与控制权、经营权分离的问题。作者认为，这种公司所有权与经营权的分离创造了一种准公共公司，其特征是极大的规模和依靠公开市场的资本。在这种情况下，董事和经营者的利益，可能与公司所有者的利益相背离，并且他们通常就是这样做的。这本书出版后在长时期内产生了巨大的影响，被认为是划时代的经典。他们提出的这个所有者与经营者利益的分离后来被称为委托代理问题，成为现代信息经济学研究的一个重要分支。

这个问题提出来以后之所以冲击和影响巨大，主要是它颠覆了资本主义诞生以来出资人控制和管理企业的经典模式和传统观念。古典的资本主义企业就是所有权与经营权合一，资本家就自然是企业家。正如马克思在《资本论》中所说："资本家所以是资本家，并不是因为他是工业的领导人，相反，他所以成为工业的司令官，因为他是资本家。"然而，随着规模经济的发展，公司产生了对日益增大的巨额资本募集需求，而资本本身又有内在的投资分散化的避险需要，于是由资本家承担无限责任的古典企业就逐步让位于投资人，成为仅承担有限责任的现代公司。相应的，企业也就由单个资本家的独治变成了多个出资人即股东合作的共治。

尽管有限责任公司的创造是市场经济和企业制度的伟大创新，但是在其最初阶段，每个股东都还是作为所有者而不是作为职业经理人参与企业的管理。更进一步，随着证券市场在广度和深度上两方面扩展，交易工具日益便利化，对上市公司特别是其控股股东的市场监管和交易限制也不断增加，所有这些都必然促进股权进一步高度分散化。结果形成每一单个股东持股数量通常有限，持股的时间也长短不一而且具有高度不确定性,往往昨天还是股东,今天卖了股票就不再是这个公司的股东了。随着中小股东越来越既无能力也无足够的动力去管理上市公司特别是大型公司,公司的控制权自然就容易落入近水楼台的公司职业经理人手中。公司的经营管理层不仅负责公司的日常经营,而且对公司董事会人选的产生有了越来越大的影响甚至操控。

当经理人既当管家又代理了主人身份的时候,经济学的原理告诉我们,自律和自觉抵挡不住人性的贪婪。在股东长期缺位的情况下,很多登堂入室的经理人得寸进尺,侵害股东和上市公司整体利益中饱私囊,甚至精心设计乾坤大挪移试图使自己成为合法的财产所有者即主人。正是在这个背景下,美式的独立董事制度被设计和演化出来,在经过公司最高权力机构股东大会选举和授权后代理了股东的职能,从而创建了一种新型的公司治理结构和制度。下面我们会看到,这个独立董事主导董事会的制度,是在股权结构分散化情况下的一种替代解决办法,是在也仅在上市公司没有控股股东情况下的可能和优化的选择。

二、排除控股股东主导地位违反了股份公司的基本组建规则

同股同权的同类股东实行少数服从多数的规则是股份公司组建的基石。所谓控股股东,国际上一般定义为持股比例超过50%的股东。根据中国的实际情况,我国公司法规定,"控股股东是指其出资额在有限责任公司资本总额或者其持有的股份占股份公司资本总额50%以上的股东。出资额或者持有股份的比例虽然不足50%,但依

其出资额或者持有的股份所享有的表决权已足以对股东会的决议产生重大影响的股东"。可见，控股股东就是因其持股享有表决权的绝对或相对多数，而能够控制或左右公司重大决策的股东。对于控股股东，我们可以在涉及其与上市公司的关联交易以及利益冲突时，要求其回避投票表决，但是我们不能够排除控股股东与其他股东一样，在涉及公司一般重大决策时的投票权与实际上的决定权，否则现代公司组建的同股同权基础就被动摇和颠覆了。

在存在控股股东的情况下，独立董事人选由控股股东提名推荐。这时，独立董事在董事会中人数再多，也无法保证"与其所受聘的上市公司及其主要股东不存在可能妨碍其进行独立客观判断的关系"。但独立董事不由控股股东提名并让控股股东回避对独立董事人选的表决，这时由独立董事为主组成的董事会就很难再是如法律要求的"公司的执行机构"。因为在这种情况下，董事会的意见在不符合控股股东意愿的情况下，必然会遭到控股股东从股东会否决。这会造成股东会这个公司的权力机构与董事会这个公司执行机构的分裂与对立。这样的制度安排显然是非常不适当的，也是对公司有效治理结构的破坏。

也正是因为这一点，美国两大证券交易所尽管要求上市公司董事会中的独立董事比例不得低于二分之一，但是对于存在控股股东的上市公司，则明确可以豁免，不遵守这个规定。脸书公司创始人扎克伯格（Mark Zuckerberg）的持股仅有13%，但是其投票权达到了58%。该公司本来可以不遵守独立董事占多数的规定，不过脸书公司仍然在形式上组成了一个独立董事占绝对多数的董事会。然而，当董事会的意见与控股股东发生分歧的时候，扎克伯格就断然否决了其他股东提议的全部董事人选，然后提出了自己的董事与独立董事人选，并获得股东大会的通过，引起市场哗然。

由此可见，当公司存在控股股东的时候，即便组成独立董事占多数的董事会，也不过是个形式，不可能真正发挥什么作用。

当然，维护控股股东对于上市公司董事会的主导权，还有更深刻的经济学道理。

三、控股股东相对而言是与上市公司最激励相容的主体

虽然随着公司上市后，股权的多元化使公司的原始发起人股东与上市公司全体股东的利益开始出现了分离，但是总体来说，控股股东仍然是与上市公司整体利益最接近的经济主体。上市公司的中小股东持股比例很小，流动性又很强，很难关心公司的整体利益和长远利益。即便是持股较多的机构投资者，也有自己一定时限内的业绩考核压力和选股持股的多样性和灵活性的考量，他们对上市公司的关心和专注必然有限并具有阶段性。上市公司的经营管理层，虽然负责企业的日常运营和管理也投入了许多时间和精力，但是他们并不是股东或仅是小股东，只有在一定的激励和监督下，才会尽心尽力地为上市公司及全体股东服务。上市公司的其他利益相关者，包括证券市场的监管者，都不可能替代上市公司股东的主体作用。

所以，尽管监督和防止上市公司的控股股东利用自己的特殊优势地位侵害上市公司的整体利益，特别是中小股东的权益，是完全必要和不可缺的，但是，这丝毫不意味着否定他们是与上市公司整体

利益重合度最高、自身动力最强、眼光也相对最远, 与上市公司最可能共存亡的经济主体。因此, 任何制度安排显然都不能剥夺他们在上市公司所起的主导作用。特别是鉴于我国经济改革开放以来, 市场经济发展的历史还比较短, 上市公司中普遍存在原始发起人股东和实际控制人仍然在"带兵打仗"。这些创业企业家在上市公司的成长发展方面往往起着决定性的作用。尤其在今天科技革命和信息革命风起云涌的时代, 产品和技术日新月异、市场竞争激烈, 企业更需要具有创造力的创新型企业家领军开拓。为了适应这种新的局面, 证券市场上甚至出现了为鼓励创业企业家的创新精神, 主要在科技型企业中赋予公司实际控制人相对于其股权更大的投票表决权。现在的相关法律制度, 包括公司法的修改征求意见稿中特别引人注目的一点, 就是包括了适应科技革命发展、突破同股同权的新条款新规定。

由此可见, 一般地说, 在普遍存在着一股独大的公司股权结构中, 由独立董事主导董事会不是一个可行的制度安排。而从股权集中向股权分散的发展, 是一个企业和市场发展的历史演化过程。不顾国情和超越历史发展阶段, 只会事倍功半。特殊地说, 下面我们会看到, 独立董事挑大梁与中国特色社会主义市场经济的企业制度还有相矛盾之处。

四、独立董事主导与国家出资公司制度安排的矛盾

正在向社会征求意见的我国公司法修改草案中规定, 国家出资公司是指国有独资公司和国有控股公司(第一百四十三条)。国家出资公司中党的组织发挥领导作用(第一百四十四条), 重要国家出

资公司的董事会成员的委派或选任,要由履行国家出资人职责的机构报经同级人民政府决定(第一百五十二条)。这就是说,国家出资公司的董事人选不可能由以独立董事为主的董事会提名。现行独立董事政策规定与正在征求意见的"独立董事规则"中关于独立董事应当在董事会的提名委员会、薪酬与考核委员会成员中占多数,并担任召集人的规定(第四条)就可能并不适合,乃至与公司法的规定相冲突。

应当指出,独立董事在董事会的提名委员会、薪酬与考核委员会成员中占多数,是美国独立董事在董事会占多数情况下的自然延伸和副产品,把它搬到独立董事在董事会并不占多数的我国,可能并不合适。同时还应当看到,美国股权分散下独立董事在董事会占多数的制度安排,与我国国有独资企业外部董事占多数(见公司法修改草案第一百四十九条的规定)的性质是完全不同的。因为与独立董事不同,外部董事不是独立于公司及控股股东的董事。恰恰相反,国企的外部董事由出资人也就是控股股东派出。国企董事会占超过半数的外部董事,是在国有出资人非人格化从而所有权经营权分离的情况下,强化大股东即出资人控制的一种补充形式。当然在某种意义上,这与美国在股权分散从而也是两权分离条件下,用占董事会多数的外部独立董事去制约内部经营管理层有异曲同工之妙。关于国企外部董事的制度设计,我们将在第四章中专门讨论。

五、民营上市公司与独董主导制度的不相容性

应当指出,在存在着控股股东的情况下,民营企业的上市公司不

愿、不会也不能放弃自己对董事会的控制权、放弃自己对上市公司经营管理层的人事和薪酬的决定权。因为人事权和薪酬权是控股股东或者说是老板的核心权力，剥夺这个权力是对产权的巨大侵害。缺乏这个权力也会极大地损害公司的治理效率。更何况在中国现在的条件下，相当多数的民营上市公司，仍由企业家个人或家族控制。让他们将自己辛苦创立的企业的核心指挥权拱手让给他人，是不可想象和不可接受的，也没有任何道理。

综上所述，独立董事占多数从而主导董事会的制度，除了个别极少数股权分散的上市公司外，不符合我国当前的国情与企业发展阶段，也与我国社会主义市场经济的制度安排相冲突。同时，正如我们上一篇系列文章所分析的，在一股独大的条件下，兼职的独立董事无法作为少数派在公司治理中有效发挥作用。这种情况说明，独立董事制度作为在美国股权高度分散情况下的一种特殊制度安排，除个别情况外，并不普遍地适用于中国。而且如前所述，它即使在西方发达市场经济中也并不是一个普遍的形式。我们没有必要把自己局限在仅适应别人特殊情况的某一个具体制度形式中。

实际上与我们情况更接近一些的德国和日本等国，由于上市公司较多存在着大股东、家族型或交叉持股类的企业，社会整体间接融资的比重比较大，政府的作用更加主动积极，他们采用的就不是单层制的董事会和独立董事制度，而是采取适合自己国情、各具特色的双层或双元制公司治理结构。应当说，我们过去是借鉴和部分拷贝了这两种本来并不相同的模式，但是并没有加以融会贯通。显然，中国的情况更具有自己的特殊性和复杂性，因此更需要解放思想，勇于创新,另辟蹊径,如党的十九届六中全会所要求的那样,建立中国特色现代企业制度。下一节,我们就来聚焦讨论这个问题。

第三节　美式独立董事的历史沿革[1]

作为独立董事制度的发源地,美国资本市场上的独立董事制度在设计上已臻成熟,并且具备完善的机制确保独立董事尽职履责。然而从历史上看,即使是美国资本市场,独立董事的制度设计与最佳实践的探索也绝非一蹴而就的,而是经历了一个相当长时期的磨合、改革与完善的过程。回溯至20世纪50年代,独立董事在美国上市公司董事会中也处于绝对少数地位,基本扮演"花瓶"角色,对公司治理起不到什么实质性作用,这与目前独立董事在中国上市公司中的地位类似。但在此后的五六十年间,随着美国资本市场整体环境的变迁以及一系列外部事件的冲击,独立董事在董事会中的席位占比、事实独立性(independence-in-fact)以及对于公司实际控制人和管理层的监督权力都发生了翻天覆地的变化。尽管在独立董事参与公司治理所发挥的实际效用上,研究者们尚存在分歧,但可以说,截至21世纪初,在制度设计上和公司治理实践中,独立董事都已经成为美国上市公司治理结构中必不可少的关键一环。以美国为参照系,我国的独立董事制度还有很长的路要走。

为了更好地借鉴美国独立董事制度的建设经验,本节将对20世

---

1. 本节作者张晓奇、梁寒。

纪70年代至今的50年间，美国独立董事制度的历史演进过程及其中的关键事件进行梳理。根据杰弗里·戈登（Jeffery Gordon）教授的观点[1]，美国独立董事制度的演进历程表现为：独立董事① 在董事会席位和投票权的持续上升；② 事实独立地位的强化；以及③ 在公司股东、管理层与外部资本市场参与者的多方博弈下，独立董事监督权力的再分配与制度化趋势——这三条主线上。本节将借鉴戈登教授的思路，分别从以上三条主线的视角串联相关历史事件和美国独立董事制度的演进趋势。

一、董事会构成与独立董事席位、投票权的变迁

　　独立董事尽职履责的主要途径是参与董事会决议的投票表决，因此，独立董事尽职的一个前提条件是，独立董事在董事会中占有足够的席位和投票权。根据Patro et al.的研究[2]，在1970年代，独立董事在美国上市公司董事会中平均仅占约20%的席位，而同时期，由公司高管层和重要员工组成的内部董事占比则高达50%，而剩余约30%的席位则由公司利益相关方选派的外部董事占据。由于公司内部董事和关联方选派的外部董事都实际上由公司CEO控制，因此仅占少数席位的独立董事在正常情况下，不可能在董事会决议表决时站到

---

1. Gordon, Jeffrey N. "The rise of independent directors in the United States, 1950–2005: Of shareholder value and stock market prices," Stan. L. Rev. 59 (2006): 1465.
2. Sukesh Patro, Lehn, Kenneth M., and Mengxin Zhao. "Determinants of the size and composition of US corporate boards: 1935–2000," Financial management 38.4 (2009): 747–780.

公司管理层的对立面。此时公司董事会完全由公司高管控制，这样的董事会不过是公司管理机构的延伸和拓展[1]，其中的独立董事只能作为公司高管的"智囊"，为其提供专业方面或战略方面的建议，而不可能起到监督制衡公司高管的作用。也在这个意义上，1970年代初的美国上市公司中，独立董事不具备事实上的独立性，甚至可以说基本不存在真正意义上的独立董事，在一点上与中国目前阶段独立董事的地位相似。

随着时间的推移，美国上市公司的董事会逐渐由内部人、利益相关方和少量独立董事构成的、侧重于为管理层提供专业建议的"建议型"董事会，向着由独立董事主导的、侧重监督制衡公司管理层的"监督型"董事会转型。图3-1利用戈登教授文中提供的数据勾勒出了1970年代至2005年期间美国主要上市公司董事会中的内部董事、外部利益相关方选派董事与外部独立董事这三大类董事席次的演化趋势[2]。从图3-1中可以看到，与1970年以前至多不超过25%的"少数派"水平相比，自1970年代起，独立董事席位出现了显著的增长，并在1980年代加速增长。自1990年代起，美国主要上市公司中，独立

---

1. NAT'L INDUS. CONFERENCE BD., INC., STUDIES IN BUSINESS POLICY, NO. 90: CORPORATE DIRECTORSHIP PRACTICES 5–6, 59 (1959).

2. 图3-1中，根据杰弗里·戈登在《The Rise of Independent Directors in the United States, 1950–2005: of Shareholder Value and Stock Market Prices》一文中的介绍，1970年以前的数据中并没有区分独立外部董事与非独立外部董事(affiliated outside director)，图3-1中1970年以前的董事会构成是由Patro et al.(2009)文中计算的1970年代独立董事占比所得的推测值。

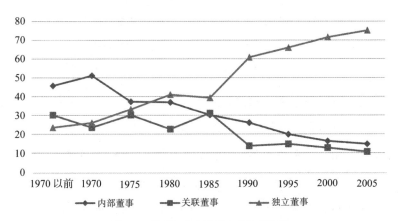

图3-1　美国上市公司董事会构成演进

资料来源: Jeffrey Gordon. "The Rise of Independent Directors in the United States, 1950–2005: Of Shareholder Value and Stock Market Prices," *Stanford Law Review*, Vol. 59, p. 1465, 2007。该文中的图2。

董事在董事会中的席位都稳定在2/3以上，由于董事会决议通常需要半数以上董事赞成方可通过，此时公司独立董事作为一个整体已经具有了决定公司重大交易事项、信息披露和人员任免等事项的权力，在这个意义上，自1990年代起，美国上市公司董事会已经完全成为具备监督和制衡管理层权力的"监督型"董事会。

　　而进入21世纪后，独立董事在董事会中的席位得到了进一步的强化，特别是在2004年萨班斯法案通过后，根据著名咨询公司Korn/Ferry Int.的2004年度董事会研究报告[1]，超过90%的受访上市公司董事会中仅有不超过两名公司内部人员（高管）担任董事，其余董事会

---

1. KORN/FERRY INT'L, 31ST ANNUAL BOARD OF DIRECTORS STUDY 2004, at 10 (2004).

席位完全由独立董事占据。这种完全由独立董事控制的董事会结构被认为可以最大限度地控制公司治理中的委托代理问题。

二、独立董事事实独立性的强化

上一小节从独立董事占董事会席位的演进视角考察了独立董事权力和地位在1970年之后的变迁历程。尽管到目前为止,独立董事在人数上、进而投票权上已经掌握了董事会的绝对主导地位,但这并不直接等于公司管理层对董事会控制力的减弱。这里的关键是,数量上增加的独立董事是否在事实上独立于公司管理层和控制人,从而能够独立地对公司决议进行判断以及独立地行使其投票权。如果新增的独立董事在事实上受到管理层的操控或与管理层进行合谋,即使独立董事占比再高,也不会改变管理层对董事会的控制。

事实上,1970年代,由于董事会缺乏相对于公司管理层的事实独立性而引发了一系列上市公司破产案件和非法交易丑闻,由此引发的来自公司股东、投资人和社会舆论的质疑迫使美国上市公司及监管层开始重视董事会的事实独立性问题,也由此出台了一系列关于独立董事"独立"资质的严格认定标准和最佳实践原则。在此后的数十年间,通过上市公司管理层、独立董事、投资人、外部资本市场以及监管层间的多方博弈,美国逐渐形成了一整套相对完善的、基于奖惩激励和声誉约束的机制,来保障独立董事不仅具有事实独立的任职资质,而且在其整个任职过程中都能独立判断和独立地行使监督权力,不受公司管理层的侵扰。

（一）1970年代，破产风暴、交易丑闻与独立董事事实独立性

根据Gordon（2006），在1970年代以前，只要不是本公司管理层的董事均为外部董事。而按照现在的分类，外部董事中又包含和本公司有着密切关系的外部机构（如银行、客户、供应商等）的管理人员和员工这些事实上与本公司管理层并不独立的"affiliated"董事和真正意义上的独立董事（independent director）。但在1970年代以前，并没有明确区分的独立董事与外部非独立董事的概念，严格意义上，自1970年代开始美国上市公司才开始明确提出独立董事的概念以及衡量其"独立性"的标准。

"独立董事"在1970年代的出现可以看作美国资本市场对于上市公司因董事会缺乏事实独立性而产生的一系列丑闻作出的应激反应。其中，最为著名的两宗"丑闻"分别是1970年发生的宾州中央铁路（Penn Central）公司破产案以及由1972年"水门事件"引发的政治献金丑闻和针对大量参与其中的上市公司的衍生诉讼案。这2起案件从不同角度揭示了董事会与公司管理层的利益捆绑对股东价值产生的极大损害，以及对公司社会形象的负面影响。

其中，宾州中央铁路公司破产案中，涉案公司是一家主营美国东北部宾夕法尼亚州、纽约州和马萨诸塞州境内铁路运输业务的公司。由于面临来自公路运输服务的竞争，以及来自联邦法规对于调整服务费率的限制，该公司在1960年代面临严重的经营困境，并在1970年进入破产程序。在宾州中央铁路公司破产案中，公司董事会中的外部董事对于公司主营业务的无知以及对于公司财务欺诈的不作为

激发了对于董事责任的激烈声讨。彼时,纽约时报就董事会的履职情况采访了一位宾州中央铁路公司破产前刚刚上任的董事,采访内容揭露了彼时该公司董事会的尴尬职能:"他们坐在18楼的那些大椅子上,上面放着名牌,他们是一群,好吧,我最好不要说。董事会肯定要为这个麻烦负责。他们收取了费用,但什么也没做。多年来,人们只是坐在那里。宾夕法尼亚大学的那个穷人Gaylord P. Harnwell,他从来没有张过嘴。他们不知道实际情况,也没有试图弄清实际情况。"[1]

显然,宾州中央铁路公司破产案中的董事会,即便作为一个单纯的建议型董事会,也是失职的,这引发了投资者和社会舆论对建议型董事会模型的有效性的质疑。1971年出版的颇具影响力的《Directors: Myth and Reality》一书将缺乏事实独立性的"建议型"董事会抨击为失败的"董事会模型"[2],这种董事会即使在为CEO提供咨询建议上作用也十分有限,其提供的咨询建议"很少能真正影响管理层的决策"。而且在建议型董事会模型下,CEO认识到董事会成员不会对CEO的决策提出任何挑战[3],从而更加减少对董事会的信息披露,由此形成的"默契"使不具有事实独立性的董事会演变为"为CEO的不透明决策过程提供名义透明度"的骗局[4]。

作为当时全美历史上规模最大的公司破产案,宾州中央铁路公

1. 英文原文见链接3-1。

2. MYLES L. MACE, DIRECTORS: MYTH AND REALITY 108 (1971).

3. 英文原文见链接3-2。

4. 英文原文见链接3-3。

司的破产也掀起了1970年代一系列公司破产的浪潮，其中包括著名的LTV、Ampex、Memorex等公司破产案。在这些破产公司背后的董事会都与管理层存在利益绑定并且不作为，这意味着1970年代以前被奉为圭臬的建议型董事会模式的彻底失败。

宾州中央铁路公司破产案反映出当董事会之于公司管理层没有独立性时，只会单纯附和管理层的决策，使其咨询建议的职能形同虚设。而1972年的"水门事件"及由此引发的系列政治献金案中，则进一步暴露出非独立的董事会在监督管理层的职能上，更是形同虚设，而这会给股东价值、公司的社会责任与声誉带来更严重的打击。"水门事件"后的调查显示超过50家上市公司参与了对尼克松竞选团队的贿选[1]。之后，美国司法机关和政府部门对非法政治捐献和洗钱活动展开了进一步调查。结果在这一系列的调查中发现，不少美国公司为了获利，曾经对外国政府官员政客、政党支付超过30亿美元的巨款。由于贿赂金额巨大，引发了关于有贿赂行为的公司财务合规的担忧。作为公司的管理层，需要对公司大额的资金往来签字负责，然而董事会竟对公司管理层的违规资金运作毫不知情，这一点引发了社会舆论对于公司董事会的严重质疑，并引发了一系列针对上市公司管理层违规行为和董事会渎职行为的衍生诉讼案。然而，本着对建议型董事会的职能要求，特拉华州高等法院在过往判例中通常对公司董事会缺位公司财务监管予以免责，例如在1963年Graham v.

1. Joel Seligman, A Sheep in Wolf's Clothing: The American Law Institute Principles of Corporate Governance Project, 55 GEO. WASH. L. REV 325, 328−340 (1987).

Allis-Chalmers Mfg. Co. 一案中[1]，特拉华州高等法院判定董事会没有对他们没有理由怀疑的管理层的违规行为展开调查的义务[2]。在美国的判例法下，类似的判例等于从法律上规定了建议型董事会不负监督责任，因此无限放大了管理层的权力，这进一步引发了美国资本市场对于董事会职能及其与管理层的非独立关系的质疑和反思。

（二）独立董事的"诞生"与事实独立性：判定标准与激励机制

在宾州中央铁路公司破产案和"水门事件"中，由一系列涉案公司董事会的不作为引发的对于董事会职能、人员构成的反思，在客观上驱动了美国资本市场上的"建议型"董事会向"监督型"董事会的转型。而为了确保董事会能够起到监督管理层的作用，董事会中必须有足够席次的董事不能是受公司管理层领导的内部人员，而外部董事中还必须有足够席次的董事能够与公司管理层保持事实上的独立关系，否则将妨碍董事会对管理层的"错误"作出独立的判断和行动。

在对董事会成员与公司管理层保持事实独立关系的要求下，"独立董事"成了一类特殊的董事会成员，它属于外部董事，但相较于由公司关联方选派的外部董事，独立董事显然要满足更加严格的独立性要求。自1970年代以来，围绕独立董事的"独立标准"界定和维持独立董事"独立性"的机制设计的变迁构成了美国独立董事制度演

---

1. https://law.justia.com/cases/delaware/supreme-court/1963/188-a-2d-125-3.html.
2. 英文原文见链接3-4。

进历史的一条主线。

1. 事实独立性的判定标准

自1970年代起，关于"事实独立性"逐渐形成了一套清晰的判定标准。而这套标准在此后的数十年间，在联邦层面的监管条例、交易所对上市公司的上市门槛要求、各州的相关立法以及相关行业的"最佳实践"准则的推动下，也得到了完善和细化。

由于1970年代以前，并不存在对于董事会成员独立性的要求，因此最早的对于董事独立性的判定标准专注于在非独立外部董事与独立董事之间作出区分。1978年由知名律师团体"公司法委员会"出版的《公司董事指导手册》（*Corporate Director's Guidebook*）率先提出了对公司董事会成员的两层分类法：管理型（management）董事和非管理（non-management）型董事以及附属董事（affiliated）和非管理非附属（non-management non-affiliated）董事[1]。其中，管理型董事特指同时作为公司管理层人员或内部员工的董事，而对于其他非公司人员但与公司保持经济上的或私人联系从而会影响其独立判断的董事则被视为非管理型附属董事（affiliated non-management）。同年，SEC提出了一个动议[2]，在股东大会选举董事会成员时对候选外部董事是否为附属董事向股东作出披露，以此通过股东投票的方式强化外部董事的整体独立性。但此动议遭到了大量公司的反对而搁浅，

---

1. ABA Comm. on Corporate Laws, Corporate Director's Guidebook, 33 BUS. LAW. 1591, 1619–1620 (1978).

2. 参见No. 14970, 15 SEC Docket 291 (July 18, 1978)。

而反对理由是"特定董事是否能够行使独立判断与其身份无关"[1]。
1977年纽交所上市要求中规定了"除非董事会发现特定附属外部董
事存在影响其作出独立判断的事由,否则该附属外部董事可以成为
公司审计委员会成员"[2]。显然,在1970年代,美国资本市场的各方参
与者已经认识到独立董事存在的必要性,并对何为"独立董事"作出
了理论上的界定,但在实践中对董事独立性的认定仍以特定董事的
具体行为是否"独立"为依据,而不以董事与公司的利益关联为依
据。由于董事行为是否独立往往难以界定,并且对于存在利益相关
的外部董事,要求其作出独立判断几无可能,因此在这一阶段,尽管
开始对董事独立性提出要求,但对董事独立性的判定标准仍存在很
大的争议,且缺乏客观性和可操作性。

　　1980年代起,这一局面开始发生转变,由于一系列针对董事会的
衍生诉讼案,公司开始依赖现实可操作的独立性判定标准。受1970
年代"水门事件"引发的公司贿选的影响,衍生出了大量的公司股东
对董事会在面对公司出现巨额可疑资金流动时不作为的诉讼案。各
州法院在这些针对公司董事会的衍生诉讼中,通常会将公司独立董事

---

1. 参见No. 15384, No. 10510, 16 SEC Docket 348 (Dec. 6, 1978)。英文原文见链接
3-5。

2. 参见Proposed Rule Change by Self-Regulatory Organizations, 42 Fed. Reg. 8737
(Feb. 11, 1977), Order Approving Proposed Rule Change, 42 Fed. Reg. 14,793 (Mar. 16,
1977); 以及Jeffrey Gordon, "The Rise of Independent Directors in the United States,
1950-2005: Of Shareholder Value and Stock Market Prices," *Stanford Law Review*,
Vol. 59, p. 1465, 2007。英文原文见链接3-6。

视为与原告方（公司股东）和被告方（公司管理层）利益无关的第三方，因而其判决往往依赖于公司独立董事出具的独立调查报告和裁决建议。在著名的 Zapata Corp. v. Maldonado 一案中[1]，特拉华州高级法院提到（由独立董事构成的）独立委员会拥有寻求终止衍生诉讼的公司权力。第141(c)节允许董事会将其所有权力委托给委员会。因此，如果整个董事会都这样做，则具有适当授权的委员会将有权提出解雇或即决判决[2]。这里特别区分了公司董事会与其中的独立董事在应对衍生诉讼时的不同角色，特拉华州高等法院认为董事会多数的利益玷污本身不是对董事会权力下放给由无利害关系的董事会成员组成的独立委员会的法律障碍。（由独立董事构成的）委员会可以适当地为公司采取行动，以驳回被认为损害公司最佳利益的派生诉讼[3]。

从 Zapata Corp. v. Maldonado 一案中不难发现，独立董事在解决衍生诉讼中扮演了类似于第三方仲裁的角色。显然，特拉华州高等法院在 Zapata Corp. v. Maldonado 一案中对公司独立董事的倚重是建立在独立董事利益无关的基础上的，因此对独立董事的独立性提出了更为严格的要求，并强调法院会对独立董事的事实独立性和勤勉尽职进行质询，如果负责调查的独立董事只是在名义上独立于公司管理层，其出具的调查报告将不能为法院所采信。特别地，法院应调查委员会的独立性、诚信以及支持其结论的依据，必要时可责令有

1. 参见430 A.2d 779 (Del. 1981), https://law.justia.com/cases/delaware/supreme-court/1981/430-a-2d-779-4.html。
2. 英文原文见链接3-7。
3. 英文原文见链接3-8。

限的证据开示程序以促进此类调查。公司应承担证明独立性、诚信
和合理调查的责任,而不是假定独立性、诚信和合理性。如果法院确
定委员会不独立或没有显示合理的理由支持其结论,或者,如果法院
因与程序有关的其他原因不满意,包括但不限于委员会的善意,法院
应驳回公司的动议。但是,如果法院根据规则56的标准认为委员会
是独立的,并为善意的调查结果和建议显示了合理的基础,则法院可
以自行决定进入下一步[1]。

Zapata Corp. v. Maldonado案的判决表明在面对类似的衍生诉
讼时,在董事会中保有足够数量的与公司管理层保持事实上的独立
关系的独立董事显然是有利的护盾,而证明公司董事会中特定的董
事是真正意义上的独立董事则需要有一个严格、清晰、客观的判定标
准,因此,1980年代的衍生诉讼案大大推进了对独立董事事实独立性
的判定标准的建立。

受到衍生诉讼案的冲击,大量民间机构,如著名的"蓝丝带"委
员会(Blue Ribbon Committee)、美国法律协会等,推出了一系列基于
最佳实践原则的独立董事独立性测试,其中的测试包含(但不限于)
禁止独立董事所在机构与其担任董事的公司存在特定的业务往来或
金额超过一定限制的交易等[2]。这些民间机构的独立性判定标准也逐

---

1. 英文原文见链接3-9。

2. 参见AM. LAW INST., PRINCIPLES OF CORPORATE GOVERNANCE: ANALYSIS AND RECOMMENDATIONS § 3A.01 (1994); 以及NAT'L ASS'N OF CORPORATE DIRS., REPORT OF THE NACD BLUE RIBBON COMMISSION ON DIRECTOR PROFESSIONALISM 9-10 (1996)。

渐被联邦机构所接纳。1996年，美国国税局（IRS）对于公司独立董事提出了一条基于其从本公司获得收入金额的界定标准[1]。按照规定，公司外部董事不得从公司获得超过一定限额的现金收入。这一规定大大压缩了在与公司有利益关联的外部机构任职的人员成为公司董事的空间，使得外部董事与公司管理层之间可以保持较高的独立性。IRS的上述规定也影响了SEC 1996年出台的对公司外部独立董事可批准的公司股票相关交易的最大金额的限制性规定[2]，其中SEC规定中关于公司独立董事的认定援引了IRS的标准。

　　而进入21世纪后，受到全美第六大上市公司安然的财务欺诈和破产案的冲击，美国证监会、纽交所进一步收紧了对独立董事事实独立性判定标准，除此前要求董事会下设的审计委员会中的独立董事应满足"与其任董事公司无实质性利益关联外"，董事会中全部独立董事也都应满足同样的独立性条件，同时董事会中独立董事的占比必须超过半数（majority）[3]。而2003年出台的萨班斯法案则进一步强化了在审计委员会任职的独立董事的独立性判定条件。

　　2. 维持事实独立性的激励机制

　　在公司治理的实践过程中，独立董事之于公司管理层的事实独

---

1. 26 U.S.C. § 162(m) (2007).

2. 参见Ownership Reports and Trading by Officers, Directors and Principal Security Holders, Exchange Act Release No. 37,260, Investment Company Act Release No. 21,997, 62 SEC Docket 138 (May 31, 1996)。

3. 参见NYSE, Listed Company Manual 303A, https://www.nyse.com/publicdocs/nyse/regulation/nyse/final_faq_nyse_listed_company_manual_section_303a_updated_1_4_10.pdf。

立性并不完全体现在彼此之间是否存在利益关联，独立性的一个更重要的内涵是独立董事能够对公司的重要问题独立地作出不受公司管理层影响的判断和决策。在被股东大会选举成为董事前与公司管理层保持独立并不意味着在成为独立董事后仍能保持与管理层的事实独立性，也不能保证其一定能做到独立判断、独立决策和勤勉尽职。在著名的安然财务欺诈和破产案中，截至安然公司破产前，其董事会的 15 名独立董事有 7 名都在任职独立董事期间与安然公司发生特殊关系[1]，要么正在与安然进行交易，要么供职于安然支持的非营利机构，因此实际丧失了事实独立性，这也为后来董事会对于安然财务造假的默许埋下了伏笔。这也使得如何在任职后持续地维持独立董事的事实独立性、确保其独立判断、独立决策成为独立董事制度设计的关键一环。而在这一点上，美国的独立董事制度在其演化过程中逐渐形成了一种结合了经济激励、声誉约束与董事会内部分权的多元化运行机制。

（1）惩罚。

对独立董事在任职期内违反事实独立性要求而引发的失职责任和对公司造成的损失处以重罚，被认为是一种有效约束独立董事行为的手段。然而，在现实执行过程中，法院对独立董事判处罚金的前提是能够证明独立董事在特定的决策上的确存在失职，而这一点往

---

1. 参见 Report prepared by the permanent subcommittee on investigations of the committee on governmental affairs, United States Senate, "The role of the board of directors in Enron's collapse," 2002。

往难以举证。因此，除少数极端案例外，如前文提到的安然破产案和类似的世通破产案中两家破产公司的独立董事的确为其违规行为支付了高达1 300万美元和1 500万美元的和解金，绝大多数独立董事很少因其违反独立性原则和失职而承受巨额罚金。另一方面，在20世纪五六十年代，董责险出现并迅速流行，这一保险逐渐覆盖了大部分董事可能面临的赔偿责任。同时，董责险的出现也对独立董事失职诉讼的原告方产生激励扭曲，由于独立董事的失职而造成的损失通常不在董责险覆盖范围内，因此原告方缺乏举证独立董事失职的动力。这些因素使得法院对独立董事违反独立性原则的失职行为的巨额罚金往往只能作为一种威慑，并不直接构成对独立董事的惩罚。但另一方面，虽然仅仅作为一种威慑手段，大量研究表明[1]，高额的罚金与较为宽松的判罚尺度相结合，可以对独立董事的潜在失职行为形成一种模糊的威胁，在这种模糊威胁下，独立董事除在非常罕见的情形下不必真的承担巨额罚金，同时又时刻保有可能因失职承担巨额罚金的担忧，因此在任职过程中更加谨慎，以避免违背独立性原则和失职行为。

（2）正向激励。

为了激励独立董事在任职期间能够保持独立性并勤勉尽职，需要提供足够的正向激励。另一方面，独立董事必须要与公司管理层

---

1. 参见William B. Chandler III & Leo E. Strine, Jr.. "The New Federalism of the American Corporate Governance System: Preliminary Reflections of Two Residents of One Small State," 152 U. PA. L. REV. 953 (2003)。

保持事实上的独立关系,而高额的薪酬作为激励会削弱独立董事的
事实独立性,因此并不适合作为对独立董事的激励手段。1990年代,
一项公司治理层面的重大制度创新是采用限制性股票或股票期权的
方式激励独立董事。由于股票型激励(特别是股票期权)的真实价值
与公司的股票价格高度正相关,这可以迫使独立董事与股东形成一
致利益,独立董事有内生动力保持与公司管理层的独立,并格外关注
公司管理层的可能对公司股价造成负面影响的"错误行为"。大量实
证研究证实了对独立董事采取股票型激励可以有效提升公司治理水
平[1]。但也有研究者担心[2],股票型激励只能实现较短期的股票价格与
独立董事利益绑定,这可能会产生一种短视化的激励扭曲,是独立董
事倾向于纵容管理层的短期激进行为,而损害公司股东的长期价值。
而安然破产案中独立董事丧失事实独立性也在一定程度上是对独立
董事采取股票型激励引致的结果[3]。

---

1. 参见Randall Morck et al., Management Ownership and Market Valuation: An Empirical Analysis, 20 J. FIN. ECON. 293; 以及Tod Perry, Incentive Compensation for Outside Directors and CEO Turnover (July 1999) (unpublished manuscript), available at http://papers.ssrn.com/abstract=236033。

2. Bebchuk, Lucian A., Yaniv Grinstein, and Urs Peyer. "Lucky CEOs and lucky directors," The Journal of Finance 65.6 (2010): 2363–2401.

3. 参见Lucian Arye Bebchuk et al., Lucky Directors (John M. Olin Ctr. for Law, Econ. & Bus., Harvard Law Sch., Discussion Paper No. 573, 2006), available at http://ssrn.com/abstract=952239; 以及Jeffrey N. Gordon, Governance Failures of the Enron Board and the New nformation Order of Sarbanes-Oxley, 35 CONN. L.REV. 1125 (2003)。

（3）声誉市场。

声誉为独立董事提供了一种与罚金和股票激励相平行的双向激励机制，独立董事违背独立性原则的行为导致其任职公司被低价收购或经营失败，会损害独立董事自身的声誉，从而对独立董事的"错误行为"产生约束。反过来，如果独立董事能够勤勉尽职，使其任职的公司呈现长期价值的增长，则有助于提高独立董事的声誉，由此奖励独立董事的勤勉尽职。1980年代的敌意收购狂潮中，独立董事勤勉尽职与否在持续的收购交易中直接表现为公司能否抵挡住恶意收购而不被贱卖，这种行为与后果的直接对应使得声誉信号对独立董事的激励变得格外有效。因此，在敌意收购浪潮的大背景下，利用声誉市场对独立董事的内生激励，而非法院对独立董事的失职行为判处巨额罚金，似乎是一种更为有效的维持独立董事事实独立性和勤勉尽职的手段，这也在一定程度上解释了美国独立董事很少因其失职而被巨额惩罚的现象。进入1990年代后，尽管敌意收购浪潮逐渐平息，但随着以养老金为代表的机构投资者开始积极参与公司治理，声誉仍然能对独立董事勤勉尽职起到有效的激励。这些机构投资者作为公司股东会采取在股东大会上提出罢免特定失职独立董事或董事会全体的表决事项（"just vote no" campaign）[1]，无论最终罢免表决是否通过，这种提案本身就能传递出强烈的声誉信号，从而对独立董事维护自身独立性和勤勉尽职起到有效的威慑。

---

1. Joseph A. Grundfest, Just Vote No: A Minimalist Strategy for Dealing with Barbarians Inside the Gates, 45 STAN. L. REV. 857 (1993).

尽管声誉市场被普遍认为是一种对独立董事的有效激励手段，但声誉激励也存在着一定的扭曲。声誉信号中总是存在噪声的成分，在市场整体面临崩盘的时候，无论独立董事如何勤勉尽职，公司股价和业绩都不可能表现良好，在这种情况下市场信号显然无法反映独立董事的真实表现，因而无法提供有效的声誉激励。另一方面，声誉激励依赖于形成声誉评价的公共信息能够真实反映公司的长期价值，但现实中，无论是公司的业绩表现还是股票价格往往都不能完全反映公司的长期价值，这种情况下依赖于这些公开信息的声誉激励可能会对独立董事的行为产生扭曲，迫使独立董事拒绝作出那些可能有利于公司的长期价值但可能损害公司当前价值表现的决策，在后面这种情况下，声誉激励实质上抑制了独立董事的独立判断和独立决策的能力。

（4）董事会内部结构。

自1970年代以来，美国上市公司董事会内部结构的专业化趋势也在客观上起到了强化独立董事事实独立性的作用。这种专业化体现为，上市公司董事会设立了由独立董事主导的审计委员会、薪酬委员会、提名委员会以及其他特殊委员会。这些起源于最佳实践中的独立委员会及其被赋予的监督职能和权力逐渐被交易所和监管部门所接受，并通过正式法规的形式得到了保障。

1974年起，SEC开始要求上市公司披露其董事会是否下设了审计委员[1]。1977年，纽交所开始强制要求在其上市的公司必须在

---

1. Item 8(e), Schedule 14A, 17 C.F.R. § 240.14a-101 (1978). 参见 https://www.law.cornell.edu/cfr/text/17/240.14a-101。

董事会中下设审计委员会[1]，1987年，纳斯达克也强制要求其上市公司设立有独立董事构成的审计委员会[2]。而2002年因安然破产案通过的萨班斯法案更是授予了审计委员会决定和更换公司外部财务审计公司以及对财务公司的独立性进行评估的权力。

1992年，美国法律协会（American Lawmakers Institute）发布的《公司治理原则》（Principles of Corporate Governance）中指出，最佳实践要求公司应具有一个由非内部董事构成的提名委员会[3]。2003年，纽交所强制要求其上市公司必须设立提名委员会，并且提名委员会完全由独立董事构成[4]。2004年，SEC要求上市公司披露提名委员会在遴选和评估董事候选人时的具体工作流程和细节[5]。从2007年开始，纳斯达克强制要求其上市公司设立由独立董事构成的提名委员会[6]。1992年，SEC开始要求上市公司披露是否设立了薪酬委员会，以

---

1. 参见Note 36, Proposed Rules Relating to Shareholder Communications, Shareholder Participation in the Corporate Electoral Process and Corporate Governance Generally, Exchange Act Release No. 14,970, 15 SEC Docket 291 (July 18, 1978)。

2. 参见Douglas C. Michael, Untenable Status of Corporate Governance Listing Standards Under the Securities Exchange Act, 47 BUS. LAW 1475 (1992)。

3. 参见American Lawmakers Institute, Principles of Corporate Governance, note 46, § 3A.04 reporter's n.1。

4. 参见NYSE, Inc., Listed Company Manual § § 303, 303A (2007)。

5. 参见Disclosure Regarding Nominating Committee Functions and Communications Between Security Holders and Boards of Directors, Securities Act Release No. 8340, Exchange Act Release No. 48825, Investment Company Act Release No. 26262, 68 Fed. Reg. 66, 992 (Nov. 28, 2003)。

6. NASDAQ, Inc., Marketplace Rules R. 4350(c) (4) (2007).

及薪酬委员会中独立董事的占比[1]。而截至2007年,纽交所和纳斯达克均强制要求其上市公司必须设立完全由独立董事构成的薪酬委员会。而根据最新的纽交所上市公司指引[2]中的条款303A以及纳斯达克的公司上市要求[3],上市公司的薪酬委员拥有评估公司CEO和管理层业绩表现和决定其薪酬水平的权力,而提名委员会拥有提名后任董事会成员的权力。

除以上三大委员会外,1990年代开始,美国上市公司董事会中还逐渐出现了"首席独立董事"(lead director),首席独立董事被赋予了召集全体独立董事召开没有公司管理层参与的闭门会议。通过闭门会议,独立董事可以针对管理层的潜在利益冲突展开充分讨论,因此有助于独立董事对公司事务进行独立判断、独立决策。

以上三大委员会以及首席独立董事的设立极大地提高了独立董事在董事会中的地位和事实上的决策权力,并削弱了管理层对独立董事的干扰。通过这些委员会,独立董事不仅获得了在信息披露、薪酬奖励和重要人员任免等公司治理关键环节的最终决定权,还通过掌握后任独立董事的提名权的方式确保了董事会的独立性可以不受独立董事任期的限制而得以长期延续,这些设计都在客观上强化了

---

1. Executive Compensation Disclosure, Securities Act Release No. 6962, Exch. Act Release No. 31327, Investment Company Act Release No. 19032, 52 SEC Docket 1961 (Oct. 16, 1992).

2. 参见NYSE, Inc., Listed Company Manual § 303A.02 (2007)。

3. 参见The NASDAQ Stock Market LLC Rules, Section 5400. https://listingcenter.nasdaq.com/rulebook/nasdaq/rules/Nasdaq%205400%20Series。

独立董事的事实独立性。

综上来看，1970年代以来，美国逐渐形成了一整套基于金钱和声誉的奖惩激励机制，以确保独立董事任职期间勤勉尽职，同时通过设立专业委员会的方式明晰和强化了独立董事对公司管理层的监督权力，从而从主观意愿和客观能力两方面保障了独立董事的事实独立性。但也需要看到，无论是金钱或声誉上的奖惩还是专业委员会的权力都会对独立董事产生不同程度的激励扭曲。以股价或盈利来衡量的公司价值与独立董事行为之间缺乏直接的、确定性的联系，因而以公司价值实现为基准对独立董事的奖惩激励很可能导致独立董事在一些决策时过于保守，而在另一些决策上过于激进。而独立董事通过主持专业委员会的确掌握了更强的监督权力，但这同时也意味着独立董事将承担更多的责任、投入更多的精力和时间以及承担更高的履职风险，这些都将削弱独立董事勤勉尽职的积极性。而相较于公司管理层，独立董事作为公司的外部人，在对公司财务报告的真实性、外聘财务咨询公司的独立性、公司管理层的业绩表现等进行评估时，除非公司管理层愿意积极配合并提供充分的信息，否则独立董事将始终面临着严重的信息不对称问题，从而严重制约其作出独立判断和决策的能力，削弱独立董事在公司治理中的实际作用。而在美国独立董事制度数十年的发展演进历史中，又是如何克服以上激励扭曲问题的呢？

三、资本市场环境与独立董事制度的反馈

自1970年代以来，美国独立董事制度在自我完善的过程中对独

立董事的事实独立性要求日趋严格，并发展出了一系列激励机制和
权力安排以削弱公司管理层对于独立董事在任职期间内的独立判断
和决策的干扰。尽管从公司治理的角度看，独立董事制度的完善有
助于公司治理水平的提升，也有助于股东价值的实现，但独立董事事
实独立性的增强意味着管理层对于公司控制权的削弱。那么，又是
什么原因让在1970年代以前掌握了上市公司实际控制权的管理层，
在此后的数十年间"自愿"地放弃了部分的公司控制权，从而成就了
美国独立董事制度的发展和完善呢？美国独立董事制度的完善与其
公司管理层的"放权"过程其实是一枚银币的正反两面。而对于中
国独立董事制度的建设而言，要使独立董事真正能够代表中小股东
利益，实现对公司实际控制人的有效监督，其核心也是促使公司实控
人向独立董事放权，因此，回顾1970年代以来美国上市公司管理层
"放权"的历史过程及其诱因，对于中国独立董事制度建设有着重要
的指导意义。

　　根据杰弗里·戈登教授在其文章《The Rise of Independent
Directors in the United States, 1950–2005: of Shareholder Value and
Stock Market Prices》中的研究，美国在二战结束后，独立董事制度
经历了一个从无到有的过程。公司管理层在这期间则经历了一个先
集权再逐渐放权的过程，而贯穿这一历史进程的一条主线是作为内
部人的公司管理层和外部资本市场的各参与方相互博弈与妥协。而
这一博弈过程也串联了1950年代以来美国在公司治理领域对一系
列基本问题作出的不同方向上的探索。这些基本问题包括是应该坚
持"股东利益至上原则"还是"公司社会责任原则"？应该采取公司

内部基于集权和行政命令的资源配置模式还是基于市场和价格信号的外部资源配置模式？是应该采用"建议型"董事会模型还是"监督型"董事会模型？以这几个基本问题为主线，1950年代至今美国独立董事制度的演进历史可以划分为五个阶段，分别为：1950—1960年代的管理层集权阶段、1970年代建议型董事会模型崩盘和独立董事的诞生阶段、1980年代的并购狂潮与独立董事的权力强化阶段、1990年代的资本市场价格发现效率和外部监管的阶段、21世纪以来的新发展阶段。本节将依时间顺序对以上五个历史阶段进行梳理。

（一）1950—1960年代：管理资本主义、社会主义思潮与建议型董事会

第二次世界大战结束后至1970年代以前，美国公司治理的指导理念受到二战期间军事化管理经验和社会主义思潮的影响，倾向于认为公司这种组织形式的宗旨是形成一种内部化的基于集中管理的高效资源配置模式以替代依赖外部市场和价格信号的模式，而顺应这种理念，在1950—1960年代美国公司的规模不断扩张、国际化程度大大加强，随之而来的是以CEO为首的公司管理层获得了更大的"自治"权限。如马克·J.洛（Mark J. Roe）在《Rents and Their Corporate Consequences》中分析指出："美国公司的全球化经营使管理层可以自行支配更多的资源，而不必受到来自股东和本国资本市场的制约。"[1]

同时，在社会主义思潮的影响下，传统的"股东利益至上"原则

---

1. 英文原文见链接3-10。

在美国公司经营管理中的重要性逐渐下降,公司被赋予了一定程度的"利他主义"目标,根据1961年《哈佛商业评论》对1 700名公司高管的调查问卷[1],其中83%的受访者认为"对于公司管理层而言,其经营管理行为若仅以股东利益为出发点,忽略雇员、客户以及消费者的利益,那是不道德的"[2]。因此,在这样的背景下,在1950—1960年代美国大公司的内部控制权被公司管理层完全把持,同时美国社会的主流价值观默许了管理层可以不完全按照股东利益行使其权力,这使得公司管理层获得了几乎无约束的对公司的"自治权"。与管理层的"自治"相顺应,在这一时期,美国上市公司的董事会完全充当了管理层的辅助工具,"建议型"董事会模型成为这一时期的主流。

(二) 1970年代:丑闻与破产、建议型董事会崩溃、独立董事诞生

如本章前几小节讨论的,在进入1970年代后,宾州中央铁路破产案及其引发的一系列破产案揭示了这样一个事实,在公司管理层"自治"的公司治理结构中,董事会完全沦为公司管理层的附庸,不可能为公司发展提供任何有效的建议,由此导致了1950—1960年代普遍奉行的建议型董事会模型的崩盘。同时期由"水门事件"和大批美国上市公司卷入贿选丑闻引发了大量投资者针对公司管理层和董事会的衍生诉讼案,为了摆脱或避免旷日持久的诉讼程序,

1. Raymond C. Baumhart, How Ethical Are Businessmen?, HARV. BUS. REV., July-Aug. 1961, at 6, 10.
2. 英文原文见链接3-11。

美国上市公司开始寻求雇佣一定数量的与公司管理层没有实质利益关联的董事，来对公司管理层的违规行为实施监督，独立董事的概念由此诞生，而公司董事会开始由建议型董事会向监督型董事会转型。但这一时期独立董事的概念刚刚起步，关于诸如独立董事究竟在董事会中扮演何种角色？独立董事应当发挥什么样的职能、如何监督公司管理层？等具体问题，尚没有一个清晰明确的答案。同时，随着美国被卷入与越南战争，美国社会普遍出现的反战情绪，这引发了对上市公司承担社会责任问题的反思，一些激进的学者甚至提出了"选区董事"（constituency director）的概念[1]，选区董事的概念与独立董事有一定的交集，它们都要求对公司管理层的权力的监督与限制，在这个意义上，它们都是监督型董事会的构成要件。但与独立董事不同，选区董事不仅要能代表股东利益，还应代表不同选区的民众，从而使公司经营能够服务于更广泛的社会群体、承担更广义的社会责任。对于独立董事内涵的几近混乱的解读贯穿了1970年代，这种混乱随着美国资本市场进入1980年代的"交易的十年"才终结。

（三）1980年代：并购狂潮和独立董事的权力强化

尽管在1970年代，美国上市公司董事会中具有事实独立性的独立董事的席次呈现明显的增长趋势，但独立董事如何服务于公司治理尚不清晰。但进入1980年代后，美国资本市场经历了恶意收购的

---

1. 参见RALPH NADER ET AL., TAMING THE GIANT CORPORATION 123-128 (1976)。

狂潮，在此期间独立董事对收购要约的条款、价格以及公司真实价值作出独立判断对于避免恶意收购和守护股东价值至关重要。

事实上，1980年代的并购狂潮饱受争议，一方主流观点是，在经历了1970年代的石油危机后，美国经济饱受通货膨胀与增长停滞的"滞涨"之苦，并迟迟难以复苏，这引发了针对美国式的管理层"自治"的公司治理模式的质疑，在这种模式下，大型上市公司被认为在管理上是缺乏竞争的，因此带来了低下的资源配置效率[1]。而对于个体层面的被收购公司而言，可以被理解为实现了由高效管理团队对低效管理团队的替代，因此提高了公司内部的资源配置效率。而从市场整体层面看，恶意收购提供了一种竞争氛围，可以对低效率管理层起到反向激励的作用，使管理层不得不为规避被敌意收购而提升管理效率。从这个意义上，敌意收购被视为应对"滞涨"的手段而被默许。

但反对意见表明，很多情况下，收购方进行恶意收购的动机完全是为了利用市场上暂时的错误股价而实现短期套利，这种行为非但不能带来管理效率的提升，还会导致股东股份的"贱卖"和股东价值的损失。由于恶意收购成功意味着公司管理层会彻底丧失对公司的控制权、甚至被新的控制人直接解雇，防止公司被恶意收购也在事实上维护

---

1. 参见 Gregor Andrade et al., New Evidence and Perspectives on Mergers, 15 J. ECON. PERSP., Spring 2001, at 103, 108; William E. Fruhan, Jr.. "Corporate Raiders: Head'em Off at Value Gap," HARV. BUS. REV., July–Aug. 1988; Peter D. Goodson & Donald J. Gogel. "Managing as if Shareholders Matter," HARV. BUS. REV., May–June 1987。

了公司管理层的权利[1]。在这个意义上，公司管理层对敌意收购的反对究竟是为了规避竞争、从而牺牲股东利益而维护其自身利益，还是真的从股东利益出发防止股票被贱卖，是无法区分的，这就要求有独立的第三方对公司的内在价值作出独立的评估和判断，而独立董事因其与管理层的事实独立性，以及其作为公司董事会成员对公司内部运作的信息优势，而被认为是最合适对公司内在价值作出判断的人选。

　　独立董事在应对敌意收购过程中的这种作用也在一系列涉及并购的诉讼中得到了法律的认可，特拉华州高院通过一系列著名的判例赋予了被收购公司的董事会，在其独立董事充分知情的前提下，通过"毒丸"策略回绝敌意收购的权力。其中，在1985年梅萨公司（Mesa Petroleum）并购优尼科公司（Unocal）一案中，特拉华州高院在判决书中反复强调了优尼科公司董事会中独立董事的构成及其在反收购决策过程中起到的独立调查、独立判断的作用：优尼科公司的董事会由8名独立外部董事和6名内部人士组成[2]。它于1985年4月13日召开会议，考虑对梅萨公司的收购要约。13位董事出席，会议持续9个半小时……8名外部董事（占出席的13名成员中的绝大多数）随后分别会

---

1. 参见Warren A. Law. "A Corporation Is More than Its Stock," HARV. BUS. REV., May–June 1986; Michael E. Porter. The Competitive Advantage of Nations 528–529 (1990); Martin Lipton & Steven A. Rosenblum, A New System of Corporate Governance: The Quinquennial Election of Directors, 58 U. CHI. L. REV. 187, 201–24 (1991); Michael E. Porter. "Capital Disadvantage: America's Failing Capital Investment System," HARV. BUS. REV., Sept.–Oct. (1992)。
2. 493 A.2d 946 (Del. 1985). https://law.justia.com/cases/delaware/supreme-court/1985/493-a-2d-946-9.html.

见了优尼科公司的财务顾问和律师。此后，他们一致同意建议董事会
以不充分的理由拒绝梅萨公司的要约，并且优尼科公司应进行自我投
标，以向股东提供价格合理的梅萨公司提案替代方案。董事会随后重
新召开会议并一致通过了一项决议，以严重不足为由拒绝梅萨公司的
要约收购[1]。而在1985年Household International并购Moran案中[2]，特
拉华州高院最终允许被收购采用毒丸策略摆脱收购的主要原因也是
基于其董事会主要由独立董事构成，并且独立董事在评估并购事宜时
进行了审慎而独立的评估和判断："Moran董事会的大多数成员（16人
中的10人）都是独立董事，除了2名独立董事之外，其他所有人都投票
支持该计划。董事与公司的财务顾问和法律顾问广泛讨论了股东权
利计划，并与最强烈反对该计划的特定独立董事进行了辩论。董事会
有责任证明防御措施相对于所构成的威胁是合理的，但这一证据得到
了实质性加强。"[3]而在Time并购Paramount Communication案之后[4]，
被收购公司董事会中独立董事是否超半数以及独立董事是否在并购
案中作出了独立的评估和判断这两点成了特拉华州高院是否采纳董
事会拒绝收购要约决议的关键评判标准[5]。

---

1. 英文原文见链接3–12。

2. 500 A.2d 1346 (Del. 1985). https://law.justia.com/cases/delaware/supreme-court/1985/500-a-2d-1346-1.html.

3. 英文原文见链接3–13。

4. 571 A.2d 1140 (Del. 1990).

5. 参见Jeffrey N. Gordon, Corporations, Markets, and Courts, 91 COLUM. L. REV. 1931 (1991); 以及 Alan R. Palmiter, Reshaping the Corporate Fiduciary Model: A Director's Duty of Independence, 67 TEX. L. REV. 1351 (1989)。

因此，经过1980年代的恶意收购浪潮和法院的一系列判例，独立董事实际上成了公司及其管理层规避敌意收购的法律保护伞，而正是为了获得这种法律上的保护，美国主要上市公司的管理层自发选择了将一部分对公司的控制权转让给独立董事的"权宜之计"，因此，自1980年代后期，美国主要上市公司都开始设立具有事实独立性的独立董事占多数的董事会，并由董事会对管理层进行监督。

（四）1990年代：机构投资者、资本市场价格发现与独立董事参与公司治理的新途径

尽管1980年代的并购浪潮促成了美国上市公司管理层的放权和董事会向由独立董事占主导的监督型董事会的转型，但持续的恶意收购也带来了资本市场的担忧。首先，恶意收购会给交易双方带来极高的财务成本，特别是收购方，其收购通常依赖杠杆融资，这意味着长期的收购谈判将大大推高收购方的财务成本。同时，如果被收购方采用毒丸策略，则意味着收购成本的进一步飙升，高企的财务成本使得即便收购成功，交易本身也未必有利可图。而反过来，若是交易失败，收购时的财务杠杆可能导致收购方自己的资金链断裂甚至资不抵债，从而引发收购方的破产[1]。其次，从被收购方角度，敌意收购会打断其正常的业务和经营管理，即使最终成功防御敌意收购，被

---

1. Michael C. Jensen. "Eclipse of the Public Corporation," HARV. BUS. REV., Sept.–Oct. 1989, at 61; Steven N. Kaplan, The Staying Power of Leveraged Buyouts, 29 J. FIN. ECON. 287 (1991).

收购方因这种被迫中断而流失的业务会带来收入和利润的流失,造成公司价值的贬损,甚至使其陷入财务危机[1]。最后,从监管者角度,高杠杆的收购交易意味着潜在金融危机风险的增大,因此在1990年代也陆续出台了一系列限制杠杆收购的措施[2]。在以上多方利益平衡下,1990年代后,美国资本市场上的敌意收购已较为罕见。

而对于独立董事制度而言,用以维持独立董事与公司管理层之间的权力平衡外部收购压力的消失,公司管理层与独立董事之间的权力再平衡又是如何实现的呢?事实上,在进入1990年代后,以养老金为代表的机构投资者开始积极介入公司治理,特别是在1992年SEC出台代理投票改革议案(Proxy Rule Reform)后[3],机构投资者可以极低的成本代理公司的实际股东、集中投票权参与股东大会的表决,这直接促使了机构投资者更加积极地参与公司治理,并对公司管理层形成了有效的约束。在这个意义上,机构投资者以更低的成本扮演了1980年代潜在的敌意收购方所扮演的外部监督的角色,迫使管理层与董事会"分享"对公司的实际控制权。

另一方面,1980年代的并购狂潮客观上起到了在公司管理层、

---

1. BERKSHIRE HATHAWAY, INC., 1989 ANNUAL REPORT (1990), quoted in RONALD J. GILSON & BERNARD S. BLACK, THE LAW AND FINANCE OF CORPORATE ACQUISITIONS 438–440 (2d ed. 1995).
2. Jeffrey N. Gordon, "Just Say Never?" Poison Pills, Deadhand Pills, and Shareholder-Adopted Bylaws: An Essay for Warren Buffett, 19 CARDOZO L. REV. 511 (1997).
3. 17 C.F.R. § 240.14a-1(2) (2007).

外部投资者及其他资本市场参与者中强化"股东利益至上"原则的作用，在进入1990年代后，公司治理应奉行"股东利益至上"原则成了美国资本市场上的普遍共识。这也体现在，相比于1970年代同时强调股东价值与公司社会责任的做法，美国商业圆桌会议在1997年发布的《公司治理指南》(Statement on Corporate Governance)直接拿掉了对管理层应考虑公司的社会责任和政治责任的表述[1]，而将管理层的职责简化表述为"管理层和董事会的首要职责是对公司股东负责；其他利益相关者的利益是相关的，作为对股东的责任的衍生"[2]。

　　单一的"股东利益至上"原则实际上确立了基于单一任务的公司治理原则，从而去除了公司治理中潜在的多目标激励不相容问题。本着单任务原则，机构投资者从外部推动了上市公司管理层的薪酬体系与人事任用体系的变革。在新的体系下，公司董事会和独立董事获得了更强的监督权力。一方面，1990年代以来，公司管理层的薪酬主要构成部分不再是工资薪金，而是由公司股票和股票期权组成。这种基于股票的薪酬激励使公司管理层的薪酬总额具有不确定性，其实际金额大小依赖于管理层的表现与公司价值的实现程度，由此实现了管理层的利益与代表股东价值的股票价格的绑定。据相关研

---

1. 参见Bus. Roundtable, The Role and Composition of the Board of Directors of the Large Publicly Owned Corporation, 33 BUS. LAW. 2083, 2087, 2092-2093 (1978); 以及Bus. Roundtable, Statement on Corporate Governance (Sept. 1997)。

2. 英文原文见链接3-14。

究[1]，1992—2000年间，标准普尔500指数中的上市公司CEO薪酬构成中，股票及股票期权的份额从27%上升至51%。而截至2000年，对于从事高科技、互联网等"新经济"业务的公司，其CEO薪酬中的股票类薪酬的份额甚至高达83%[2]。因此，截至1990年代末、21世纪初，股权类薪酬激励已经占到绝大多数美国上市公司高管薪酬的大部分，而具体的股票、期权激励的合约条款（行权价格、期限等）由独立董事构成的薪酬委员会决定，不断提高占比的股权类薪酬实际上赋予了独立董事和薪酬委员会更强的监督权力。

　　另一方面，在公司高管的人事任用上，公司董事会开始基于公司股票的价格表现等市场信号对公司高管开展业绩考核，并在公司股票出现大幅下调或呈现持续走低趋势的时候，董事会可以作出罢免公司高管的决策。根据Kaplan and Minton基于1992—2005年美国公司CEO轮换数据的研究[3]，公司股票价格与CEO轮换的关联明显增强。而Huson，Parrino，and Starks基于1971—1994年的美国公司

1. Kevin Murphy, Explaining Executive Compensation: Managerial Power Versus the Perceived Cost of Stock Options, 69 U. CHI. L. REV. 847, 848 fig.1 (2002) (calculating valuations in 2001 dollars); Brian J. Hall & Kevin J. Murphy, Stock Options for Undiversified Executives, 33 J. ACCT. & ECON. 3 (2002).

2. Kevin J. Murphy, Stock-Based Pay in New Economy Firms, 34 J. ACCT. & ECON. 129, 132-133 (2003).

3. Steven N. Kaplan & Bernadette A. Minton, How Has CEO Turnover Changed? Increasingly Performance Sensitive Boards and Increasingly Uneasy CEOs (Nat'l Bureau of Econ. Research Working Paper No. W12465, 2006), available at http://ssrn.com/abstract=924751.

CEO轮换数据展开的研究则表明[1]，相比于恶意收购盛行的1983—1989年，1989—1994年这一时间段内由较差的股票表现引发董事会CEO罢免的事件发生频率甚至更高，这在一定程度上表明，在1990年代，尽管外部潜在收购者对公司管理层的威胁大大降低，但在机构投资者的外部压力下，由独立董事主导的公司董事会实际上掌握了更大的决定公司高管去留的权力，在这个意义上，独立董事对于公司高管的监督实现了进一步强化。

综合来看，1990年代以后，在机构投资者的积极推动下，独立董事掌握了更强的对公司高管的监督权，同时受"股东利益至上"原则的驱使，以公司股票价格为代表的外部市场信号成为独立董事和董事会监督公司高管的主要信息来源和决策依据。这种依赖外部市场信息的监督模式创新大大增强了公司高管与股东利益的一致性，从而降低了高管与独立董事之间的潜在冲突和独立董事履行监督职责的成本；另一方面由于公开市场信息具有高度标准化的特点，因而便于获取、也便于进行跨公司和跨年度的衡纵向对比，这为独立董事评估公司高管的业绩表现和潜在违规行为提供了极大的便利，从而助推了独立董事的勤勉尽职。

（五）21世纪：独立董事与信息披露

尽管1990年代开始流行的将公司股票价格及相关市场信息与

---

1. Mark R. Huson et al., Internal Monitoring Mechanisms and CEO Turnover: A Long-Term Perspective, 56 J. FIN. 2265, 2279–2290 (2001).

公司高管的薪酬和人事激励相结合的监督模式创新强化了独立董事监督公司管理层的能力,这种模式创新也存在着一定的问题。一方面,公司股票价格及其他市场公开信息能够反映公司高管业绩表现的前提是上市公司的定期披露是真实可靠的。然而,受到股权激励的驱使,作为公司内部人的高管有着天然的动力通过夸大财务数据甚至造假的方式来掩盖潜在的经营风险,从而维持高股价和自身的高收益,这使得公司财务报告及其他信息披露的真实性,以及股价作为衡量高管业绩表现的做法面临一定的激励扭曲。另一方面,作为公司内部人的高管和外部的独立董事之间存在天然的信息不对称,独立董事难以发现从而监管公司高管的造假行为。最后,如前文所述,独立董事作为公司股东利益的代表,为了让其有效地监督公司高管,1990年代以后,独立董事的薪酬的主要部分也采用股权或股票期权的形式[1],这一方面确保了独立董事与股东利益的一致性,但同时也使得独立董事与高管之间形成了一定的一致性,从而削弱了独立董事的事实独立性,给独立董事与高管的合谋留下了隐患[2]。

事实上,2001年全美第六大上市公司安然的破产案和安然公司高管涉嫌财务造假和虚假披露的丑闻恰恰反映了单纯依赖股价衡量高管业绩和激励独立董事的做法,会带来虚假信息披露的激

---

1. Eliezer M. Fich & Anil Shivdasani, The Impact of Stock-Option Compensation for Outside Directors on Firm Value, 78 J. BUS. 2229 (2005).

2. Lucian Arye Bebchuk et al.. "Lucky CEOs and Lucky Directors," *The Journal Finance*, Vol. 65, No. 6, 2010.

励扭曲问题。根据事后的调查[1]，安然作为一家能源巨头，其传统的能源业务始终面临利润率低、重资产运营、资金占用大周转率低等问题。为了实现盈利的增长，1990年代起，安然公司创立了一个基于互联网的能源合约交易平台，该平台上可交易远期的能源产品供货合约，其性质类似于商品期货市场。安然公司作为该平台的做市商，尽管获利颇丰，但需要拥有巨额现金流以保证合约到期日的交割，而通过传统表内融资渠道获得资金以维系现金流需求的做法会推高安然公司的资产负债率，从而降低安然公司的信用评级和融资能力。这使得安然公司转而通过对合约预付款产生的现金流进行资产证券化打包销售的金融创新手段进行表外融资，这种融资手段尽管加速了现金流回流速度，但也意味着一旦能源产品因特殊原因不能按时供应将引发极高的资金链断裂风险，并且这种或有风险无法在公司财务报告中体现。除通过以上高风险方法提高盈利表现和股价外，安然公司还通过在由其实际控制的关联公司间进行资产交易的方式从其资产负债表中剔除大量收益率较低的重资产，这有助于提高其资产的总体收益率，进而提高安然公司的股价表现。

无论是在财务报表外持有巨额资产证券化产品并承担或有债务、还是操控关联交易美化资产收益率的行为，本质上都是通过对市

---

1. Report prepared by the permanent subcommittee on investigations of the committee on governmental affairs, United StatesSenate, "The role of the board of directors in Enron's collapse," 2002.

场隐瞒真实财务问题的方式提高公司短期股价，而这种隐瞒导致了股价并不真实反映公司业绩和风险，这也直接导致了安然公司的破产。而从独立董事的角度看，事后的调查表明，安然公司上述涉嫌隐瞒真实风险的财务运作至少自1999年的一系列"事件"后就应当引起董事会的重点关注，然而董事会并没有给出充分的重视，甚至还批准了此后发生于2000年和2001年的一系列涉嫌违规的财务操作：第一个事件发生在1999年2月，是一次审计委员会会议，会上董事会成员被告知安然使用的会计做法"突破极限"并且"处于可接受的做法的边缘"。1999年和2000年，董事会三度被要求批准一项史无前例的安排，允许安然的首席财务官设立私募股权基金LJM合伙企业，与安然开展业务，以改善安然的财务报表。董事会还批准将一家关联公司Whitewing从公司账簿中注销，同时以14亿美元的安然股票为其债务提供担保，并帮助其获得购买安然资产的资金。1999年、2000年和2001年的委员会和董事会报告记录了公司涉足越来越多的账外活动。2000年，董事会三度被要求批准名为猛龙队的复杂交易，尽管该公司存在可疑的会计和持续风险。董事会还获悉，在短短6个月内，LJM为安然创造了超过20亿美元的资金流，安然的总收入从1999年的400亿美元跃升至2000年的1 000亿美元。这些数字令人震惊，但显然没有董事会成员质问他们[1]。

　　而董事会批准安然公司涉嫌违规的财务报告的做法也引发了对其中独立董事独立性以及勤勉尽责的质疑。而针对安然董事会成员

---

1. 英文原文见链接3-15。

的调查显示，在安然公司董事会的15个席次中，有13名独立董事，而
其中至少7名独立董事在任职期间与安然公司存在不正当利益输送，
因此，其独立身份实际并不成立[1]。除不合规的利益输送外，安然独立
董事在任期间的薪酬平均为每年35万美元，其中绝大部分薪酬是以
股票期权的收益形式获得。参与调查的专家表示，35万美元的年薪
远远高于同时期的市场平均水平，并且在股票期权收益的薪酬激励
形式下，独立董事具有合谋安然高管推高股价的内在冲动[2]。也正是
在安然独立董事与高管的这种合谋的默契下，安然的审计委员会尽
管每年都会例行评估安然审计负责人的独立性，但这种评估流于形
式，没能有效阻止审计负责人与公司管理层的合谋，而这也为安然的
违规财务披露提供了便利。

　　从安然公司案例中不难看出，公司股价、财务披露的真实性、独
立董事的独立性以及高管与独立董事的股权激励之间一环扣一环的
依赖关系，形成了一个正向循环，股权激励下独立董事独立性遭到侵
蚀，弱化了对于财务披露真实性的监督，进而使市场对虚假信息作出
反应，推高了的股价则强化了对高管和独立董事的正向激励，这种正
反馈机制正是引致安然公司破产与财务造假案的重要原因。而2002

1. The role of the board of directors in Enron's collapse, prepared by the permanent subcommittee on investigations of the committee on governmental affairs, United States Senate, 2002.
2. Hearing Exhibits 35a and 35b, on Enron Board Member compensation, prepared by the permanent subcommittee on investigations of the committee on governmental affairs, United States Senate, 2002.

年的世通公司的财务造假丑闻与安然案类似[1]，独立董事事实独立性
及对管理层的监督也在这种正向反馈机制下被瓦解，最终导致世通
公司在2003年破产。

　　在安然案和世通案之后，美国资本市场开始反思独立董事的独
立性问题。在基于股价和公开市场信息的激励机制下，上述正向反馈
问题反映出独立董事的事实独立性的内涵必须要加以延伸，其中负责
提供关键财务信息的会计师、审计师的独立性也应当被视为独立董
事独立性要求的一个延伸。基于这一思路，2002年推出的《萨班斯法
案》中[2]，对于独立董事和由独立董事构成的审计委员会的职责提出
了更严格的规范，其中规定审计委员会负有聘用公司外部审计服务公
司、并审核审计人员独立性的责任。而纽交所的《上市公司手册》中
303A2条款中也对审计委员会提出了更高的要求，其中规定审计委员
会必须定期更换为公司提供财务服务的外部公司，并适时评估审计人
员的独立性。纳斯达克对其上市公司的审计委员会也提出了类似的
要求。而美国商业圆桌会议的《公司治理准则》(2002版)中也增加了
独立董事应对上市公司财务报告的完整性、真实性负责的要求[3]。

---

1. 参见 Report of Investigation, Prepared by the Sepcial Investigative Committee
of the Board of Directors of Worldcom, Inc., https://www.sec.gov/Archives/edgar/
data/723527/000093176303001862/dex991.htm; 以及 Worldcom, Inc. 2002 Form 10-
K Annual Report, U.S. Securities and Exchange Commission, https://www.sec.gov/
Archives/edgar/data/723527/000119312504039709/d10k.htm。

2. Sarbanes-Oxley Act of 2002 § 307, 15 U.S.C. § 78j-1 (2007).

3. 参见 Business Roundtable, Principles of Corporate Governance, 16 (2002)。

综合来看，在经历了1990年代独立董事及董事会对公司高管的监督模式创新后，21世纪以来，公司高管与董事会和独立董事之间如何分配控制权以及独立董事对公司高管的监督权的界定已不再是侵害独立董事事实独立性以及阻碍独立董事勤勉尽职的主要问题。相反，在普遍采用股票价格与公开市场信息激励高管和独立董事的模式下，如何确保公司信息披露的真实性、完整性成了美式独立董事制度得以正常运行的关键，对此美国资本市场与监管者在信息披露相关的制度建设上进行了一系列尝试。

通过本章节的梳理，我们发现美国独立董事制度从1970年代开始，经历了一个从无到有、不断完善、日臻成熟的制度化的过程。而发展到目前阶段，美式独立董事制度的构成要件可以概括为以下几点：以股东利益至上原则为指导、由机构投资者提供外部监督与制衡、以公司股价等公开市场信息为依据考核高管及董事会业绩表现、由独立董事及其主导的董事会决定公司高管薪酬和任期，以及由独立董事及其主导的审计委员会负责公司财务信息披露质量。从制度设计上，可以说美式独立董事制度已经十分完善，然而，这套独立董事制度在具体的公司治理实践中究竟发挥了怎样的作用，以及是如何发挥作用的呢？这还有待进一步的讨论。

四、小结与反思

在这一节，我们从美国上市公司董事会的独立董事构成、独立董事的事实独立性认定标准与激励机制以及独立董事之于上市公司高管的监督权力的分配博弈三条主线，对美国独立董事制度自1970年以来的

50年间的演进历程进行了梳理。通过梳理,我们发现美国的独立董事制度演化至今,关于独立董事的资质、职责、权力、激励已经形成了非常完整且在细节上也高度严谨的制度安排。而美国资本市场上的定价效率和信息效率、市场参与者对公司治理的积极介入以及普遍的股东利益至上的共识,这些制度设计以外的因素则为美式独立董事制度得以正常运行、独立董事能够真正发挥监督公司高管作用提供了重要保障。

　　独立董事作为公司治理中的重要一环,其制度设计的宗旨是解决由职业经理人把持的公司管理层与公司股东之间的委托代理问题,从而实现股东价值的最大化。尽管美式独立董事制度在制度设计上和实际运行过程中日臻完备,并且已被美国证监会、纽交所、纳斯达克等美国资本市场的监管者所采纳并强制要求上市公司加以执行,但关于独立董事制度是否真的提升了公司治理水平和股东价值,仍然缺乏充分的肯定性证据。事实上,公司治理方面的学者和研究人员针对独立董事与股东价值之间的关系已经展开了大量的实证研究。但很遗憾的是,无论是以公司盈利指标还是以公司股价等指标来衡量股东价值,得到的关于独立董事作用的实证结果往往是相互矛盾的、不确定的,因此缺乏稳健性和一致性[1]。 在这种意义上,就独

---

1. 参见 Sanjai Bhagat & Bernard Black, The Uncertain Relationship Between Board Composition and Firm Performance, 54 BUS. LAW. 921 (1999); Benjamin E. Hermalin & Michael S. Weisbach. "Boards of Directors as an Endogenously Determined Institution: A Survey of the Economic Literature," FRBNY ECON. POL'Y. REV., Apr. 2003; Jonathan L. Johnson et al., Boards of Directors: A Review and Research Agenda, 22 J. MGMT. 409 (1996)。

立董事能否提升股东价值这一点，尚不能形成定论。一些经济学者试图对经验证据中展现出的独立董事与股东价值之间的不确定关系给出一个合理的理论解释。从边际效能递减的角度出发[1]，部分学者认为自1990年代起，美国主要上市公司董事会成员中独立董事席次占比已经接近三分之二，而且不同公司董事会构成差别不大。在这个高占比的普遍条件下，独立董事人数上下浮动一两人对于公司治理水平和股东价值的边际影响甚微，以至于实证研究中普遍采用董事会成员中独立董事人数来衡量董事会独立程度的做法难以识别独立董事的真正作用。

相比于基于边际递减的理论解释，杰弗里·戈登教授在《The Rise of Independent Directors in the United States, 1950–2005: of Shareholder Value and Stock Market Prices》一文中提供了一种更为系统化的解释。他认为，独立董事制度对于公司治理和股东价值的影响并不反映在个体公司层面，而更重要的是对美国资本市场和上市公司的整体生态产生了深远的影响，而这种影响在个体公司层面形成对公司管理层和独立董事行为的规范，从而提升市场中全部公司的治理水平。而这种整体影响很难通过个体公司层面的业绩数据和董事会数据加以识别。而独立董事制度对于美国上市公司的公司治理生态产生的整体影响中，最为重要的一点被

---

1. Milton Harris & Artur Raviv. "A Theory of Board Control and Size," *Review of Financial Studies*, 24(4): 1797–1832, (2006); Sanjai Bhagat & Bernard Black, The Uncertain Relationship Between Board Composition and Firm Performance, 54 BUS. LAW. 921 (1999).

认为是独立董事制度通过保证信息披露的真实性而大大提升了美国资本市场上股票价格的价值发现功能,而更精准的价值发现会形成一种良性的正反馈机制。当全部上市公司的股票价格都更能反映公司真实的经营情况和股权价值时,独立董事可以利用股价所传递的信息来克服与公司高管间的信息不对称问题。此时单个公司股价与其同类股票价格的偏离将会成为公司管理层潜在"错误行为"的信号,独立董事可以充分利用这种价格信号来识别、监督和纠正公司管理层的错误,在这个意义上公司股价与独立董事的监督职能之间可以自发地相互修正,从而确保公司股价始终能体现公司真实经营情况与股东价值,而在此基础上以股权形式发放的薪酬奖励将最大限度地绑定公司高管、独立董事的利益与股东价值,从而有效解决对独立董事与公司高管的履职积极性的激励问题,使其总能够遵循股东利益至上原则,实现股东价值的最大化。

戈登教授提供的这种对于独立董事制度有效性的解释与金融市场理论中的"有效市场假说"是内在一致的,在这种理论下,1970年代以来美国独立董事制度的完善过程实质上推动了美国资本市场的信息效率的提升,从而使其向理想的有效市场趋近。而在这个趋近的过程中,公司向市场披露信息的真实性是一切的核心,也正因如此在进入21世纪后美国SEC、萨班斯法案以及各大交易所的上市规则中都把独立董事的核心职责放在了对公司信息披露的真实性监管上。沿着有效市场理论的方向,大量实证研究试图证实董事会的独立程度对于公司信息披露质量的积极作用,而从这个方向展开的实证研究也基本得到了一致性的结论[1]，从而在推进有效市场的意义上，证实了美式独立董事制度对于最大化股东价值的作用。

就美式独立董事制度在实现股东价值最大化的有效性问题，尽管戈登教授提供的基于有效市场理论的解释得到了现实数据的检验，但站在一个更现实的视角上，这种解释还是忽略了很多复杂性因素。事实上，自尤金·法玛（Eugene Fama）提出有效市场假说以来[2]，对该理论展开的批判就从未停止。而从股东价值出发，有效市场理论的一个最大漏洞在于其站在市场整体的立场上，忽略了个体企业的异质性，特别是忽略了经营个体公司的职业经理人发挥其自身的企业家才能而给公司和股东创造的超额价值，这种超额价值在考察市场整体时被平均掉了，而考虑个体公司时，这部分超额的价值往往是股东价值的最主要的来源[3]。

---

1. 参见 Randall Morck et al., The Information Content of Stock Markets: Why Do Emerging Markets Have Synchronous Stock Price Movements?, 58 J. FIN. ECON. 215 (2000); Cambell et al., Have Individual Stocks Become More Volatile? An Empirical Exploration of Idiosyncratic Risk, 56 J. FIN. 1, 23−25 (2001); Artyom Durnev et al., Does Greater Firm-Specific Return Variation Mean More or Less Informed Stock Pricing?, 41. J. ACCT. RES. 797 (2003); Qi Chen et al., Price Informativeness and Investment Sensitivity to Stock Price, REV. FIN. STUD. 619 (2007); Art Durnev et al., Value-Enhancing Capital Budgeting and Firm-Specific Stock Return Variation, 59 J. FIN. 65 (2004)。

2. Fama, Eugene (1970). "Efficient Capital Markets: A Review of Theory and Empirical Work," Journal of Finance. 25 (2): 383−417.

3. 参见仲继银著，《董事会与公司治理》，中国发展出版社2013年版。

　　而在个体公司层面,简单要求独立董事看住公司高管潜在的虚假信息披露等违规行为,显然不仅无助于公司高管们实现其企业家才能和创造超额价值,甚至会阻碍这一进程,从而造成过度监管。事实上,根据著名咨询公司光辉国际(Korn Ferry)在2006年针对美国上市公司董事会的调研报告[1],关于2002年颁布的强化独立董事及审计委员会监督公司财务披露职能的萨班斯法案,超过60%的受访董事认为该法案应当被废除或大修,而仅有24%的受访董事认为萨班斯法案带来的公司治理方面的收益超过引致的成本,这一调查结果也从一个侧面反映出基于有效市场理论来解读独立董事制度在公司治理和股东价值实现上的积极作用,并不能得到市场参与者的认可。而在最新版的纽交所的《上市公司指引》[2]中以及纳斯达克的上市公司规则中[3],对于具有绝对控股股东的上市公司,可以豁免董事会中独立董事席位超过半数以及设立审计、提名、薪酬委员会等强制要求,除赴美上市的海外公司外,美国本土上市公司中拥有控股股东的多为从事高新技术行业的公司[如脸书(Facebook)

1. KORN/FERRY INT'L, 33rd ANNUAL BOARD OF DIRECTORS STUDY 2006, at 8-9 (2006).

2. 参见NYSE, Inc., Listed Company Manual § 303A.02, https://nyseguide.srorules.com/listed-company-manual/document?treeNodeId=csh-da-filter!WKUS-TAL-DOCS-PHC-%7B0588BF4A-D3B5-4B91-94EA-BE9F17057DF0%7D--WKUS_TAL_5667%23teid-66。

3. 参见The NASDAQ Stock Market LLC Rules, Section 5400. https://listingcenter.nasdaq.com/rulebook/nasdaq/rules/Nasdaq%205400%20Series。

等]¹，其中控股股东常为公司的创始人等具有企业家才能的管理者，在这种特殊情况下，纽交所和纳斯达克的上述豁免规定也在一定程度上表明了市场监管者对于独立董事制度引致的过度监管问题留有一定的余地。

此外，对于独立董事制度的完善加强了公司股票价格的信息含量和价值发现功能这一观点，尽管得到了一系列实证研究的支持，但这些研究并没有回答独立董事是如何实现公司信息披露质量提升的。事实上，在公司信息披露方面，相对于负责公司日常经营运作的公司高管，来自公司外部的独立董事始终面临着严重的信息不对称问题。光辉国际在2006年的调研报告显示²，美国上市公司独立董事每个月花费在提供独立董事服务上的时间平均仅为17个小时，其中还包含了出席董事会会议的商务差旅时间。在每个月不足4个工作日的工作时间内，让独立董事克服与公司高管之间的信息不对称，并能够判断公司财务报告的真实性甚至对公司外部审计机构的独立性进行有效的评估，显然是不现实的。在这个意义上，尽管萨班斯法案以及美国各主要交易所都着重强调了独立董事在审核公司信息披露方面的职责，但在执行过程中，很难期待独立董事能够发挥真正的作用。从这个意义上，基于有效市场理论的关于独立董事制度在实现股东价值上的积极作用的解释，似乎也难以成

---

1. 参见后文的脸书公司案例。
2. KORN/FERRY INT'L, 33rd ANNUAL BOARD OF DIRECTORS STUDY 2006, at 8-9 (2006).

立。而由此引出的另一个相关问题是，在微观层面上，独立董事究竟是通过哪些渠道实现对公司高管的监督和制约的呢？针对这一问题，我们缺乏必要的数据来给出有足够信服力的回答。但在理论上，一个更为逻辑自洽的答案是，在由具有事实独立性的独立董事占多数、且确实掌握了决定公司高管的薪酬和去留的公司董事会中，独立董事即使仍然面临信息不对称问题，但依旧能够形成对公司高管"错误行为"的可置信威慑。在这种可置信的威慑下，即便独立董事囿于信息不对称，不可能保证每一次都能发现公司高管的错误行为，但一经发现，独立董事们联合采取行动将给高管带来极大的利益损失，而这种或有损失会对高管的错误行为形成自发的约束。根据ISS数据库搜集的标准普尔500指数公司独立董事的职业背景信息，不难发现，美国上市公司独立董事中担任其他公司高管、董事（专任董事）或其他经验丰富的管理者占比近50%（详见图3-2），这部分独立董事的丰富的实战管理经验对于由其担任独立董事的公司高管而言，意味着其错误行为更可能被独立董事识破，从而意味着更高的或有损失，因而独立董事们自身的管理经验会强化其带来的威慑效应，而这一点对于美式独立董事发挥对公司高管的监督作用至关重要。

综上所述，由本章的讨论，美国独立董事制度自1970年代至今，其发展完善经历了一个在不断的外生事件的冲击下，由资本市场、投资者、监管者以及公司管理层在公司治理实践中反复摸索、不断创新的自发的演进过程。通过回溯这一历史进程，有助于我们理解美式独立董事制度在制度设计层面的历史沿革和理论依据，以及掌握该

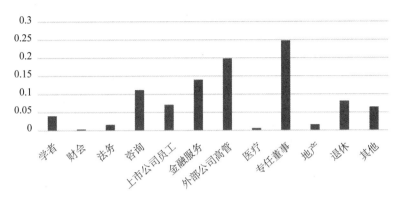

图 3-2　美国独立董事职业背景

资料来源: Institutional Shareholder Services（ISS）数据库, https://wrds-www.wharton.upenn.edu/pages/about/data-vendors/iss-formerly-riskmetrics/。

制度在实际运行层面的经验和教训。但也需要看到, 对于美式独立董事制度是否真的有助于实现股东价值这一更基本的问题, 以及独立董事如何实现对公司高管的监督这类机理层面的问题, 我们尚不能作出有充分证据支撑的回答。这也意味着, 在提升中国的公司治理水平时, 我们是否应该照搬美式独立董事制度, 还需要更为审慎的研究和探讨。

除此之外, 更需要意识到, 美国独立董事制度的发展始终是建立在美国资本市场中上市公司普遍拥有高度分散的股权结构这一基本事实之上, 因而其制度演进的大方向始终是限制公司管理层的权力和维护股东价值, 在这个意义上, 美式独立董事制度调节的是作为一个整体的公司所有者和经营代理人之间的矛盾。相比之下, 我国资本市场的大背景是绝大多数上市公司都具有高度集中的股权结构, 管理层背后都有着一个具有绝对控股地位的实际控制人。在这样的股权结构下,管理层与公司所有者之间的对立关系远没有美国上市公司那样严重,甚至根本不存在对立。取而代之的是公司所有者内部的大股东、实控人与公司其余的中小股东之间的对立关系,因此对中国上市公司而言,公司治理亟须解决的问题是作为全体股东代理人的公司大股东、实控人与公司所有者全体中相对弱势的中小股东之间的第二类委托代理问题。针对第二类委托代理问题,我们将在后文的脸书公司案例分析中看到,在现代公司制度下,一旦股权(投票权)占比超过表决阈限值,公司其余股东将不再能对大股东、实控人的行为产生实质性影响,这使得依赖于对代理人的有效惩罚的美式独立董事制度难以真正约束扎克伯格作为脸书公司实控人的偏离公司其他股东利益的行为。而在中国资本市场上,具有脸书公司这样的绝对控股结构的公司比比皆是,这也意味着,在提升中国的公司治理水平时,我们是否应该照搬美式独立董事制度,还需要更为审慎的研究和探讨。

第四节　美国董事选举[1]

虽然法律允许上市公司采取交错任期的董事会任期制度(staggered board/classified board),但这种制度多存在于中小公司,以防止一些持股比例较大的股东控制公司。绝大多数大公司采用同期

---

1. 本节作者梁寒。

董事会制度（declassified board）[12]，这种制度下所有董事任期都为一年，每年年度大会时董事任期到期，但多数董事会得到连任，标普500公司中董事的平均任期为7.7年，2021年新任董事占比仅为35%，其余65%的董事都获得了连任。虽然美国法律并没有对董事担任年限作规定，但在许多公司对董事的年龄有限制，2021年70%的董事会有强制性的退休政策[3]。

　　董事候选人的提名主要由董事会及提名委员会负责，董事会或提名委员会提名与董事会成员数量相同的候选人。与此同时，很多大公司的章程还允许某些满足一定要求的股东也可以提名董事候选人，这些公司多数规定了连续3年持有3%以上的有投票权的股份并且将持续持有至年度会议的股东或者不超过20名股东组成一个团体有资格提名董事候选人，但提名人数不得超过董事会成员数量的

1.《特拉华州普通公司法》第141(d)：依照本章规定成立的公司，可以根据章程大纲、原始章程细则或者股东表决通过的章程细则将董事分为一个、两个或者三个类别；第一类别董事的任职期限，至分类生效后召开第一次年会时届满；第二类别董事的任职期限，至年会召开一年后届满；第三类别董事的任职期限，至年会召开两年后届满；分类生效后的每次年度选举，应选出完整任期的董事，根据实际情况接任届满的董事。作出董事分类的章程大纲或者章程细则，可以授权董事会在分类生效时将已任职的董事会成员归属各个类别。（英文原文见链接3-16）

2. 近年来，越来越多公司都采取同期董事会制度。根据2021年史宾沙董事会指数（Spencer Stuart Board index 2021），2021年90%的标普500公司都采取同期董事会制度，这一数字在10年前仅为76%。而在罗素3000指数（Russell 3000 Index）的公司中，有四成的公司都采取交错任期董事会。在年收入低于1亿美元的小公司中，错期董事会的比例高达62.6%。

3. Spencer Stuart Board index 2021.

20%。

《特拉华州普通公司法》规定公司须每年召开年度会议让股东
选举董事，除非董事采用书面同意（written consent）的方式来选举董
事。但是公司只有在所有董事席位都空缺时才能使用书面同意的方
法[1]。《标准商事公司法》规定除非公司章程另有规定，董事由在有法
定人数出席的会议上对选举董事有投票权的股东来投票选出[2]，《特
拉华州普通公司法》规定股东大会的法定人数为这些人持有的票数
不得少于总票数的三分之一[3]，道琼斯工业平均指数30家公司要求
法定会议人数必须为总投票股份的一半，选举董事的投票率在80%
以上。

美国公司年度会议上投票率高跟机构投资者占比高是分不开的
（详见表3-1），在标普500成分股公司中，约八成的股权都掌握在机构
投资者中，越来越多的美国家庭通过各种"联合投资工具"来参与到
资本市场中。

表3-1　美国几大公司的机构投资者持股比例

公　司	机构投资者占比/%	公　司	机构投资者占比/%
AMD	73.41	思科	74.14
特斯拉	42.08	脸书	78.04
亚马逊	60.5	波音	54.3

1.《特拉华州普通公司法》第211条。英文原文见链接3-17。

2. 英文原文见链接3-18。

3. 英文原文见链接3-19。

公　司	机构投资者占比 /%	公　司	机构投资者占比 /%
苹果	58.54	可口可乐	48.76
微软	70.85		

资料来源：NASDAQ官网。

不同的机构投资者有着不同的投资策略和风险管理，这些都会影响其投票策略。SEC于2013年开始实行30b1-4规则，规则要求这些机构投资者披露他们完整的投票记录以及制定完善的投票政策来确保他们以最终受益人的利益最大化为前提行使投票权[1]。于是很多机构投资者都并非自行投票，而是选择使用代理投票咨询公司的服务，来代理其手中各个委托人投资者的投票权。比如美国最大的代理投票咨询公司ISS（Institutional Shareholder Services）在全球范围内代理了3 400个机构投资者，此外，以ISS为首的众多代理投票公司每年都会出一份事无巨细且具有很高参考价值的董事选举代理投票指南，通过分析董事会独立性、组成，委员会组成、表现等一系列指标来指导投票者进行合理的投票。在此情况下，就不难理解投票率高的现象了。

除了机构投资者的盛行，经纪人在美国非常普遍，这些经纪人手里有大量的委托人的股份，这些股份绝大多数都存放在一个叫作"存托公司"（The Depository Trust Company）的出清机构中，存放于此的股份是可以相互替代的，结果就导致了存放于此的股票没有哪一只是

---

1. 英文原文见链接3-20。

被最终委托人所有,混乱的所有制导致了投票权的归属问题。于是NYSE限制经纪人在选举董事时的自主投票权,经纪人在没有其代理对象的授意时不得自主投票选举董事。如果经纪人在年度大会之前10天没收到委托人的授意,便可以自主对例行事项进行投票,但是不能对非例行事项投票,其中就包括董事选举。换言之,董事选举的投票权永远都来源于股东,若股东既没有亲自投票,也没有授权中间商投票,则算作弃权票(但是会计入票数)。这些没有得到授意的投票称为"经纪人无权投的票"(broker non-vote)。从表3-2苹果公司2022年董事选举的投票结果中,我们可以看出经纪人无权投的票的占比,约占所有票数的30%。将这些经纪人无权投的票去除以后,对于道琼斯工业指数公司,我们发现董事选举的投票率和公司的机构投资者持股比例相近,因此,我们合理推测董事选举投票几乎都来自机构投资者,散户股东对此并不感兴趣,也不常授权经纪人来投票选举董事。

表3-2 苹果公司2021年董事选举投票结果

姓名	支持	反对	弃权	经纪人无权投的票
James Bell	9 592 631 863	75 189 711	34 172 422	3 360 214 513
Tim Cook	9 504 951 515	179 216 057	17 826 424	3 360 214 513
Al Gore	8 868 389 175	794 210 797	39 394 024	3 360 214 513
Alex Gorsky	8 953 921 820	712 234 573	35 837 603	3 360 214 513
Andrea Jung	8 627 809 656	1 032 432 390	41 751 950	3 360 214 513
Art Levinson	8 971 086 986	696 491 723	34 415 287	3 360 214 513

续 表

姓名	支持	反对	弃权	经纪人无权投的票
Monica Lozano	9 598 142 509	69 997 728	33 853 759	3 360 214 513
Ron Sugar	8 614 503 163	1 050 063 179	37 427 654	3 360 214 513
Sue Wagner	9 345 991 079	313 316 460	42 686 457	3 360 214 513

资料来源: 苹果公司2022年3月4日的当期8-K报告。

　　董事选举的投票标准也因公司规模的不同而大不相同。美国上市公司董事选举的投票方式目前主要有以下几种主流的方式, 大公司多采用简单多数投票制 (majority voting), 即每名候选者需获得超过半数的赞成票, 或者获得的赞成票超过反对票 (依照公司章程而定) 才能当选。候选者人数和董事会席位数量相同, 每名候选者独立被投票, 相互之间不存在竞争, 因此, 这种方式叫作无竞争选举 (uncontested voting), 超过九成的标普500公司都采取这种投票方式, 而在市值分散更平均的罗素3000指数中, 根据最新的披露, 51.6%的公司采取的方法是相对多数投票制 (plurality voting), 即所有候选人共同被投票, 得票数排名靠前的候选人优先当选。且小公司更倾向于采取这种方式, 在罗素3000公司中, 5.5%的年收入低于1亿美元的公司和67.8%的年收入在1亿至9.99亿美元的公司也采用了这种相对多数投票制。这种方式的优势在于董事候选人的数量不受限制, 更便于股东去提名他们心仪的候选人。不同的利益集团会提名不同的候选人, 彼此之间存在竞争关系, 这样的方式成为竞争选举 (contested voting)。

　　然而，当有候选人未获得足够的投票支持时，这并不意味着其一定无缘担任该公司的董事。标普500的多数公司都采取了一种叫作附带"董事会拒绝辞呈"的简单多数方式[1]，公司章程可作特殊规定，董事会保留了对个人是否离开董事会的最终控制权，未被选上的董事候选人须向董事会提交辞呈，董事会可以选择接受或者不接受该辞呈，如果理由充分，董事会可"破格"将落选的候选人留下。特拉华州高院通常也会尊重董事会在这些情况下对接受或拒绝董事辞职的商业判断。这种选举方式在功能上是象征性的，因为最终决定董事候选人去留的是董事会而非股东。"董事会拒绝辞呈"条款的普及的原因可能在于许多董事会认为自己才是最有资格对董事候选人和成员的命运作出最终决定，而不考虑股东的意见。不过在现实中，被提名的董事落选的情况很少，绝大多数董事都以巨大的支持率当选，从上文苹果公司董事选举投票结果的表中即可反映出这一点[2]。

　　然而董事获得支持的票数比例近年来呈逐年缓慢下降趋势，以罗素3000公司为样本，我们可以看到其中提名委员会主席是所有委员会中呈下降最明显的。但是这种趋势在标普500公司中不明显，标普500公司的董事获支持率维持在一个稳定水平。因此，董事支持率下降的现象在中小公司中更明显。从图3-3中也可看出此趋势。

　　分部门来看，以拥有一个强大董事会著称的公共事业部门的董

---

1. 最著名的特例就是微软公司，候选人一旦落选，就不能继续担任董事任职，选举董事的权力完全落入股东手中。
2. 有一个数据，2013—2016年无竞争选举中，未被选上的候选人只有四分之一的比例最终离开了董事会，换言之，董事会挽留了其中的四分之三。

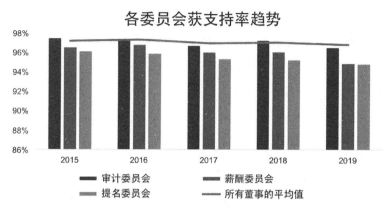

图3-3　美国公司董事会不同委员会成员的获支持趋势

资料来源：乔治森公司董事选举分析，详见https://www.georgeson.com/us/director-election-analysis-trends-observations-recent-results。

事支持率不出意料也是最高的。而房地产行业表现最差，董事的支持率最低。

　　具体到董事选举过程，上市公司每年度股东大会之前向全体股东发放代理声明（proxy statement），其中囊括了需要股东投票的决议，包括新一届的董事选举。董事会会在声明中给出董事会对每名董事候选人的投票建议。2021年11月，美国证券交易委员会投票通过了新的董事选举规则，持不同政见的股东和注册人向股东提供一张代理卡，其中包括所有注册人和持不同政见被提名人的姓名，同时要求注册人和持不同政见者相互提供候选人姓名的通知。SEC认为这将使公司和投资者处于一个平等的竞争环境，毕竟很少有股东出席公司的年度会议。规则的更改将使股东能够通过代理投票选出他们首选的董事会候选人组合，类似于亲自投票。

　　在竞争性选举中，持不同意见的股东提出自己的候选人名单，以填补部分待选席位。出席年会并在会上亲自投票的股东可以在公司和持不同政见者的提名人中挑选,以填补所有被投票的席位。然而,股东大会上的绝大多数投票并非由出席的股东所投。而此规定出台之前的投票规则是只有被提名人同意时,才能将其列入代理卡中。而很多候选人并不同意这样做,部分原因在于如果他们不知道将来会与谁共事,他们可能不愿意在董事会任职。因此,通过代理投票的股东通常会收到不同的代理卡,其中有一份发行人的代理卡只列出了发行人提名的候选人,另一份是持不同意见者的代理卡,其中列出了持不同意见者提名的候选人。股东只能提交一张委托书,他们必须选择其中一张委托书,因此,只能从一个名单中投票。由此通过代理投票的股东无法像在股东大会上亲自投票那样,对来自竞争阵营的董事提名人进行组合投票。股东只有在出席公司年度会议的情况下,才能从两个提名名单中进行选择。如果通过代理投票,股东基本上需要从公司方面的整个候选人名单中选择,或者从持不同意见者方面的整个候选人名单中选择。而新规定允许股东通用代理卡列出的所有各方正式提名的董事候选人,通过代理程序投票,这将与他们亲自到场投票的方式相同。这些新规则进一步鼓励那些激进的股民来管理他们自己的董事名单,赋予这些股东更大的谈判筹码。与此同时,新规定也可能带来负面影响,更多的公司可能会探索在其章程中采用更严格的股东提名资格要求,以规范董事提名的有效性。

在董事免职方面,大部分州的法律规定多数董事同意就可以无理由罢免任何董事,但是有些公司为了加强对董事的保护,将股东罢免董事的权力限制在有罢免"理由"的情况下(例如,不道德的行为、经常缺席会议或其他违反公司政策的情况）。这种情况在中小公司中居多，事实上，近半数的罗素3000公司都有这种限制，但只有四分之一的标普500公司有这种限制（见图3-4）。另一种对董事的保护措施是要求罢免董事必须达到绝对多数的投票。

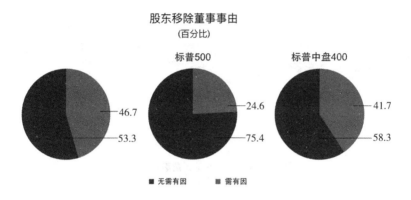

股东移除董事事由
（百分比）

标普500　　　　　　标普中盘400

46.7

53.3

24.6

75.4

41.7

58.3

■ 无需有因　　■ 需有因

图3-4　2020年美国公司股东移除董事事由

资料来源：Corporate Board Practices in the Russell 3000, S&P 500, and S&P Mid-Cap 400。

　　通过将美国的情况和世界上其他主要国家和地区作对比，可以发现美国的相同之处和特殊之处。就董事会层级来说，世界各地都有不同的国家董事会结构模型。大多数为单层董事会。美国的情况是，虽然《特拉华州普通公司法》和交易所规则允许公司设立交错任期董事会，但许多公司已经采用了每年重新选举，分类董事会制度已经不那么普遍。而法国恰好相反，董事会成员的任期通常是交错的。而在中国香港，三分之一的董事需要在每次年度股东大会上轮流卸任。图3-5给出了世界主要国家和地区的董事任期年限。

　　尽管董事会结构不同，但几乎所有司法管辖区都对独立董事的最低人数或比例提出了要求或建议。最普遍的标准是董事会由至少50%的独立董事组成（见图3-6）。

几乎在所有国家和地区，股东都可以提名董事会成员，只不过一些国

董事会成员在改选前的最长任期

最长任期					
1 年	2 年	3 年	4 年	5 年	6 年
加拿大	日本 (A)	巴西	丹麦	德国	法国
日本 (C) (S)		中国	西班牙		
俄罗斯		印度	法国		
英国		意大利	荷兰		
		韩国			
		新加坡			
		美国			
		(中国)香港			

图3-5　主要国家和地区董事任期年限

资料来源：OECD Corporate Governance Factbook–2021。

独立董事在董事（监事）会中的最低人数或比例

	无限制	最低人数		最低比例		
		1	2—3	20%—25%	30%—49%	50%+
单层董事会		智利	希腊 (中国)香港 加拿大 西班牙	哥伦比亚	希腊 (中国)香港 新加坡 印度	英国 美国 韩国
单层董事会或双层董事会（监事会）		挪威		巴西	法国	丹麦 瑞士
双层董事会（监事会）	德国		俄罗斯	俄罗斯	中国	南非
混合多种选择		意大利 日本 (A)	日本 (C) (S)			葡萄牙

图3-6　主要国家和地区独董最小比例图

资料来源：OECD Corporate Governance Factbook—2021。

家和地区对有资格提名的股东持股比例有要求。关于董事选举，绝大多数国家和地区都规定了董事会选举的多数投票（majority voting）要求。在美国，特拉华州法律的默认规则是多元化投票，尽管公司可能会规定累积投票。大多数国家和地区允许选举董事会成员进行累积投票，只有少部分强制要求这种方式（包括中国，当控股股东拥有至少30%的投票权股份时）。

第五节　股权（投票权）集中下的无效独立董事：以脸书公司为案例[1]

作为美国上市公司治理的重要一环，独立董事制度适用于在高度分散的股权结构下，解决公司管理层与股东之间的信息不对称和委托代理问题。其中，股权的高度分散化是独立董事制度得以正常运作的前提，而在存在控股股东的高度集中的股权结构下，独立董事制度是无法解决由控股股东与中小股东的对立而引发的第二类委托代理问题的。而控股股东与中小股东的第二类委托代理问题，即使是在公司治理趋于完善的美国资本市场，也是一个难以解决的问题。下面将以脸书（Facebook）公司的治理为案例，分析独立董事制度在股权高度集中的结构下是如何失效的。

脸书公司作为一家在纳斯达克上市的高科技公司，具有投票权和经济权益相分离的双重股权结构。根据脸书公司首次公开发行时应SEC监管要求提交的文件显示[2]，脸书公司发行具有不同投票权重和相

---

1. 本节作者张晓奇、梁寒。

2. Filed Pursuant to Rule 424(b) (4), Registration No. 333-179287, https://www.sec.gov/Archives/edgar/data/1326801/000119312512240111/d287954d424b4.htm.

同经济权益的A/B股,其中一单位A类股票具有一份投票权,而B类股票拥有超级投票权,一单位B类股票的投票权等于A类股票的10倍。在这种双重股权结构下,全部A类股票的投票权仅占4%,而B类股票的投票权则高达96%。表3-3列举了截至2021年3月31日普通股实益所有权的相关信息,包括:已发行的A类普通股或B类普通股持股5%以上的实益拥有人股东;每一位董事和董事提名人;每一位执行官;和作为一个整体的所有现任董事和执行官及他们持有的A/B股份额,并核算了每个股东的投票权占比。从表3-3中可见,脸书公司创始人兼首席执行官扎克伯格通过持有近90%的B类股份,掌握了57.7%的投票权,同时仅占有公司不足14%的经济权益,而其余公司管理层人员的投票权份额均不足1%。与此形成鲜明对比的是脸书公司的三家机构大股东,它们累计持有近20%的A类股票和16.5%的经济权益,但其投票权占比仅为6.8%。

表3-3　股权与投票权

受益所有人姓名	实益股份				占总投票权的百分比[1]
	A 类		B 类		
	股份	%	股份	%	
执行官、董事和候选人姓名					
Mark Zuckerberg[2]	2 770 698	*	359 924 464	81.7	52.9
有投票权的股票[3]	—	—	32 595 276	7.4	4.8

续 表

受益所有人姓名	实益股份				占总投票权的百分比
	A 类		B 类		
	股份	%	股份	%	
总持股⁽²⁾⁽³⁾	2 770 698	*	392 519 740	89.1	57.7
Sheryl K. Sandberg	1 379 179	*	—	—	*
David M. Wehner	64 323	*	—	—	*
Mike Schroepfer	1 062 121	*	—	—	*
Christopher K. Cox	263 464	*	—	—	*
Peggy Alford	3 765	*	—	—	*
Marc L. Andreessen	44 434	*	—	—	*
Andrew W. Houston	3 565	*	—	—	*
Nancy Killefer	3 207	*	—	—	*
Robert M. Kimmitt	3 140	*	—	—	*
Peter A. Thiel	12 947	*	—	—	*
Tracey T. Travis	3 207	*	—	—	*
所有现任执行官员和董事作为一个群体整体(共14人)	5 676 673	*	392 519 740	89.1	57.8

受益所有人姓名	实益股份				占总投票权的百分比
	A 类		B 类		
	股份	%	股份	%	
其他持股5%以上的股东					
Dustin Moskovitz	—	—	25 764 421	5.8	3.8
Eduardo Saverin	7 535 009	*	45 928 139	10.4	6.9
Entities affiliated with BlackRock	159 655 331	6.6	—	—	2.3
Entities affiliated with Vanguard	182 863 853	7.6	—	—	2.7
Entities affiliated with FMR LLC	124 068 948	5.2	—	—	1.8

*小于1%。

（1）总投票权的百分比是指与我们A类普通股和B类普通股的所有股份有关的投票权。B类普通股的持有人有权获得每股10票，而A类普通股的持有人有权获得每股1票。

（2）包括① 2006年7月7日扎克伯格信托，（2006年信托）受托人扎克伯格持有的5 354 951股B类普通股；② Chan Zuckerberg 倡议基金会（CZIF）持有的2 770 698股A类普通股和1 908 602股B类普通股；及③ CZI Holdings, LLC（CZI）持有的352 660 911股B类普通股。2006年的信托基金是CZI的唯一成员。扎克伯格是2006年信托的唯一受托人，因此，被认为对CZI持有的证券拥有唯一的投票权和投资权。扎克伯格对CZIF持有的证券有唯一的投票权和投资权，但在这些证券中没有金钱利益。

（3）由与莫斯科维茨（Moskovitz）先生有关联的其他股东实益拥有的我们的B类普通股股份组成，根据扎克伯格先生、我们和这些股东之间的投票协议，除有限情况外，扎克伯格先生对这些股份拥有不可撤销的代理权，涉及某些事项，包括下面脚注（16）中所列的股份。我们认为，投票协议的各方不构成1934年《证券交易法》（修订版）第13条规定的"集团"，因为扎克伯格先生对这些股份行使投票控制权。

由于大股东扎克伯格控制了超过半数的投票权，根据纳斯达克上市规则5615[1]，脸书公司属于"受控公司"（controlled company），因而无需遵循纳斯达克上市规则5605中关于公司治理条款（b）、（d）、（e），即不必维持一个独立董事占多数的董事会，不必设立由独立董事构成的提名委员会以及薪酬委员会，但同时脸书公司的独立董事仍须定期召开无公司管理层参与的闭门会议，仍需遵守关于纳斯达克上市规则中关于审计委员会的相关规定。

从脸书公司的股权结构和纳斯达克上市规则的相关规定中可以看出，对于脸书公司这样的受控公司，独立董事将不再具有决定公司管理层薪酬和去留的权力，因此无法对公司管理层形成有效的制约和监督。而扎克伯格通过掌握超过半数的投票权实际上完全控制了公司，这也使得脸书公司的公司治理形同虚设，实质上是扎克伯格的一言堂，对此外界批评不断。而脸书公司股东在年度股东大会上也多次提议希望改变公司的双重股权结构以及董事会结构，以削弱扎克伯格对公司的绝对控制，实现董事会与扎克伯格的权力制衡。但由于扎克伯格掌握绝对多数的投票权，因此上述提案从未获得股东大会的通过。以下整理了2021年脸书公司的代理声明中第4、第5、第6项股东提议，分别涉及废除双重股权结构和恢复同股同权、要求董事长由独立董事担任以及要求改革董事选举程序（即董事当选必须获得股东大会绝对多数的赞成票），三项提议均遭到了现任董事会

---

1. NASDAQ, Inc., Marketplace Rules R. 4350(c) (4) (2007); https://listingcenter. nasdaq.com/rulebook/nasdaq/rules/nasdaq-5600-series.

的反对而未能通过。从提议的否决中,可以看到,以独立董事为主导的监督型董事会并不适用于存在控股股东的股权高度集中的企业,通过掌握绝对多数的投票权,控股股东可以不受独立董事的制约甚至直接通过选举换掉"不听话"的独立董事,在这个意义上,对于存在控股股东的公司,即使是在独立董事制度已经相当完善的美国资本市场,独立董事也只能是形同虚设。因此,对于股权高度集中和存在控股股东的上市公司,如何完善公司治理、解决大股东与中小股东间的第二类委托代理问题,需要新的制度设计,而不能简单地移植适用于股权分散条件下的独立董事制度。

脸书公司股东大会的具体提议、理由及董事会意见如提案4至提案6所示[1]。

提案4:关于恢复投票权中同股同权的提案

决议:股东要求董事会采取一切可行的步骤,在其控制下,启动并采纳所有流通股的资本重组计划,使每股拥有一票投票权。我们建议通过逐步淘汰程序来完成这一工作,董事会将在7年内或其他董事会认为合理的时间框架内,建立公平和适当的机制,通过这种机制,可以消除B类股东的不相称权利。这并不是为了不必要地限制我们董事会根据适用法律和现有合同制定变更要求时的判断。

提案支持理由陈述:在允许特定股票拥有更多投票权的同时,我们公司接受了公众股东的资金,但并没有让所有股东在公司治

---

1. 英文原文见链接3-21。

理中享有平等的话语权，严重限制了股东向管理层和董事会提供有效反馈的能力。创始人扎克伯格控制着超过53%的投票权，尽管他只拥有公司不到13%的经济价值。

脸书反对理由陈述：根据适用的SEC和纳斯达克规则，我们董事会的绝大多数成员是独立的，我们最近增加了几名新的独立董事，我们董事会的每个委员会都完全由独立董事组成。我们相信董事会的独立成员提供有效的监督，并代表所有股东的利益。

具有两类普通股（每股1票的A类普通股和每股10票的B类普通股）的双重资本结构于2009年实施，早在我们首次公开募股之前，我们的所有投资者在我们的首次公开募股中及之后购买了我们的A类普通股的股份，了解我们的资本结构，我们在向SEC提交的公开文件中详细披露了这一点。

我们的股东在过去六次年度股东大会上都拒绝了一项实质上类似的提议。

我们相信我们的资本结构符合我们股东的最大利益，我们目前的公司治理结构是健全和有效的。因此，我们的董事会建议我们的股东投票反对这项提议。

提案5：董事会主席由独立董事担任

决议：股东要求董事会采取政策，并在必要时修改章程，要求今后董事会主席在可能的情况下应是董事会的独立成员。本独立政策应前瞻性地适用，以免违反任何合同义务。如果董事会认为一名在当选时是独立的主席不再独立，董事会应在合理的时间内选择一名满足政策要求的新主席。如果没有独立董事愿意担任主席,则无需遵守本政策。

提案支持理由陈述:首席执行官扎克伯格自2012年以来一直担任董事会主席。他的双重股权让他拥有脸书公司约58%的有投票权的股份,同时仅持有13%的经济利益,即使有首席独立董事,董事会也只有有限的股份检查扎克伯格先生权力的能力。我们认为这削弱了脸书公司的治理、问责制和管理层监督。选择一位独立的主席将使CEO能够专注于管理公司,并使主席能够专注于监督和战略指导。

拒绝了最近股东提出的将这些角色分开的要求。过去两年,同样的提案在公司年度股东大会上获得了独立股东的多数投票。根据我们的计算,2020年,该提案获得了63%的独立股东的支持。尽管股东明确表达了对董事会领导结构的担忧,但公司并未对来自非内部股东的这一重要信号采取行动。

将权力集中在一个人——任何人——的手中都是不明智的。展望未来的增长机会,我们相信脸书公司将受益于加强风险监督和公司治理,帮助重建与投资者、员工、用户和监管机构的信任。要重建公司的声誉并创建具有真正问责制和有意义的监督的好处的治理结构,必须过渡到独立的董事会主席。

脸书反对理由陈述:我们相信,我们目前的董事会结构能够有效地支持强有力的董事会领导。

我们相信首席独立董事的角色有助于有效地代表所有股东的利益。

我们相信,我们目前的董事会结构符合我们股东的最大利益。

因此，我们的董事会建议我们的股东投票反对这项提议。

提案6：董事会成员选举应遵循多数决原则

决议：股东要求董事会尽快启动适当程序，修改公司章程和/或法规，以规定董事候选人应在年度股东大会上通过多数票的赞成票选出，对于有争议的董事选举，即提名董事的人数超过董事会席位的人数，保留了简单多数投票标准。这一提议包括，如果一位董事获得的票数低于上述多数，那么该董事将立即被解职，或者在能够快速获得合格的替代董事之后立即被解职。如果这样的董事有关键经验，他们可以过渡到顾问或荣誉董事。

提案支持理由陈述：脸书公司的运作本质上就像一个独裁者。扎克伯格利用投票权不平等的多类别股权结构控制了多数投票权。股东不能每年选举董事，召开特别会议，也无权通过书面同意行事。修改某些章程需要绝对多数投票。我们的董事会受制于一种过时的治理结构，这种结构降低了董事会对股东的责任。改革是必要的。

脸书反对理由陈述：鉴于我们作为一家受控公司的地位，多数表决和相对多数表决在董事选举中并没有明显的实际区别。因此，我们认为，目前没有必要偏离相对多数投票的标准。然而，我们的薪酬、提名和治理委员会将继续评估董事选举的适当投票标准。

我们相信我们的资本结构符合我们股东的最大利益，我们目前的公司治理结构是健全和有效的。因此，我们的董事会建议我们的股东投票反对这项提议。

第六节　中美独立董事履职实例的对比分析[1]

在这一小节，我们通过对中美两国上市公司独立董事在履行监督职责上的两个具体案例的对比，即美盛文化（002699）大股东违规挪用资金案与甲骨文（Oracle）公司高管内幕交易案，分析上市公司独立董事的勤勉尽职是如何受到不同的市场环境、股权结构等因素的影响，从而为中国独立董事制度的深层次缺陷及改革方向提供洞见。

美盛文化与甲骨文公司这两个案例的共同之处在于，两家公司都因公司内部人利用对公司的控制权侵害了中小股东利益，而在被监管部门发现后均责令公司的独立董事对违规事项展开调查，而在调查过程中，两家公司独立董事的行为表现及所发挥的作用截然不同，因此，对比分析这两个案例为我们理解中美两国资本市场上独立董事制度的差异提供了一个契机。

一、美盛文化案背景介绍

2021年10月27日，深交所就美盛文化公司三季报中的可疑资金流动问题向其发问询函，暨《关于对美盛文化创意股份有限公司2021年第三季报的问询函公司部三季报问询函〔2021〕第3号》，其中第（5）条要求"独立董事对上述事项进行核查，并就上述六笔投资的

---

1. 本节作者张晓奇、梁寒。

商业逻辑与合理性，是否构成资金占用或利益输送发表专项意见"。2021年12月7日深交所发布《关于对美盛文化创意股份有限公司及相关当事人给予公开谴责处分的决定》(下称《处分决定》)，其中指明"2020年1月至2021年4月，公司控股股东美盛控股集团有限公司累计非经营性占用公司资金7.58亿元。其中，通过划转款项的方式占用上市公司资金7.16亿元，未支付业绩承诺补偿款0.42亿元，日最高占用额为3.70亿元，占公司2019年经审计净资产的11.93%"。而基于以上违规事实，深交所对美盛文化及其董事长、总经理、财务总监以及美盛文化的控股股东美盛控股集团和实控人基于公开谴责的处分。

在美盛文化案中，独立董事扮演了尴尬的角色。根据2021年12月11日美盛文化披露的问询函回复公告中，美盛文化的三名独立董事声称，"2021年12月9日下午5点，公司首次告知三位独立董事深交所上市公司管理二部于本年度10月27日发来问询函。获悉后，三位独立董事依据目前掌握的信息认为，这六项投资均属于公司为达到实控人资金占用或利益输送的目的而刻意违规操作"。而针对没有在三季报之前发现美盛文化存在大股东资金占用的违规行为，三名独立董事在声明中补充称："无论2021年中期报告还是2021年第三季度报告审议，我们独立董事均十分关注大股东资金占用、利益输送等违规违法问题。董事会上我们独立董事针对往来款项余额以及其他权益工具投资余额陡增，反复询问公司是否存在违规行为，均得到执行董事和高管的否认。第三季度报告审议时，独立董事、审计委员会主任雷新途更是重点针对以上问题询问内部执行董事和财务负

责人,同样得到否认的回应。董事会上,独立董事提醒和警示公司内
部执行董事和财务负责人行为务必合规合法。"

显然,美盛文化大股东违规占用资金的事实发生在2021年4月
以前,而深交所在美盛文化2021年第三季报中发现可疑,并即刻发
函问询、责令美盛文化独立董事就可疑资金流动进行独立核查并发
表专项意见。而美盛文化的三名独立董事在问询函在各类平台公布
一个半月后,直到上市公司通知自己要发表意见才知道有问询函,在
实际控制人违规占用资金被监管当局盖棺定案公之于众后才后知后
觉发表声明。这一基本事实意味着,在美盛文化的案例中,三名独立
董事根本不关注监管当局在各大平台公开发布的对自己担任独立董
事公司的重大问询公告和处分决定,也不可能在深交所责令其核查
可疑资金流动后展开调查。因此,尽管独立董事在《处分决定》公布
后,象征性地发布了一个专项声明,但这不仅不能证明独立董事的勤
勉尽职,反而证明了独立董事面临着严重的渎职问题,而声明中针对
没能在三季报审议时即发现资金占用问题的解释则有独立董事为自
己的不作为"开脱甩锅"的嫌疑。

二、甲骨文案背景介绍

在针对甲骨文公司高管及董事会成员内幕交易的衍生诉讼案例
中(Oracle Corp. Derivative Litigation)[1],包括公司CEO拉里·埃里

---

1. Oracle Corp. Derivative Litigation, 824 A.2d 917 (Del. Ch. 2003), https://www.courtlistener.com/opinion/1893301/in-re-oracle-corp-derivative-litigation/.

森（Lawrence Ellison）、CFO杰弗里·亨利（Jeffrey Henley）以及公司董事兼审计委员会主席唐纳德·卢卡斯（Donald Lucas）、薪酬委员会主席迈克尔·博斯金（Michael Boskin）四人被指控在2001年度第三季度利用公司当季无法达到预期利润的非公开信息进行了内幕交易。而在原告股东递交了起诉书后，甲骨文董事会成立了一个由两名独立董事组成的特别诉讼委员会（special litigation committee，SLC）对被指控事实进行调查。根据前文提到的经典判例Zapata Corp. v. Maldonado案，法院认为只要特别委员会满足如下三个程序性标准（procedural stndard）：① 委员会中的独立董事能够通过独立性的审核；② 在调查过程中勤勉尽责；③ 其得到的调查结论具有合理的论据，法院即可直接根据特别委员会的建议终止或维持该衍生诉讼[1]。而为了终止衍生诉讼，甲骨文公司聘请了两名在2001年第三季度之后加入董事会的独立董事构成特别委员会，两名独立董事均为来自斯坦福大学的教授［约瑟夫·格朗得费斯特（Joseph Grundfest）教授与H.加西亚-莫里纳（Hector Garcia-Molina）教授］，与甲骨文公司以及被告方的四名公司高管及董事没有利益往来，被认为满足独立性要求。根据法院的描述，两名独立董事组成的特别委员会的调查是充分的、手段是客观的。调查过程中，特别委员会调查了大量文件和电子记录，并采访了70名与案件有关的证人，其中包括四名被告高管和董事、甲骨文公司负责相关项目收入和财务的高层人员。特别委员会还要求衍生诉讼的各个原告方确定委员会应采

---

1. 英文原文见链接3-22。

访的证人。联邦集体诉讼的原告方确定了十名证人,委员会采访了
除一名拒绝合作的人以外的所有人。特拉华衍生诉讼原告方和其他
衍生原告拒绝向SLC提供任何证人名单或与SLC会面。在调查过程
中,SLC与双方律师会面了35次,共计80小时。而特别委员会的格
朗得费斯特教授,投入了更多时间进行调查。最后,委员会制作了一
份总计达1 110页(不包括附录和附件)的报告,得出的结论是,甲骨
文不应追究原告对交易被告或2001财年第三季度任职的任何其他甲
骨文董事的索赔[1]。

　　基于上文提到的三个程序性标准,法院对特别委员会的独立
性及其调查结论进行了审核。针对委员会的独立性这个关键问
题,法院认为委员会并未充分举证。尽管在调查报告中,委员会强
调其两名成员作为甲骨文公司的董事获取的薪酬外,未从甲骨文
公司得到过其他任何津贴;而在诉称的不正当交易期间,两人均
未在董事会任职;若其在委员会工作期间所获得的薪酬被视为影
响其独立性,他们愿意退回;在委员会成员与被告及公司之间,没
有任何实质性利益关系[2]。但是,除了调查报告中披露的事实外,法
院发现,特别委员会的两名独立董事均在斯坦福大学任职,而斯坦
福大学、甲骨文公司以及四名被告之间,存在着一系列错综复杂的
关联纽带。其中,四名被告中的迈克尔·博斯金也在斯坦福大学
任职并与委员会中的Joseph Grundfest有着较好的私人关系,而

---

1. 英文原文见链接3-23。

2. 英文原文见链接3-24。

被告中的拉里·埃里森与唐纳德·卢卡斯都对委员会成员Joseph Grundfest所在院系提供过资金捐助。据此，法庭认为两位斯坦福教授与2001年夏天受聘进入甲骨文公司董事会，并很快被要求调查大学里的一名同事以及两位资助人，他们很难保持独立性[1]。而这些联系足以令人对委员会的公正性产生怀疑，因为其表明，除了甲骨文公司的最大利益外，特别委员会的调查和判断还会受到其他关键因素的影响[2]。

基于特别委员会独立性的缺失法院最终认定Zapata Corp. v. Maldonado案的判例不适用于针对甲骨文公司内幕交易的衍生诉讼，因而不予采纳特别委员会提出的终止诉讼的建议，而该案最终以被告之一的甲骨文公司CEO 拉里·埃里森代表四位被告向原告股东支付100万美元和解金而结案。

三、对比分析

对比美盛文化大股东资金占用案与甲骨文内幕交易案，有助于我们更好地理解独立董事制度以及独立董事之于上市公司的作用在中美两国资本市场上的差异。首先，从勤勉尽职的角度看，美盛文化案中，尽管深交所问询函中明确要求美盛文化独立董事对可疑资金流动进行核查并发布专项意见，但事后来看，美盛文化的独立董事非但没有按深交所的要求进行核查，甚至在深交所作出最终处分决定

---

1. 英文原文见链接3-25。

2. 英文原文见链接3-26。

前对于问询函都毫不知情。而在深交所发布处分决定后独立董事发布的专项意见中的陈述不过是对《处分决定》中已确证的违规事实的重述，而针对三季报审议时未察觉违规资金占用的说明则从另一个侧面说明在美盛文化案中，独立董事不仅难言勤勉尽职，甚至可以说是严重渎职，这更印证了独立董事在上市公司中的"花瓶"身份。相比之下，甲骨文一案中，尽管独立董事的独立性遭到法院的质疑，但两名独立董事就甲骨文公司高管被指控的内幕交易行为展开了翔实而细致的调查，其采访的证人证词以及最终形成的超过1 000页的调查报告充分说明了两名独立董事在调查程序上是"尽职"的。而调查过程中，独立董事对被告高管、董事以及对其他可为被指控内容作证或提供内部信息的公司高管的采访取证以及与原告方及律师的接触调查，都表明独立董事具有在甲骨文公司中调用资源配合其调查的实际权力，其角色绝非"花瓶"。

　　而甲骨文内幕交易案中，法院对两名负责调查的独立董事的事实独立性的质疑体现了美式独立董事制度对于独立董事独立性的严格判定标准，这种严格不仅体现为一套成文的负面清单，来判定什么样的人有无资格做独立董事，更体现为在对具体事件上独立性标准的动态调整。在甲骨文内幕交易案中，针对法院的独立性质疑，甲骨文公司抗辩称任何与斯坦福大学的关系都不能表明委员会由进行交易的被告支配或控制，而法院拒绝接受以"支配和控制"作为判断独立性适当标准的观点，并认为法律不能建立在简化的人类天性的基础上，不能将人类法律观念和经济活动的动机降至最低的复杂度。世人并非单纯的经纪人，还有许多其他动机影响着人类行为，一名董事若对某个利益个体负有义务，他便会妥协，而负有义务在这里并不仅指经济上的义务，也包括与利益主体的私人或其他关系。由法院的陈述可以看出，与中国独立董事大多由与公司高管和实控人看似"独立"、实则都是朋友哥们的人员构成不同，美式独立董事即使与公司高管仅存在经济利益以外的"私人关联"，其独立性也将被否定，并被认为会影响独立董事的独立判断与决策，这种严格的独立性判定标准为美式独立董事制度的运行提供了基本保障。

除独立董事的独立性认定与勤勉尽职之外，美盛文化案与甲骨文内幕交易案背后，独立董事在调查过程中的行为差异更深层次反映出了中美两国资本市场对于独立董事在职能定位和权力赋予上的巨大差异。事实上自经典判例Zapata Corp. v. Maldonado案后，满足前述三个程序性标准的独立董事的调查报告已经成为上市公司能否摆脱各类成本高昂的股东衍生诉讼的关键，在这个意义上，独立董事为公司提供了"法律保护伞"。通过甲骨文内幕交易案，这柄"保护伞"可为被告方的公司高管、董事节省100万美元的和解金，以及帮助他们从长达近两年的诉讼程序中及早脱身，因此价值不菲。而根据统计[1]，2012年到2021年5月，美国共发生2608起针对上市公司的诉讼，平均每月23起，基本达到了每个工作日平均发生一起投资人向法院提起上市公司违规违法的诉讼案件的频度。

---

1. Winston & Strawn LLP, Securities Litigation Risks for Chinese Companies Post-IPO in the United States. https://www.winston.com/en/capital-markets-and-securities-law-watch/securities-litigation-risks-for-chinese-companies-post-ipo-in-the-united-states.html.

在如此高的诉讼频率下,向独立董事让渡了部分调用公司资源和获取内部信息的权力,以降低诉讼引发的金钱和时间精力上的成本,对于公司高管而言,是有利可图的。这也正是甲骨文案中,两名独立董事组成的特殊委员会能够对70位公司管理层和董事级别的证人进行单独访谈和取证并查阅各类公司内部文档和电子记录的权力来源,这构成了美式独立董事勤勉尽职的权力基础。在这个意义上,甲骨文内幕交易案意味着,美国独立董事能够成为公司治理的关键一环是建立在美国资本市场受投资者的外部监管压力驱动的内部监督权的让渡。

相比之下,在深交所的问询函中,尽管要求美盛文化案中的独立董事对违规资金占用一事进行调查,但在深交所发布《处分决定》时,独立董事尚未就违规资金占用发表任何意见和调查报告,即深交所的处罚决定完全没有参考美盛文化独立董事的意见。尽管独立董事存在不作为之嫌,但深交所越过独立董事的调查,直接对美盛文化的违规资金占用作出处罚,这等于从程序上否定了独立董事在公司治理中的作用和权力。在这种监管环境下,公司的实际控制人不能从配合独立董事行使监督权的过程中获得任何好处,因此也不可能向独立董事让渡调查监督和查阅内部真实信息的权力。这也正是美盛文化独立董事的事后声明中提及的,在三季报审议时,尽管大股东违规占用资金的行为已经发生,但独立董事反复询问公司是否存在违规行为,均得到执行董事和高管的否认的根本原因。

而在不能获得调查监督权力的让渡和内部真实信息的情况下,

独立董事在履行职责时，将面临一个尴尬的双重两难困境。一方面如果美盛文化案中的独立董事认真履职，对他们并不能判断其真实性的公司的三季报拒绝签字背书，而要求公司出资由他们选择可信的审计机构对财报进行审计。但这样一来，既会增加公司和全体股东的财务负担，也会造成公司的财报不能如期公告发布，这不能不引起市场波动乃至监管问责。如果最后的审计结果并未发现财报的问题，那么又有一个是否受损失的股东可以追究独立董事滥用权力的责任问题？如果独立董事不能在自己并不能确定真实与否的财报上签字担保，那么他们就不能不背负巨大的个人经济和法律风险。这是第一个两难困境。

　　另一方面，如美盛文化这样的公司大股东和管理层，给公司的独立董事带来了过去没有、但今天已经很现实的巨大经济与法律风险。公司为了留住这些独立董事，或减少与他们的冲突与摩擦，需要大幅度地增加独立董事的履职资源支持、薪酬待遇及保险保障安排，这样当然就会大大增加上市公司的效率损失以及公司与全体股东的负担，但是如果增加的程度不够，不能与现有的独立董事达成一致，那么现有的许多独立董事为了规避自身的风险就会选择辞任。在这种情况下，只有那些愿意为这个薪酬和条件铤而走险的人才会继续出任独立董事。这就又带来了前述的第二个两难困境。

　　从这个双重两难困境中可以看出，独立董事在无法获得公司实控人的监督权的让渡和内部真实信息的情况下，对自己签字的公告保证"对其内容的真实性、准确性和完整性承担个别及连带责任"，是一个风险很高的职业，其地位是相当尴尬的。由于上市公司事先并

不能有公信力地自我声明与担保自己财务报告的真实性，市场必然
要为这样的双重两难困境去支付远高于效率优化的成本和代价。因
此，这显然不是一个理想的机制设计和制度安排。

最后，应该注意到，尽管监督权的让渡与否是导致在美盛文化案
与甲骨文案中独立董事截然相反的履职行为的根本原因，但促成美
国资本市场中公司高管和控制人向独立董事让渡监督权力的更深一
层次的原因仍是中美上市公司高度分散化的股权结构，而在中国式
的股权高度集中的结构下，这种权力让渡难以发生。在高度分散的
股权结构下，公司治理中的核心利益冲突在于公司高管与公司股东
之间，而现代公司制度下，公司股东最终保有包括撤换公司高管在内
的一系列对公司高管进行有效惩罚的权力，此时独立董事的作用在
于对公司高管的行为进行调查监督，从而决定是否要对高管进行惩
罚，公司高管为了免于不必要的惩罚，自愿让渡被监督的权力给独立
董事，由此形成的一套权力制衡机制，其运行保障在于股东对公司高
管的有效惩罚。而在有单一大股东的高度集中股权结构下，公司治
理中的核心利益冲突在于公司的控股大股东和其他中小股东，在现
代公司制度下，除非大股东自动放弃股权，中小股东以及外部监管方
不可能撤换大股东，也无法对大股东进行任何有效的惩罚。如美盛
文化案中，深交所对于美盛文化实控人的惩罚措施至多也只是公开
谴责，而这种谴责对于公司实控人的影响几乎可以忽略不计。又如
前文脸书案例中，中小股东关于让独立董事担任董事会主席、改革独
立董事投票规则的提案，都旨在通过改革公司内部治理规则迫使扎
克伯格让渡部分被监督的权力给独立董事，然而由于扎克伯格掌握

绝对多数的投票权，上述提案始终无法通过表决。这也表明当存在绝对控股的大股东时，中小股东缺乏惩罚大股东或其他迫使大股东放权的手段，在这样的股权结构下，大股东自然无须出于规避惩罚的考虑而置自身于独立董事的监督之下。在这个意义上，独立董事制度并不适用于股权高度集中结构下的公司治理。

第四章

什么是适合当前中国国情的
现代企业制度

第一节　怎样建立中国特色现代企业制度[1]

　　组建以外部监事占多数的公司监事会，会显著提升和增强监事会的功能作用，这应该是现代企业制度建设中不可或缺的一环。所以，在实行双层制或双元制企业管理制度的国家，如德国、日本等，外部关联方都在企业行使监督功能的机构中扮演着重要角色。

　　在普遍存在一股独大的上市公司环境中，一方面要充分发挥控股股东、实际控制人和公司管理层的积极性和创造性，推动公司最有效率地发展；另一方面又要通过监督权的有效分离与实施来保证这种发展不以他人和社会的损失为代价。这是建立中国特色的上市公司治理结构和制度的一条重要主线。

　　按照相关政策法规规定，我国社会主义市场经济的主要特征是

---

1. 本节原发表在《上海证券报》的《上证观察家》栏目，作者：华生、汲铮、董申、张晓奇、蔡倩，2021年12月31日。

公有制为主体、多种所有制共同发展的经济形态。这就决定了中国特色现代企业制度一定不是一个类型，而是会有不同类型的公司治理结构与制度。因此，分类设计和指导恐怕是中国特色现代企业制度创建要遵循的总体框架思想。由于上市公司集中了我国绝大部分规模最大、实力最强的优秀企业，其组织和监管也相对最健全，在很大程度上代表了国民经济的主体与现代企业治理的发展方向，所以我们下面集中讨论怎样建立中国特色上市公司制度。

具有相当数量和体量的国有企业是我国社会主义市场经济不同于其他国家的一个显著特征。国有企业的改革在这方面也作了不少开拓性的探索和尝试。最近刚向社会公开征求意见的公司法（修订草案）就吸收了国资国企改革的一些重要新探索和新经验，对于我们创建中国特色的上市公司治理结构和制度，具有借鉴和启发意义。

一、国资外部董事的改革创新与借鉴意义

最新的《公司法（修订草案）》第一百四十九条规定，"国有独资公司的董事会成员中，应当过半数为外部董事，并应当有公司职工代表。""董事会成员由履行出资人职责的机构委派；但是，董事会成员中的职工代表由公司职工代表大会选举产生"。这个规定中的职工代表，与德国等经合组织国家的法规要求有近似之处。不过，由国有出资人大量派遣外部董事进入国有独资公司，显然是我们自己的一个创新。

如前文指出，国资系统派出的外部董事与独立董事截然不同。虽然都是来自外部，但独立董事被要求独立于企业和控股股东，而国

资的外部董事恰恰是控股股东的代表。原因在于国有资产是属于全国人民的，国有出资人本身就是代理人而非最终所有者，因此所有权与经营权的分离是不可避免的。为了解决这个多层次的委托代理关系可能带来的监管真空和对所有者利益的伤害，国有出资人除了需要挑选和委派领导层进入企业内部进行管理以外，还需要派遣企业外部董事来强化其作为所有者代表的权利。而外部董事与担任企业内部管理职务的董事不同，外部董事一律不担任除董事以外的企业内部经营管理职务。很有意思的是，与上市公司包括国有控股的上市公司通常请白领知识精英担任独立董事形成鲜明对照的是，国有出资人一旦可以放开手脚自主物色外部董事，很快就表现出其重视实际管理经验的务实和老到，以致国资系统派出来的大量外部董事，与人们诟病的上市公司独立董事大不相同，既非不懂，也非花瓶。

其一，外部董事不是临时寻找拼凑，而是有意识地预先就遴选建立外部董事人才库，可以挑选备用。其二，外部董事大多来自其他国有企业在职或刚离退休的高级经营管理人员，企业知识与管理经验丰富。同时，还向社会上广泛招聘有经验有专业知识的各方面人才，补充、丰富和充实外部董事人才库。其三，外部董事既有兼职，也有专职。鉴于专职外部董事更能够全身心地投入董事工作，2017年出台的《关于进一步完善国有企业法人治理结构的指导意见》提出，"扩大专职外部董事队伍，选聘一批现职国有企业负责人转任专职外部董事"。最后，外部董事尽管不担任企业内具体的管理职务，但在出资人的直接组织、指导、培训和评价激励下，腰杆很硬，权力不小，有时甚至拥有一票否决权。同时，专职外部董事本身也是一种职务。

例如，央企的专职外部董事职务被列入国资委党委管理的企业领导人员职务名称表，按照现职央企负责人进行管理。外部董事在阅读文件、参加相关会议和活动等方面享有与央企负责人相同的待遇等。

综上所述，国有出资人的外部董事制度显然是一个创新之举，它在两权分离的背景下强化了国有出资人对企业的领导和监督。

当然，如何平衡管住与活力之间的关系，是国资国企改革在另一方面面临的挑战。这也是需要认真研究的一个大问题。不过我们这里关注的是，如同海外的独立董事制度是在股权分散及由此产生所有权经营权分离情况下的制度创新一样，国企外部董事这种依据我国国资国企两权分离国情的创新和探索，对于我们创建中国特色的企业制度特别是上市公司治理结构与制度的启示在于：我们不太可能照搬任何适合别人特殊情况的现成模式，应该既不要路径依赖，墨守成规，也不搞形式主义，只重外表，而要敢于和勇于创新，求真务实，探索和创立中国特色的现代企业制度。

二、转换思路：从独董制度到监事会制度

在普遍存在一股独大的背景和国情之下，我们已经看到，独立董事无论在董事会占少数还是占多数，都会遇到难以解决的问题。那么，我们能否跳出这个死结，转换思路来解决问题？应当看到，在这个问题上，本来市场关注的焦点，都是在一股独大的情况下，控股股东及其管理层对上市公司及中小股东的权益侵害。也就是说，这里首先和主要需要解决的是对控股股东及其管理层的监督问题。而企业特别是上市公司本来已经设置了一个专职从事监督的机构即监事

会[《公司法(修订草案)》征求意见稿第七十七条规定"监事会是公司的监督机构"]。现在我们自然要问的是,在一股独大的结构下,监事会是否在功能设计上能比独立董事制度更好地完成这个任务,但又为什么没有发挥出应有的作用,以致人们在讨论这个问题的时候把它几乎都遗忘了呢?我们是不是因过分聚焦独立董事的问题而遮蔽了视野呢?

当换了这个新的视角去思考时,问题似乎可以一下子变得豁然开朗。

首先,独立董事制度本来就是应对在股权分散结构下的所有者虚化和缺位,主要解决经营管理层损害所有者利益的内部人控制问题。这在经济学上被称为第一类委托代理问题。解决这类代理问题主要是通过强化股东的地位和作用,制约没有或很少股权的企业管理层,这当然就要发挥体现股东意志的代表即董事会和董事包括外部独立董事的作用。兼职的外部独立董事更是需要具有董事会的主导权,才能形成对内部经营管理层的约束力和威慑力。而我国当前面临的主要问题是上市公司普遍存在着一股独大,控股股东往往利用自己的优势地位侵害上市公司特别是中小股东权益的情况。这在经济学上也被称为第二类委托代理问题。这个问题在上述国有独资公司没有中小股东的情况下,当然也是不存在的。显然,当要解决的问题和针对的主要对象都完全不同的时候,自然也就不能再用同样的方法、走同样的路径。这时最重要的是在承认和尊重控股股东对公司董事会主导权的基础上,充分发挥控股股东与企业利害与共的驱动力,弘扬实际控制人的创业创新企业家精神,同时强化对控股股东及其派出的董事及任命的高级管理人员的监督和监管，而后者恰恰是公司监事会法定的专门职能和责任。

其次，由于董事会是公司最高权力机构股东大会闭会期间的执行机构，负有对公司日常运营管理乃至众多决策的领导责任，因此，董事会的董事自然要对自己签署的董事会的决议和公告负责。所以《公司法》《证券法》等法规对董事和公司高级管理人员应负的法律和经济责任都有明确规定。正在征求意见的《公司法(修订草案)》，进一步强化了公司董事和高管的经济和法律责任。而监事会则不同，并不负有公司的领导和经营管理责任，故而《公司法(修订草案)》第一百八十七条规定，监事仅在执行职务违法违规给公司造成损失时应当承担赔偿责任。而董事和高管就大不相同了，不仅主观故意违法，而且即便是非有意的重大过失，也要追究连带责任。如《公司法(修订草案)》第一百九十条规定："董事、高级管理人员执行职务，因故意或者重大过失，给他人造成损失的，应当与公司承担连带责任。"第一百九十一条规定还要追究指使董事高管损害公司或股东利益的控股股东和实际控制人的连带责任。由此可见，即便从责任承担从而最终要由上市公司和股东负担成本的角度来看，取消在一股独大的上市公司强制设置独立董事制度而由监事会去履行监管职责，也是有积极意义的。

其三，按照法律规定，监事会行使的主要职权是检查公司财务、对董事高管的职务行为进行监督、纠正其损害公司利益的行为、提出对违法违规董事高管罢免的建议乃至提起诉讼等(见现行《公司法》第五十三条、《公司法(修订草案)》第七十九条)。这些恰恰是我们原以为或者原来预期独立董事应当去做的工作。因此,在已经设置了监事会制度的同时,就没有必要强制设置兼职独立董事,并让其去履行难以尽职的工作和面临不堪承担的风险。实际上,在一股独大的背景下,把上市公司的领导权与监管权相分离,让专业的机构和专门的人干专业的事,更可以趋利避害,扬长避短,兼顾各方利益,推动上市公司长期健康发展。

三、重新设计与构造监事会制度

其实,监事会是公司内部的监督机构,与董事会是平行组织,并且远比独立董事制度更早地进入公司治理结构。早在1992年,监事会就已在当年出台的《股份有限公司规范意见》中被提及;1994年被正式写入了《公司法》。那么,为什么几十年来本来应该对控股股东、实际控制人、董事、高管发挥监督和制约作用的监事会却没有发挥积极作用呢?中国证券市场上发生的这么多起上市公司违法违规的案件,几乎没有一件是由上市公司的监事会所发现、查处或报告的。究其原因也很简单,按照现行的法规规定,监事会的监事也是由股东大会选举和更换,由股东大会决定报酬(现行《公司法》第三十七条,《公司法(修订草案)》第五十四条)。由于控股股东在股东大会上具有决定性的影响力,这等于是让控股股东选择监事人选来监控自己,这样当然难免就形同虚设。公司法中虽然专门明文规定监事会中的职工代表不得低于三分之一(现行《公司法》第五十一条,《公司法(修订草案)》第七十七条),但由于企业中的职工组织一般配合企业的领导和中心任务开展工作,自身主要是福利性质的,职工个人的职业安全和岗位报酬等又完全取决于公司的领导,因此职工监事不可能去真正制约公司的决策层。在这样的制度架构中,监事会的存在和作用几乎被人遗忘,就不难理解了。

实际上,现代企业特别是上市公司随着规模扩大,涉及的方面也日益增多。现代企业的治理不仅关系到内部职工,而且关系到经济社会的方方面面。因此,虽然股东仍然是企业发展的发动机和核心领导力量,但是越来越多相关利益方的诉求也具有越来越大的影响力,不能轻视。同时,企业一旦出现大的问题和危机,许多关联方的利益也会受到很大的伤害,因此,他们既有动力也有压力关心企业的健康发展。由于这些关联方通常是在企业的外部,他们并不那么受制于公司控股股东及管理层,从而是建立企业遵纪守法约束机制的积极力量。显然,把这些力量利用和组织起来,组建以外部监事占多数的公司监事会,会显著提升和增强监事会的功能作用,这应该是现代企业制度建设中不可或缺的一环。所以,在实行双层制或双元制企业管理制度的国家,如德国、日本等,外部关联方都在企业行使监督功能的机构中扮演着重要角色。

另外,政府在社会经济活动中的积极作用,是中国的显著特征。几乎没有一个国家的证券市场像中国这样,不仅有中央监管部门,有强大的交易所监管,行业监管,还有遍布全国按区域划分的几十个监管局分管。但是监管部门与上市公司之间的联系和互动较少,证券监管部门与上市公司的监事会较少关联和来往。这样就很难防微杜渐、治病救人,把违法违规的现象控制和纠正在萌芽状态。结果一出事往往就是大事,给上市公司的社会股东和利益关联者造成巨大损失和影响。因此，解决外部监管与内部监管的脱节，建立起内外监管渠道的联系与交流，显然也是建设中国特色现代企业制度的题中应有之义。

综上所述，我们恐怕还需要从更高的站位、更宽的视野来审视企业治理结构和制度建设问题。当前，正值《公司法（修订草案）》和证券监管部门相关法规草案向社会公开征求意见，体现开门立法立规的良好作风之时。在这种情况下，怎样根据党的十九届六中全会关于"创立中国特色现代企业制度"的要求，进一步拓展思路更新认识，圆满完成新法规的修改修订，还是一项难度不小的挑战。为了推动相关征求意见的讨论，我们下面不揣冒昧，提出一些粗浅的建议。

四、关于建立中国特色的上市公司治理制度的建议

一是取消对上市公司一刀切的强制性建立独立董事制度和人员比例的相关法规规定。按照分类指导的原则，对于股权分散的上市公司，建立独立董事占董事会多数的制度，并将其纳入专门的监管体系。对于目前绝大多数存在着控股股东和实际控制人的上市公司，不要求或不强制要求设立独立董事，取消关于独立董事占董事会比例不低于一定下限的要求。

二是针对存在一股独大的控股股东和实际控制人的股份公司，修改相关法规中关于董事会设置审计委员会，并负责对公司财务会计进行监督，以及审计委员会其过半数为非执行董事的股份有限公司，可以不设监事会或者监事的相关规定。相反，要求这类上市公司必须设立监事会。而董事会是否设置审计委员会，可以自行选定。原因是在

控股股东控制上市公司董事会时，其下设的审计委员会，很难去审计和揭露控股股东及管理层的问题，不会发挥多少真正的作用。

三是重新构造监事会的结构和制度，要求公司监事会以外部监事为主，不得低于二分之一或三分之二。监事会主席必须由外部监事担任。在存在控股股东和实际控制人的上市公司，控股股东、实际控制人、公司管理层应回避对公司监事的提名和表决。监事会中由外部监事占多数并主导以后，内部的职工代表监事也就可以起到提供信息、反映情况的积极作用。

四是借鉴国际经验，由外部监事主导的监事会去选择、聘用与更换审计上市公司财务的会计师事务所。

五是监事会成员中，除了由职工代表选举产生的监事以外，其他监事应由上市公司相对稳定持股的中小股东，公司外部的利益相关者，包括有债权关系的银行、市场与社会重大利益关联方、监管机构、行业协会及中证中小投资者服务中心等提名。由机构投资者提名的监事人选，在当选后任职期间，该机构所持有的这家上市公司股份的交易，应当受到限制。

六是明确证券监管部门是上市公司监事会的行业指导单位，并将各地证券监管局与属地上市公司监事会的信息与工作交流列为地方监管部门的主要工作内容之一。地方证券监管部门要将属地上市公司的监事会作为自己的口、眼、耳的延伸，积极引导上市公司监事会正常开展工作，尽可能将各种违法违规行为发现和控制在萌芽状态之中。

在整个系列文章即将结束的时候，我们不难发现，由"康美案"引爆的市场对独立董事制度的关注，已经上升到了对公司治理问题的探讨。这个过程意外地激发了人们更多的讨论和更广泛深刻的思考。深入的研讨让我们有了重要的收获：在普遍存在一股独大的上市公司环境中，一方面要充分发挥控股股东、实际控制人和公司管理层的积极性和创造性，推动公司最有效率地发展；另一方面又要通过监督权的有效分离与实施来保证这种发展不以他人和社会的损失为代价。这是建立中国特色的上市公司治理结构和制度的一条重要主线。

第二节　中央企业专职外部董事[1]

建设国有企业的现代企业制度，完善公司治理结构，是推进建设中国特色现代企业制度的重要任务。目前，国务院国有资产监督管理委员会（以下简称"国资委"）绝大多企业已建立董事会，其中都配有数量相当的外部董事（独立董事）。本小节将介绍中央所属企业（也叫中央企业、中央管理企业等，以下简称"央企"）董事会中一项特殊的制度安排——中央企业转制外部董事。

一、制度的引入

在我国国有资产管理体系中，中央管理企业（简称央企）无疑是重中之重。早在2004年，即国有资产管理委员会成立的第二年，其就下发了《关于中央企业建立和完善国有独资公司董事会试点工作的

---

1. 本节作者汲铮。

通知》，正式启动了董事会试点工作，宝钢、神华、中国诚通、国旅、国药、铁通这六家央企进入首批试点[1]。

"自2004年试点以来，董事会不仅帮助央企实现了科学、民主决策，而且加强了对内部人的控制，从制度上约束了国企高管的权力，并在一定程度上避免了权力寻租和利益输送现象发生。"时任国资委研究中心副主任彭建国在一次试点扩大后，接受记者采访时曾这样表示。据彭建国介绍，董事会建设的焦点集中在外部董事身上，从数量上看，外部董事应超过内部董事，在结构上，董事会下面的一些专业委员会，如审计和薪酬委员会，应该全部任用外部董事[2]。显见，国资委当时的试点思路深受美式单层董事会的影响，试图构建以外部董事为主的董事会，使其能够作出独立于经理层的客观判断，并对经理管理层进行监督。

外部董事制度在董事会试点工作中非常关键，外部董事制度的建立，对规范公司治理结构、提高决策的科学性、防范重大风险发挥了重要作用。随着董事会试点工作的不断深入，国资委在实践中意识到了问题，尤其是外部董事队伍建设面临的新情况，一是人才来源渠道有待拓宽，二是对外部董事的约束力有待加强，三是队伍不够稳定[3]。为了适应深化国有资产管理体制改革和中央企业改革发展的要求，建立规范的公司治理结构，加强对董事会试点中央企业专职外部

---

1. http://www.sasac.gov.cn/n2588035/n2588320/n2588335/c4260237/content.html.

2. http://finance.people.com.cn/n/2015/0124/c1004-26443906.html.

3. 国资委《"董事会试点中央企业专职外部董事管理办法（试行）"解读》。

董事的管理,国资委印发《董事会试点中央企业专职外部董事管理办法(试行)》(以下简称《管理办法》),从专职外部董事的管理方式、任职条件、选拔和聘用、评价和薪酬、退出机制等方面作出规定。

二、何为专职外部董事

中央企业专职外部董事,是指国资委任命、聘用的在董事会试点企业专门担任外部董事的人员。专职外部董事在任期内,不在任职企业担任其他职务,不在任职企业以外的其他单位任职(《管理办法》第三条)。专职外部董事职务列入国资委党委管理的企业领导人员职务名称表,按照现职中央企业负责人进行管理(《管理办法》第五条)。在阅读文件、参加相关会议和活动等方面享有与中央企业负责人相同的政治待遇(《管理办法》第六条)。

专职外部董事的选聘、评价、激励、培训等由国资委负责(《管理办法》第七条)。《管理办法》对专职外部董事的选聘和管理提出了几大原则,即社会认可、出资人认可原则;专业、专管、专职、专用原则;权利与责任统一、激励与约束并重原则;依法管理原则。其中,专业原则,即专职外部董事应具有较为丰富的专业知识和较强的专业能力;专管原则,即专职外部董事队伍由专门机构或部门统一管理;专职原则,即专职外部董事只担任董事会试点企业的外部董事职务,不担任其他职务;专用原则,即专职外部董事只向董事会试点企业派出[1]。

---

1. 国资委《"董事会试点中央企业专职外部董事管理办法(试行)"解读》。

可见，专职外部董事是履行出资人职责的国资委任命或聘任的（《管理办法》第十一条）。与上市公司包括国有控股上市公司通常聘请白领知识精英担任独立董事形成鲜明对比的是，国资委选派的外部专职董事，既非不懂，也非花瓶。除了政治要求，专职外部董事任职的基本条件，要求熟悉国家宏观经济政策及相关法律法规与国内外市场和相关行业情况，具有10年以上企业经营管理或相关工作经验，或具有战略管理、资本运营、法律等某一方面的专长，并取得良好工作业绩。从国资委网站的任免信息可见，专职外部董事大多来自国有企业的高级管理人员，且都任职在同领域或近领域。同时，专职外部董事并不是临时拼凑而成的，而是国资委有意识地预先遴选建立了专职外部董事人才库，以备选用[1]。

此外，与外部董事相比，专职外部董事是由出资人选派的，由出资人直接组织、指导、培训和评价激励等，但倘若激励与约束机制不到位，依然可能导致外部董事内部化。因此，《管理办法》第十四条规定专职外部董事在董事会试点企业任职实行任期制，在同一企业任职时间最长不超过6年，以此谨防外部董事内部化。

三、晚近发展

对薪酬管理作了进一步的规范。2009年发布的《管理办法》对专职外部董事管理中区别于兼职外部董事的方面进行了规定。同时明确，专职外部董事的评价按照《董事会试点中央企业董事会、董事

1.《国务院办公厅关于进一步完善国有企业法人治理结构的指导意见》。

评价办法(试行)》执行。2017年,为贯彻《中共中央国务院关于深化国有企业改革的指导意见》和深化中央企业负责人薪酬制度改革精神,推进中央企业建设规范董事会工作,国资委加强了对专职外部董事薪酬管理,并制定了《中央企业专职外部董事薪酬管理暂行办法》,从而更进一步地规范了专职外部董事的薪酬管理及履职待遇、业务支出工作制度和程序[1]。

国有资本投资、运营公司的外部董事由中央企业专职外部董事担任。2018年,按照《中共中央国务院关于深化国有企业改革的指导意见》《国务院关于改革和完善国有资产管理体制的若干意见》有关要求和党中央、国务院工作部署,为加快推进国有资本投资、运营公司改革试点工作,国务院发布的《国务院关于推进国有资本投资、运营公司改革试点的实施意见》中明确规定,资产监管机构授权的国有资本投资、运营公司的外部董事由国有资产监管机构根据国有资本投资、运营公司董事会结构需求,从专职外部董事中选择合适人员担任[2]。

总之,由于国有资产属于全国人民,国资委本身是履行出资人职责并非最终所有者,所有权与经营权的分离不可避免。为了解决这个多层的委托代理关系可能带来的监管真空和对所有者利益的伤害,国资委除了选聘最高级别的经营管理人员外,还派遣由其选拔的外部董事来强化监督,不可谓不是一种制度创新。

---

1. http://www.sasac.gov.cn/n2588035/n2588320/n2588335/c20235039/content.html.

2. http://www.gov.cn/zhengce/content/2018-07/30/content_5310497.htm.

第三节　日本监事会制度简介[1]

　　与董事会平行的监事会制度是日本的特色，也是日本公司治理结构中最重要的外部监督组织。进入21世纪，日本政府为了推动公司治理结构与OECD公司内部治理结构指引接轨，于2002年、2005年修订相关法律，要求公司在设置监事会与设置以独立董事占大多数的监察委员会及提名委员会（日本《公司法》第四百条第三款，法律条文原文参见本节附录）之间二选一（《公司法》第三百二十七条），截至2021结算年度，在东京市场总计3 667家上市公司中有2 453家、超过三分之二的公司选择了设置监事会[2]。

　　由此可见，监事会制度在今天的日本依然具有强大的生命力，同时在推进资本市场国际化的进程中，日本政府也没有一刀切地要求企业转为以独立董事占多数的美式公司治理结构，而是将选择权交给了各个企业。本节不讨论为什么超过三分之二的上市公司选择了监事会，而不到三分之一的上市公司选择了设置以独立董事占大多数的监察委员会及提名委员会，而是将问题聚焦在日本的监事会制度本身上，从制度设计的视角，介绍日本监事会制度能够起到外部监督作用的原因。

---

1. 本节作者董申。

2. 东京证券交易所编，《东证上市公司治理白皮书2021年版》，第80页。

一、日本监事会制度产生的背景及从基本废除到全面恢复的过程

　　日本监事会制度的确立源于对德国 1884 年商法立法中三权分立思想的借鉴，其中股东会为决策机关、董事会为执行机关、监事会为监督机关。然而，相对于大企业主要由单一家族控股的德国，明治维新后，关系密切的财阀们共同出资组建企业是主要形式，董事的提名权分散在各大股东中，这也就使得日本的监事会制度在 1890 年（明治 23 年）《日本商法》确立之初，就规定监事会为各大股东的代表，其主要职责为监督其他大股东提名任命的董事经理，在其权职中缺乏德式家族控股下的监事会对董事会具有的提名权、罢免权。因此，虽然德国与日本的公司治理结构都是由董事会和监事会组成的"二元治理"结构，但日本的监事会为和董事会平行的机关而非德式的监事会为董事会的上位机关[1]。

　　二战结束后，随着美国对日本的占领，旧《日本商法》（明治 32 年，1899 年）于 1950 年被 GHQ（占领军司令部）废除，其主导的新《商法》（昭和 25 年，1950 年）引入美国"董事会中心主义"的立法思路，规定董事会为公司最高决策和执行机关，不仅大幅削弱了旧《商法》中股东会作为决策机关的地位，同时废除了监事会对董事日常业务的营业报告要求及询问权、公司业务及资产状况的调查权等"业务监督"权限，仅保留了"会计监督"的权限，监事会也从明治 32 年《商

---

1. 若杉敬明（日本公司治理机制研究机构理事长），公开讲座"日本监事制度的变迁"，2020 年 6 月，原文链接：JCGR 日本コーポレートガバナンス研究所。

法》中规定的至少 3 人组成,改为 1 名[1]。

　　GHQ 主导修改的《日本商法》的主要目的是为解体日本的财阀制度提供法律保障,实现经营权与所有权的分离。GHQ 通过限制自然人的持股上限及削弱股东会和监事会的权限,日本的大型企业基本排除了股东对公司日常经营业务的介入,实现了所有权和经营权的分离,财阀解体上取得了成功。然而,改革的结果虽然人为消灭了财阀(自然人大股东),但前财阀系大型企业的交叉持股构造并没有改变,其形式由先前的财阀共同或交叉持股变成了复数法人之间的交叉持股。在此之上,财阀解体(自然人大股东的消灭)及股东提名的监事会对公司日常业务监督职能被剥夺后,也使得对内部职业经理人的外部监督严重缺乏,由此产生了经营者内部控制问题[2]。

　　进入 1965 年,因为长期隐瞒经营状况,以高负债追求市场份额的山阳制钢引发的日本战后最大的连锁破产案使得从金融机构到上下游关联企业对公司内部管理层缺乏外部监督的状态严重不满,由股东提名监事,股东会投票任命,形成对内部经理人的外部监督,恢复监事会的日常业务监督机能再次被提上了日本国会讨论日程。经过近八年的讨论,1974 年国会对日本商法进行了二战后第二次大规模的修订。主

1. 仓泽康一郎,《改正商法等的解说和实务》,东京:税务经理协会出版,1993 年 10 月,第68 页。

2. 西山忠范,《支配构造论》,东京:文真堂,1987 年,第 166—167 页。与自然人大股东相比,相互持股的法人们明显缺乏互派董事进入对方董事会介入或监督对方企业运营的动力,相互持股的意义也更多体现为互为安定股东避免企业被第三方收购。在存在大股东的情况下,日式内部经理人控制现象也由此产生。

要内容为恢复监事职权及加强监事地位,具体为恢复监事对董事的业务监督权(1974年《商法》第二百七十四条第一款);赋予监事召集董事会及出席董事会的陈述意见权(1974年《商法》第二百六十条第三款)、对董事违法行为的制止权(1974年《商法》第二百七十五条第二款)、代表公司起诉董事的公司代表权(1974年《商法》第二百七十五条第四款)、对于违背公司利益的董事行为的各种诉讼的动议权(1974年《商法》第二百四十七条第一款、第二百四十九条第一款、第二百八十条第十五款第Ⅱ项)、对公司及子公司之营业报告取得权及业务财产状况调查权(1974年《商法》第二百七十四条第二款、第二百七十四条第三款)及公司结算报告的监督权(1974年《商法》第二十八条)[1]。

1974年的《商法》修订标志着监事会机能在日本公司内部治理结构中起到的对公司内部职业经理人监督职能的全面恢复。时至今日,《日本商法》历经1981年、1993年、2001年的三次修订以及2005年将《商法》中关于公司的部分独立立法成为《公司法》,监事会的独立性和具体业务职能得到了进一步的规范和明确,本文以下内容为现行日本《公司法》中保障监事会发挥职能的相关主要法令的介绍,法律原文参见文末附录。

二、保障日本监事会发挥监督职能的主要法律要件

日本《公司法》第三百二十七条第二款及第三百二十八条规定,

---

1. 日本行政出版会编,《商法改正及未来展望特集》,第6—8页(加藤一昶"商法改正概要"),第13—16页(大住达雄"监查制度"),1974年5月。

公开企业（含上市公司在内的股票可自由转让的企业）及《公司法》规定中的大企业（资本金5亿日元或负债200亿日元以上）的企业必须设立与董事会平行的监事会或监事委员会及提名委员会[1]。

日本《公司法》第三百三十五条规定，符合上述第三百二十七条及第三百二十八条规定的公司的监事会成员须由三人以上组成，至少一名专职监事且外部监事必须占成员的一半以上。其中，"外部监事"须满足该法第二条第十六款的全部规定，主要原则为就任前10年内不得在该公司或该公司的子公司担任过职位，不得为该公司或该公司母公司董事或高级管理人员的二等亲以内的亲属。同时，非外部监事不得同时担任公司或该公司子公司的董事、高级经理或审计会计师。根据对东证上市公司的统计，截至2021结算年度，外部监事占监事总人数比例为80.0%。外部监事的职业背景，律师为21.0%、注册会计师为18.8%、公认税务师为6.9%、学者为2.1%，来自其他公司派遣人员占比为47.4%[2]。

同法第三百四十三条规定，监事会人选必须首先获得监事会的过半数同意方可提交股东大会投票选举，同时，监事会有权向股东大会直接提请监事人选。监事人选的表决投票须符合《公司法》第三百二十九条第一项规定的普通决议案原则，即超过有效票数半数的股东参加投票且获得半数以上同意，未到任期解任投票则须符合

---

1. 日本监事会协会, 监查役とは|监查役制度|公益社团法人　日本监查役协会(kansa.or.jp)。
2. 东京证券交易所编,《东证上市公司治理白皮书2021年版》, 第103页, 4—8"外部监事的属性"。

该法同项规定的特别决议案原则，即超过有效票数半数的股东参加投票且获得三分之二以上的同意。监事任期原则上为4年，非公开大企业最长可延长至10年（同法第三百三十六条）。监事的报酬根据公司定款或经股东大会投票表决决定（同法第三百八十七条）。监事须履行同法第四百二十九条第三款规定的监察报告记载记录义务，由于故意作虚伪记录行为被认定为恶意或重大过失时，负有由此给第三者造成的损害赔偿责任。

由此可见，尽管无法完全排除公司内部高级管理人员对监事会人选的干扰，但是在监事会成员过半数为外部监事，且监事会人选提交股东大会投票前须得到监事会过半数同意的情况下，可以预见干扰虽属难以避免，但其影响力相对有限。同时，监事的报酬由公司定款或股东大会决定，而无论是定款还是股东大会实际上都是由股东而非公司内部管理层决定，因此在报酬方面，内部人的影响也相对有限。最后，监事的连带责任被规定为在"虚假记录"上，也就是只有在有证据表明监事知道事实却进行了虚假的记录后造成重大恶意过失才追究其连带赔偿责任，这也使得监事的履职风险相对较小。

相对于较小的履职风险，日本的监事会掌控着重要的权力。首先是对公司报表外部审计的人员的决定权。日本《公司法》第三百四十条及第三百四十四条规定，监事会拥有对公司财务报表的外部审计会计师的任命权、解任权和不续约决定权。同法第三百四十六条第四款进一步规定，当监事会认为外部审计师人数不足而又难以在当前正式聘用会计师完成工作时，监事会有权临时聘用外部审计会计师。其中监事会解任外部审计会计师的原则为：职务倦怠、义务违反；其他被认为不适合担任外部审计会计师的理由；体力、精力不足或能力不足（第三百四十条第一至三款）。行使上述权限时须得到监事会成员半数以上同意（第三百九十九条）。为了保障外部审计不受公司董事会和管理层的干扰，该法更是进一步明确了当外部审计师发现违法、违规行为，履行报告义务时是向监事会负责而非董事会（第三百九十七条）。

事实上，如果是专业的审计师花费数周乃至更多时间都看不出问题的财务报表，很难期许监事会能够发现问题。既然公司的财务报表须要外部审计，那么由监事会选择外部审计人员，外部审计师直接向监事会负责，发现问题向监事会提交报告不仅进一步降低了董事会和管理层对外部审计业务干扰的可能性，更是降低了监事会的监督成本。日本设置监事会的主要目的是为了防止管理层一手遮天、控制公司，财务报表外部审计人员及待遇决定权显然是重要的环节，当由外部监事占多数的监事会掌握了这一权利后，虽然董事会和管理层也还有财务造假的空间，但是与由公司内部人占绝大多数的董事会去选择外部审计会计师相比，其造假的难度和被发现的风险显然增大了。

在此之上，法律赋予了日本公司监事会发现违法违规行为后的业务行为终止权和代表公司对该类行为的诉讼权。监事会收到外部审计师发现违规违法的报告后，决议认为该行为已经违反或可能违反了法令或公司定款时，应立即向董事会提出报告，陈述意见（第三百八十二条），并依据第三百八十三条的规定，召集全体董事参加的董事会。进一步，当监事会认为该行为已经属于严重或显著违反了法律规定或公司定款有可能给公司带来重大损失时，依同法第三百八十五条规定,有权要求行为人终止该项行为,包括向裁判所提出暂停业务,进行财产保全行为的处分。最后,由于外部审计师是向监事会负责,监事会作为股东代表监督主要由公司内部人组成的董事会,因此法律规定,当公司出现重大损失甚至破产清算或被迫资产重组时,根据同法第三百八十六条第二款,监事有作为公司的代表起诉追究公司董事的责任。以上监事会的决议根据同法第三百九十三条的规定,超过监事会成员半数同意时成立。监事会形成的决议及报告须存放于总公司保管10年,在此期间经裁判所同意,股东有调阅和复印监事会报告的权力(第三百九十四条)。

监事会对董事会或者公司内部管理层是否能构成有效的监督,关键之一是要看其权力上是否能够对后者形成有效的威慑。日本法律赋予监事会的权力是,发现问题有权终止当事人的业务行为,乃至代表公司对当事人追诉赔偿。在这里我们要强调的是确保监事会的独立性以及降低监事履行监督义务的成本固然重要,但是赋予监事会对制止董事会及公司高级管理人员的违法违规行为的权力同样重要,否则监督很难取得实际效果。另一方面,当以上三个要件具备后,如果监事们出现在监事会决议或报告中有虚假记录或记载也就是前文说的第四百二十九条第三款的行为,被法律认定为恶意和重大过失,追究其连带赔偿责任,无论是从当事人还是第三者的角度上说,都很难找出理由为其开脱。

三、日本监事会制度给我们的启示

综上所述,我们可以把日本的监事会特点简单总结为以下六点:

① 监事会人员构成以外部监事人员为主体；② 监事会人选及任命独立于董事会和公司高管；③ 监事以其他公司的管理人员和法律财务专业人员为主体；④ 从制度设计上有效降低了监事的监督成本；⑤ 赋予了监事会终止董事会及公司高管违规违法行为的实际权力；⑥ 在法律上明确了监事负有连带责任的情况，风险收益相对对称。

在这里我们不是说日本的监事会制度就是完美无缺的，这类高度重视公司财务安全的监事会制度确实使得日本公司的财务丑闻相对于美国要少得多，但是近年来，日本公司的经营丑闻实际上是不绝于耳。隐瞒部件或制品的缺陷、瞒报收回缺陷产品、篡改甚至伪造制品的数据……财务造假会最终伤害到股东的利益，这类造假毁掉了企业的商业信誉，同样也给股东造成巨大的资产损失。而日本的监事会制度面对后面这些问题，明显是毫无作为，无能为力。

日本监事会制度能够给我们带来的启示恐怕也只是监事会不是一种完美的外部监督机制，但是监事会如果能够做到以上六点，至少在保障公司财务安全上能够起到积极的作用。

附：相关日文法令[1]

日文法律原文出处：会社法 | e-Gov 法令检索。

　　第二条　五　公开公司。指对于转让及取得公司发行的全部或

----

1. 日文原文见链接4-1。

部分股份,没有设置特别条款须得到公司同意的股份公司。

六　大公司。指满足以下要件之一的股份公司。

(1) 根据最近年度的借贷对照表,符合本法第四百三十九条前段规定的资本金在 5 亿日元以上的企业 [对照表,根据同条的规定指在定期股东大会报告时的借贷对照表;新成立的公司至定期股东大会召开期间,指第 435 条第一项所定对照表。下 (2) 同]。

(2) 最近年度资产对照表负债部分合计 200 亿日元以上。

第四百条　委员会设置公司指设置了提名委员会、监察委员会及报酬委员会的股份公司(下略"委员会")。委员会由 3 名以上成员组成。

3　各委员会的成员中过半数须为外部董事。

第三百二十七条　设置董事会的公司必须设置监事(设置有监察委员会及提名委员会等委员会设置公司除外)。

设有外部审计师的公司必须设置监事(委员会设置公司除外)。

第三百二十八条　大公司必须设施监事会及外部审计师(非公开公司、设置有监察委员会及指明委员会等委员会设置公司除外)。

第三百三十五条

2　监事不得为该股份公司或其子公司的董事或支配人、使用人

（译注：支配人和使用人为不担任董事而实质上拥有经营权限的人员，类似我国公司中的高管），且不得兼任该公司的审计会计师（会计审计业务为法人担任时，不得为从事该项业务的人员）及业务执行人员。

3　公司的监事会设置时，其成员须3人以上，且超过半数的成员为外部监事。

第二条　第十六　作为公司监事，必须同时满足以下所有条件，方可成为外部监事。

（1）担任监事职务前十年内未担任过该股份公司或其子公司的董事、审计会计师[会计审计为法人时，为从事该项业务的雇员，下（2）同]或该公司的支配人、使用人及业务执行人员。

（2）担任本次监事职务前十年内曾担任过该股份公司或其子公司监事的，须满足任何一次就任监事前的10年内，未担任过该股份公司或其子公司的董事、审计会计师或该公司的支配人、使用人及业务执行人员。

（3）不得为该股份公司的母公司（母公司为自然人时），或为母公司的董事、监事及母公司业务执行人员或支配人、使用人。

（4）不得为该股份公司的母公司的其他子公司的业务执行董事（该股份公司及其子公司除外。译注：监事可担任本公司或其子公司的不担任其他业务的执行董事。）

（5）不得为该股份公司的董事、支配人或其他重要使用人及母公司（母公司为自然人时）的配偶或二等亲以内的亲属。

第三百四十三条　向股东大会提名监事人选时必须获得监事的

同意（监事成员2名以上的情况时，必须获得半数以上的同意）。

监事会有权要求召集以选任监事为目的的股东大会或在股东大会上提交监事会人选的议案。

第三百六十八条　监事的任期为当选后四年以内，截止期为任期最后年度的定期股东大会结束日。

非公开股份公司的情况，可根据公司的定款，监事的任期为当选后10年以内，截止期为任期最后年度的定期股东大会结束日。

第三百八十七条　公司的定款对监事的报酬待遇等没有进行规定时，报酬等由股东大会决议确定。

第四百二十九条　执行官在行使其职务存在恶意或重大过失行为时，该执行官对由此而产生的对第三者的损害负有赔偿责任。（译注："役员"，包括取缔役即董事、执行取缔役即执行董事、监察役即监事、会计参与即审计会计师、会计监察人即外部审计会计师等。）

三　监事、监事委员/监察委员，在监查报告中对应记载或记录的重大事项存在虚伪记载或记录时。

第三百四十条　当出现以下任意一种情况时，监事可解聘外部会计审计师。

一　存在义务违反或职务倦怠的情况。

二　存在被认为不符合外部会计审计师行为的情况。

三　被认为身心健康等对行使职能造成障碍或其能力不足以负担工作时。

基于前项规定解聘时,当监事为2人以上时,须得到全体监事的同意。

第三百九十九条　确定外部审计会计师或临时外部审计会计师的职务报酬基准时,须得到监事的同意(监事成员2名以上的情况时,须获得半数以上的同意)。

第三百四十四条　在设置监事会的公司中,提交股东大会的关于外部会计审计师的聘任、解任或外部会计审计师不再续任议案由监事决定。

本项中的监事指超过半数的监事的决定。

第三百四十六条　4　外部会计审计师人手不足或其人数少于公司定款时,如果不能迅速决定外部会计审计师人选,由监事决定可临时担任外部会计审计师业务的人选。

第三百五十七条　董事发现对公司造成显著损害或损害可能性的事实时,应立即向股东报告,设有监事会的公司为向监事报告。

第三百九十七条　外部会计审计师在履行其职责时,发现董事的职务存在违反法令或公司定款等重大不正行为的事实后,须不得迟疑，向监事报告相关事项。

第三百八十三条 监事认为董事存在不正行为或有存在不当行为的可能性时，以及认为该行为存在违反法令或公司定款的事实时，须不得迟疑，将相关事项报告给董事（设置有董事会的公司，报告给董事会）。

2 上条的情况发生时，如果监事认为有必要，可以对董事们提出召集请求（根据本法第三百六十六条第一项的规定，作为有召集权者），要求召开董事会。

第三百八十四条 监事须对董事提交股东大会的议案、书类等法务省政令规定的文件进行调查。在此过程中，如认为存在违反法律规定或公司定款的事项或显著的不当事项，必须向股东大会提交调查报告。

第三百八十五条 监事发现董事从事本公司经营范围以外的业务及其他违反法令或公司定款的行为或其行为存在上述可能性时，如果认为该行为有可能对本公司造成严重损害，有权要求董事终止该行为。

2 前项的情况下，法院对该董事下达资产保全和行为停止令后，该董事不得再提供担保。

第三百九十三条 监事会的决议在监事会过半数同意后成立。

第三百九十四条　设置监事会的公司，属于前条第二项规定中属于决议记录的部分，自监事会决议形成之日起，须在公司总部保存10年。

2　设置监事会的公司的股东，经裁判所许可后有权要求调阅及复印前项所列决议记录。

第三百八十六条　在设有监事的公司中，监事是公司与董事间发生诉讼时的公司代表。

以下情况，监事代表设有监事的公司：

（1）在设有监事的公司，根据本法第八百四十七条第一项、第八百四十七条二的第一项或第三项（同条第四项及第五项也部分适用）及第八百四十七条三的第一项中所列出的，追及董事责任提起诉讼时。

（2）在设有监事的公司，追及董事责任提起诉讼时，根据本法第八百四十九条第四项，诉讼提起告知；追及董事责任提起诉讼后和解时，通知及催告。

第四节　德国监事会制度简介[1]

与英美单层董事会不同，德国公司治理中，最为显著的特征就

---

1. 本节作者汲铮、梁寒。

是双层委员会的治理结构。根据德国法律,公司实行双层委员会制度,监督委员会和管理委员会形成双层结构。管理委员会负责企业的日常运作、经营管理(包括制定战略和日常经营),而监督委员会则主要负责监督、建议和任命管理委员会成员,两者是形式上看似上下级关系,但无实质关系的一对组合。此外,随着国际化与欧盟一体化的深入,德国公司可以选择根据欧洲公司(Societas Europaea,简称"S.E.")来注册[1],这些公司可以选择采用单层或双层董事会制度。

关于管理委员会和监督委员会的翻译,有鉴于每个人对其内涵、作用的理解不同,国内的业界与学界并没有形成共识。我们认为对应翻译为"监督委员会"和"管理委员会"较为贴切[2]。但为了便于介绍与理解,更为了与现有的制度衔接和比对,本小节其后论述暂时将其称为"监事会"与"董事会"。

一、监事会历史

对于德国监事会的历史,课题组成员曾在《万科模式:控制权之争与公司治理》的德国公司治理章节有过详细的介绍,这里就不再赘

---

1. 欧洲公司——Societas Europaea(SE)是指已注册的欧盟公司的一种公众形式。该公司法是2004年根据欧洲理事会《欧洲公司章程条例》引入的。这样的公司可以更容易地转移或与其他成员国的公司合并。自SE出现以来,成千上万的公司相继登记注册。登记注册的公司中不乏有一些龙头企业,其中包括空客集团,著名的欧洲区公司欧洲斯托克、安联保险集团、施耐德电气有限公司、SAP、Unibail-Rodamco、巴斯夫股份公司、酩悦·轩尼诗—路易·威登集团和费森尤斯集团。

2. 华生著,《万科模式:控制权之争与公司治理》,东方出版社2017年版。

述了,仅仅强调在监事会制度形成过程中的两个关键节点。

　　德国的监事会模式最早可以追溯到1870年的《德意志通用商法典》修订版(基于1861年版),该法典的颁布标志着德国全境的公司法得以统一。在德国工业化早期,股份公司由国家进行监管[1],1870年《德意志通用商法典》取消了国家对股份公司设立的监督,为了弥补无人监督的空缺,监事会成为股份公司中必须设立的机构(第209条第6款和第210a)[2],其主要职能就是负责对公司业务执行以及财务进行监督。各州政府放弃了对公司的监督管理权,将这一权力让渡给了各公司强制设立的监事会。因此,可以说是用一个新的机制替代此前由国家履行的监督职能。

　　不过在1870年后的十多年间,监事会的作用十分有限,公司实际上在董事会的控制之下。1884年在公司财务欺诈大量涌现以及经济危机的背景下,公司法加大了对董事会的限制,强化了监事会的职能,并规定监事会成员在信息披露中的责任。不过,在两次世界大战期间,董事会的职能又得到了加强。1937年的《德国股份公司法》将监事会的职权大大削弱,只保留对监事会的任命权,而董事会则成了公司的领袖,几乎拥有了全部控制权。

　　直到二战后,盟军对德国公司进行了改造。1965年新的《德国股份公司法》修订颁布,董事会主席不再享有"领袖"特权,加强了

1.[英]乔纳森·查卡姆著,《公司常青:英美法日德公司治理德比较》,郑江淮、李鹏飞等译,中国人民大学出版社2006年版。
2.[德]托马斯·莱赛尔,[德]吕迪格·法伊尔著,《德国资合公司法》,高旭军、单晓光、刘晓海、方晓敏等译,法律出版社2005年版。

监事会的权利。新的《德国股份公司法》对监事会组成、成员选任、权限范围等规定的具体事项进行了修改与补充，如更改组成人数、细化董事会对监事会应当报告的事项、允许选任候补成员等。此外，还增加了不少新的规定，尤其是那些指明何种情形适用参与共决法的规定。这部《德国股份公司法》中的相关规定奠定了监事会的制度基础。

二、监事会规模与构成

　　与董事会完全由执行董事组成不同，监事会则完全由非执行董事组成。根据对监事会成员与公司的关系类型，大体可以将其分为如下四类[1]：

　　（1）独立监事会成员：独立监事会成员与公司、公司高管或其他董事会成员没有任何实质性的财务、家庭或其他关系，除了监事会服务和为该服务支付的标准费用。在过去5年内受雇于该公司的个人不被认为是独立的。对于所有其他关系，使用3年的回顾期。

　　（2）关联监事会成员：关联监事会成员与公司或其高管有重大的财务、家庭或其他关系，但不是公司的雇员。关联的评判标准为：① 过去5年内受雇于该公司；② 过去3年和该公司有过重要的生意往来；③ 拥有或控制着该公司超过10%的股权或控制权；④ 在该公司监事会任期超过12年；⑤ 亲戚和该公司的管理层或员工有关系。

　　（3）内部监事会成员：内部监事会成员是指同时担任监事会成员

---

1. https://www.glasslewis.com/wp-content/uploads/2016/12/Guidelines_Germany.pdf.

和公司雇员的股东代表。在德国，监事会成员在法律上不能同时担任董事会成员、管理层代表和/或公司的官员。因此，内部人在德国监事会中非常罕见。然而，法律允许监事会成员在特殊情况下在管理委员会任职，过渡期不超过一年。

（4）员工代表：员工由工人、职工以及高级职员共同组成。根据《共同决定法》第七条第三款、第十五条第二款和第二十四条的规定，一个员工只有在企业工作一年以上，并且符合入选职工委员会的其他条件，他才可以成为监事候选人；只有工人，才能成为监事会中的工人代表；同样只有企业的职员，才能作为职员代表入选监事会；只有高级职员，才能当作高级职员代表入选监事会。

在德国监事会，监事会必须至少有3名成员，最多可以有21名成员，这取决于公司的名义资本、其公司章程和是否接受共同决策（在这种情况下，监事会成员的数量应是3的整数倍）。根据适用于2 000人以上公司的《共同决策法》，适用于在德国拥有雇员2 000人以上的非家族、非宗教、非矿冶业等企业和1 000人以上的矿冶行业企业，监事会拥有等额的员工代表甚至与股东代表，并将根据员工的数量拥有12、16或20名成员。在规模相对小一些的公司（雇员500—2 000人的非家族、非宗教、非矿冶业等企业）的监事会中，员工代表占三分之一。倘若企业是拥有至少有500名员工的上市公司，那么根据德国的《共同决策法》，员工有权在监事会中拥有代表权，并且可以占到一半的席位。

员工参与监事会的制度设计如此完整是德国独有的，主要是由德国"劳资共决"的传统所决定的。该制度与德国政治运动特别是工人运动有直接关系, 早在1848年欧洲革命时期, 工人组织试图在法兰克福全德制宪国民会议上, 争取通过建立工人委员会（factory committee）的形式获得共同决定权（co-determination）, 最终未能成功。直到1919年一战后的《魏玛宪法》第一百六十五条第一款规定, 工人拥有与企业家共同参与工资、劳动条件以及生产等事项的讨论资格[1]。其后,《矿冶业参与共决法》《参与共决法》以及《监事会三分之一职工参与法》等一系列法律逐步形成了现今的制度体系。

　　根据企业所探讨的内容, 有的议题必须向员工征求意见, 员工可以通过行使否决权来否决所涉及的议题, 征求意见的范围包括了教育、新建筑的建设、工作流程以及新技术的实施等方面, 这些共同决策的内容不仅涉及工作时间, 还会涉及假期、薪酬、人员离职、聘用以及升职等方方面面[2]。反过来看, 除了传统外, 这种劳资共决的模式能有效、持续地实施得益于德国公司治理双重结构的管理模式。相比英美等国家的单层董事会制度, 这种"劳资共决"不仅仅更好地保护了员工的切身利益, 防范了管理层的短视行为, 促进了企业战略的长效化, 从而延长了企业的生命周期, 更大限度地保护了股东。但可以显见的是, 这种制度的交易成本极高, 规模越大的企业越不堪重负; 同时更为重要的是它会使经营管理层, 尤其是企业领导人的企业家才能在一定程度受到抑制, 但这种抑制孰优孰劣, 倒是一个可以进一

1.《魏玛宪法》的英文版, 详见http://www.zum.de/psm/weimar/weimar_vve.php。
2.［法］纪尧姆·杜瓦尔著,《德国模式: 为什么看起来更成功》, 杨凌艺译, 人民邮电出版社2016年版。

步深入讨论的话题。

此外,如果监事会成员减少,以至于监事会不能正常运作,也不能作出正常的决定,法院可以直接指定监事,以增加监事会的成员(《德国股份公司法》第一百零四条第一款)。如果监事会成员人数在连续3个月以上的时间内低于法律或者章程规定的数额,法院也可以直接指定监事(《德国股份公司法》第一百零四条第二款)。在特别紧急的情况下(必须马上作出一个重要决定),上述期限可以少于3个月。在适用《共同决策法》的企业中,只要监事会成员数少于规定的总数,即属于紧急情况(《德国股份公司法》第一百零四条第三款第二项)。只要指定监事的原因不复存在,被指定监事的职务就告终结,即必须通过正常程序选聘相应的监事(《德国股份公司法》第一百零四条第四款)。这些规定对于维持监事会中的均衡关系起着重要作用。

三、监事选任

德国法律规定,监事会成员的任期不能超过5次年度大会。因此,大多数德国公司任命的监事会成员的任期都是法律允许的最长年限5年。2008年,德国公司治理法典(Kodex)建议监事会的选举可以交错进行。然而,大多数公司建议所有由股东选举产生的监事会成员的任命要平等地同时进行。

(一)员工代表的提名和选举

员工代表由员工提名选举,无需经过股东大会。工人和职员包括高级职员分别选出工人代表、职员代表和高级职员代表（《参与共决法》第十五条第三款第一句），如果工人和职员的代表人（即选举监事会成员的选举人）以分别和秘密表决方式决议以共同选举的方式进行选举的，可以举行共同选举（《参与共决法》第十五条第三款第二句）。而工人代表则由工人和职员的代表人共同选举产生（《参与共决法》第十六条）。

（二）股东代表的提名和选举

监事会中的股东代表由监事会向股东大会提供候选名单，最终由股东大会以简单多数的表决方式进行选举。《德国股份公司法》第一百零一条第一款第一项规定，监事会成员由股东大会选任，除非其为应向监事会派出的，或者是职工监事会成员。第一百二十四条第三款第三项："对于监事会成员和审查人的选任，只应由监事会提出决议的建议。"

监督委员会中的股东代表通常由监督委员向股东大会提供候选名单，满足特定要求的股东也可以提名，合计持有5%有表决权的股份（以下略去"有表决权"）或持股金额达50万欧元以上的股东，可以将选任监督委员会成员的议题提交，委员会成员最终由股东大会以简单多数的表决方式进行选举（《德国股份公司法》第一百二十二条第二款）。除此之外，公司章程在法律允许的范围之内可规定股东或特定股票持有人可向监督委员会派出监督委员会成员（《德国股份公司法》第一百零一条第二款），例如，根据大众公司（Volkswagen）的公司章程第十一条第一款，只要直接或间接持股比例不低于15%，下萨克森州（Lower Saxony）就有权向监督委员会派出2名成员，2013年州政府向大众公司更换了其派出的监督委员会成员（大众公司2015年年报）。

此外，监事会成员的独立性同样被关注。2015年修订的《德国公司治理准则》的5.4.2款对上市公司监事成员的独立性作出了指导性要求，虽非强制性条款，但若未执行，须说明理由。有如下情况的监事会成员不属于独立成员，即若该监事会成员与公司、董事会、控股股东或控股股东企业有私人或业务关系，并可能造成实质性而非暂时性利益冲突的。与此同时，本公司卸任的董事会成员最多只能有两人可以进入监事会。

四、监事会权限范围

监事会的德语单词Aufsichtsrat非常清楚地表明，这个机构的中心任务是作为对管理层的"检查"。在德语中，监事会经常被称为"Kontrollgremium"或控制机关，进一步强调了其"控制"公司董事会的责任。

与美国单层治理结构不同的是，德国监事会是一个独立机构。监事会与公司的执行团队（董事会）完全分开；也就是说，包括首席执行官在内的管理层成员都不是监事会成员。而与美国单层治理结构相同的是，德国监事会与美国以独立董事为主的单层董事会的职能很相似。监事围绕着"监督"这项职能，具体而言，主要有以下几点：

（1）对董事会的人事权：监事会有权选聘董事甚至董事会主席，

还有权代表公司确定董事的职责范围、决定董事的薪金、与董事签订聘用合同等(《德国股份公司法》第八十四、八十七条)。

（2）监督企业的经营和管理：监督企业已经开展的业务和董事会的工作，监事会既可以亲自查阅和审查公司的簿记，也可以委托个别监事、专家尤其是审计师审查公司的簿记(《德国股份公司法》第一百十一条)。特别在公司经营有明显的不正常征兆时，监事会可以行使上述审查权。

（3）监测企业的经营决策：由于监事会成员本身并不参与企业的经营和管理，所以要求董事会提供一份有关公司的报告(比如经营计划、企业的内部协调和管理人员的任命等)，以此来进行监督(《德国股份公司法》第九十条)。

（4）检查财务报表和报告：监事会必须对董事会编制的由审计师审计的年终报表、状况报告以及公司盈余分配方案进行审查；同时还必须就其审查结果以书面形式向股东大会进行报告(《德国股份公司法》第一百七十条)。

（5）代表公司向董事会提起诉讼：为了能够客观公正地保护公司的利益，《德国股份公司法》第一百十二条赋予监事会代表公司向董事会提起诉讼的权利。这里同时也包括对离任董事的诉讼以及向非法行为的董事提起损害赔偿之诉。

（6）监事会的同意保留权。《德国股份公司法》第一百十一条第四款规定了同意保留这一监督措施，即公司章程或者监事会自己可以规定，某些特定类型的业务必须首先得到监事会的同意然后才能展开。

虽然监事会对董事会进行监督和建议，但它不能作出任何行政决定或向管理委员会发出正式命令，两者是没有实质性上下级关系的。董事会成员由监事会选举，任期最多5年，但可以连任，每次连任时长上限也是5年。虽说监事会任命并可以罢免董事会的成员，但也只有在重大事由出现时，才可被监事会撤销任命。由此可见，德国的监事会并不参与日常事务，而是一个名副其实的监督机构。

尽管德国公司的监事会的作用和美国公司的董事会作用看上去很像，都是起到监督的作用，但德国监事会与管理委员会的距离比美国公司的董事会与CEO的距离更远。美国上市公司的董事熟悉并努力遵守"鼻孔朝内/手指朝外"的箴言；而德国监事会成员通常离董事会成员有很远的距离。

五、小结

综上所述，德国双层治理结构中，监事会是赋有"监督"职能的机构，而康美财务造假案所引致的一系列问题核心正是监督。那么，德国监事会制度的机制设计能否为康美案后中国公众公司监督机制的改进提供些许借鉴与启示呢？

首先，德国监事会是一个界定清晰明确的监督机构。与英美单层董事会的设置不一样，德国公司治理将监督职能划分出来，并将其赋予了监事会这一特殊的群体。至于这一群体能否起到作用，还需要其他机制加以保障。

其次，将利益相关方纳入监督机构。德国监事会能有效发挥作用的一个关键因素机制设计在于其"劳资共决"的制度。让内部的多级别员工共同参与监督,一来能相对有效弥补信息劣势,二来能一定程度上遏制经营管理层的短视行为。

最后,归根结底,公司治理中监督机制都是在寻求办法来破解因所有权和经营权分离所引致的信息不对称,那么在设计制度的时候,要依据不同的股权结构、不同的制度背景以及所处的不同阶段,来做相应的机制设计。英美的外部约束强就选择单一的董事会,德国的内部约束更厉害就选择双层董事会结构,中国也可以根据我们的禀赋优势,来探索和创立中国特色的现代企业制度。

附:《德国股份公司法》中关于监事会的条款(节选)

第二章   监事会

第九十五条   监事的人数

监事会由3名成员组成。章程可以规定一个更高的数额。该数额必须能够被3整除。监事的最高人数在基本资本150万欧元以下的公司为9人;在基本资本150万欧元以上、1 000万欧元以下的公司为15人;在基本资本1 000万欧元以上的公司为21人。

第九十六条   监事会的组成

(1)在适用《参与共决法》的公司,监事会由股东监事和职工监事组成;在适用《矿冶业参与共决法》的公司,监事会由股东监事、职工监事以及其他监事组成;在适用《参与共决补充法》第五条至第十三条规定的公司,监事会由股东监事、职工监事以及一个其他监事组成；在适用《三分之一参与法》的公司，监事会由股东监事和职工监事组成；在适用《跨国合并中职工参与共决法》的公司，监事会由股东监事和职工监事组成；在其他公司，监事会只由股东监事组成。

（2）只有当按照第九十七条或者第九十八条的规定应适用在董事会公告中或者法院裁决中所说明的法律规定时，监事会才能按照最终适用的法律规定以外的法律规定组成。

第一百条 监事的个人条件

（1）监事只能是具有完全行为能力的自然人。其财产事务的处理全部或者部分受限于同意保留（《民法典》第一千九百零三条）的被照管人，不得成为监事。

（2）下列人员不得成为监事：

1. 已经在十个依法应设立监事会的商事公司担任监事的人；

2. 公司从属企业的法定代表人；

3. 一个其他合资公司的法定代表人，而公司的一个董事属于该公司的监事会，或者

4. 在过去两年为同一个上市公司的董事，除非其选任是由持有公司超过25%表决权的股东建议的。

一个康采恩控制企业的法定代表人（个体商人则为所有人）在依法应设立监事会的属于康采恩的商事公司担任监事的，至多5个监事会席位不应被计入第一款第一项规定的最高数额。成员被选为主席的，第一项意义上的监事会职位应双倍计入第一款第一项规定的最高数额。

（3）职工监事和其他监事的其他个人条件依据《参与共决法》

《矿冶业参与共决法》《参与共决补充法》《三分之一参与法》和《跨国合并中职工参与共决法》的规定予以确定。

（4）章程只能为股东大会非依选任建议选任的监事或者基于章程向监事会派出的监事规定个人条件。

（5）在《商法典》第264d条意义上的公司，必须至少有一个独立的监事具有账目编制或者决算审查领域的专业知识。

第一百零一条　监事的选任

（1）监事由股东大会选任，除非其为应向监事会派出的，或者是作为职工监事应依据《参与共决法》《参与共决补充法》《三分之一参与法》或者《跨国合并中的职工参与共决法》选举的。股东大会仅依据《矿冶业参与共决法》第六条和第八条的规定受选举建议的约束。

（2）向监事会派出监事的权利只能通过章程并且只能为特定股东或者特定股票的持有人设定。只有股票是记名的，并且其转让需经公司同意的，该特定股票持有人才可以被授予派出权。派出权人的股票不作为特定种类的股票。被授予的派出权总计最多只能涵盖法律或者章程规定的股东监事名额的三分之一。

（3）不能选任监事的代理人。对于每个监事可以选任一个候补监事，其在监事于其任职期限届满前离职时成为监事，但是依据《矿冶业参与共决法》或者《参与共决补充法》基于其余监事的建议选举的其他监事除外。候补监事的选任只能与监事的选任同时进行。候补监事的选任及其无效、撤销，适用关于监事的规定。

第一百零二条　监事的任职期限

（1）监事的任职期限止于作出关于任职期限开始后的第四个营

业年度免责决议的股东大会结束之时。任职期限开始的营业年度不计算在内。

（2）候补监事的任职最迟止于离职的监事的任职期限届满之时。

第一百零三条　监事的解职

（1）股东大会非受选举建议约束选举的监事，可以由股东大会在其任职期限届满前解职。解职决议需要已投表决票的至少四分之三多数票。章程可以规定其他多数比例或者其他要求。

（2）基于章程规定被派到监事会的监事可以由派出权人随时解职，并由其他人取代。章程规定的派出权的前提条件消失的，股东大会可以简单多数投票决定将派出监事解职。

（3）基于监事会的申请，法院可以因一个监事自身存在的重要事由将其解职。监事会以简单多数对该申请作出决议。监事基于章程规定被派到监事会的，总计持有占基本资本十分之一的股份或者持有股份达到一百万欧元的股东，可以提出上述申请。对于法院的裁决，可以提出抗告。

（4）既不是由股东大会非受选举建议约束选任的，也不是基于章程派到监事会的监事的解职，除了第三款的规定之外，适用《参与共决法》《矿冶业参与共决法》《参与共决补充法》《三分之一参与法》《欧洲公司参与法》和《跨国合并中的职工参与共决法》。

（5）对于候补监事的解职，适用关于其所顶替的监事解职的规定。

第一百零四条　通过法院的选任

（1）监事的人数不足以形成决议的，经董事会、一个监事或者一个股东的申请，法院应补足人数。董事会有义务不迟延地提出申请，除非在下次监事会开会前能及时补充人数。监事会有职工监事的，下列人员也可以提出申请：

1. 公司的总职工委员会或者唯一的职工委员会，以及，如果公司是一个康采恩的控制企业，该康采恩职工委员会；

2. 公司的高级职员总发言人委员会、企业发言人委员会或者唯一的高级职员发言人委员会，以及如果公司是一个康采恩的控制企业，该康采恩高级职员发言人委员会；

3. 其职工自己或者通过代表参加选举的一个其他企业的总职工委员会或者唯一的职工委员会；

4. 其职工自己或者通过代表参加选举的一个其他企业的高级职员总发言人委员会、企业发言人委员会或者唯一的高级职员发言人委员会；

5. 至少十分之一或者一百个自己或者通过代表参加选举的职工；

6. 拥有职工监事建议权的工会的最高组织；

7. 拥有职工监事建议权的工会。

依据《参与共决法》监事会成员中也应包含职工监事的，除了第三句规定的申请权人，《参与共决法》第三条第一款第一项规定的有选举权的职工的十分之一或者《参与共决法》意义上的有选举权的高级职员的十分之一也有申请权。对于法院的裁决允许提出抗告。

（2）监事持续超过3个月少于法律或者章程规定的人数的，法院应依申请将其补充至法律或者章程规定的人数。在紧急情况下，法院也应依申请在上述期限届满前补充监事会人数。申请权依据第

（1）款确定。对于法院的裁决允许提出抗告。

（3）职工依据《参与共决法》《矿冶业参与共决法》或者《参与共决补充法》在监事会中享有参与共决权的，第二款的规定应适用于该监事会，但附如下条件：

1. 鉴于依据《矿冶业参与共决法》或者《参与共决补充法》基于其余监事的建议选举产生其他监事，法院不能对监事会人数进行补充；

2. 不考虑第一项规定的其他监事，如果监事会欠缺其依据法律或者章程规定本应包含的成员，则始终构成紧急情况。

（4）监事会中应包含职工监事的，法院在补充监事时应遵循其组成所要求的人数比例。为使监事会具备决议能力而补充其成员的，只有当该能力所需的监事数量有可能满足这一比例要求时，才适用这一规定。如果应替换一个依据法律或者章程规定必须具备特别的个人条件的监事，则法院选任的监事也必须符合该条件。如果应替换一个工会的最高组织、工会或者职工委员会对其选举有建议权的监事，则法院应该考虑这些机构的建议，只要被建议人的选任不违反公司或者公众的重要利益，监事应由代表选举。这同样适用于应选举代表的企业的职工委员会的共同建议。

（5）只要监事人数上的瑕疵被消除，法院选任的监事的职务即被解除。

（6）法院选任的监事享有适当的现金费用补偿请求权，如果公司的监事是有报酬的，还享有对其工作的报酬请求权。根据监事的申请，由法院确定费用和报酬。对于法院的裁决允许提起抗告；不得提起法律抗告。对于生效裁决可以依据《民事诉讼法》强制执行。

第一百零五条　不得兼具董事会与监事资格

（1）监事不得同时作为公司的董事、持续性的董事代表、经理或者被授予全部业务经营权的全权代办人。

（2）监事会只能就事先确定的最长为一年的期间选任其个别成员作为欠缺的或者不能行使职权的董事的代表。如果累计任职期间不超过一年，允许重复选任或者延长任职时间。在作为董事代表的任职期间内，该监事不得作为监事从事活动。对其不适用第88条规定的竞业禁止的规定。

第一百零七条　监事会的内部规则

（1）监事会应依据章程的进一步规定从监事中选举一个主席和至少一个副主席。董事会应向商事登记簿申报何人当选。监事会副主席只有在主席不能行使职权的时候才享有主席的权利和义务。

（2）监事会会议应制作会议记录，监事会主席应在会议记录上签字。在记录中应载明会议的地点和日期、参加人、会议议程、讨论的重要内容和监事会的决议。违反第一句或者第二句规定的，并不导致决议无效。每个监事都可以要求获得会议记录的副本。

（3）监事会可以在其内部成立一个或者数个委员会，特别是为了准备其讨论和决议，或者监督其决议的实施。特别是监事会可以设立一个审计委员会，用于监督账目报告程序、内部监控系统的有效性、风险管理系统和内部审核系统以及决算审查，尤其是决算审查人的独立性和决算审查人额外产生的款项。第一款第一句，第五十九条第三款，第七十七条第二款第一句，第八十四条第一款第一句和第三句、第二款和第三款第一句，第八十七条第一款和第二款第一句、第二句，第一百十一条第三款，第一百七十一条，第三百十四条第二款和第三款规定的职责，以及特定种类的业务只允许经监事会同意后实施的决议，可以转由一个委员会非以监事会代表人的身份作出决议。应定期向监事会报告委员会的工作。

（4）《商法典》第264d条意义上的公司的监事会设立第三款第二句规定的审计委员会的，至少有一个成员必须具备第一百条第五款规定的条件。

第一百零八条　监事会决议

（1）监事会通过决议作出决定。

（2）只要法律没有作出规定，监事会的决议能力可以由章程规定。法律和章程均未作出规定的，依法或者依据章程组成监事会的成员至少半数参与决议的，监事会才具有决议能力。任何情况下，必须至少有3名成员参与作出决议。监事少于法律或者章程规定人数的，并不影响监事会的决议能力，即便其不符合监事会的组成所要求的人数比例，也是如此。

（3）未出席会议的监事可以通过提交书面表决的方式参与监事会及其委员会的决议。可以通过其他监事提交书面表决。也可以通过非为监事的人提交书面表决，如果其依据第一百零九条第三款的规定有权参与监事会会议。

（4）除非章程或者监事会议事规则有详细规定，仅在没有监事对此程序提出异议时，才允许以书面、电话或者其他类似方式作出监事会及其委员会的决议。

第一百十一条　监事会的职责与权利

（1）监事会应当对业务经营进行监督。

（2）监事会可以对公司的账簿、文件以及财产标的，特别是公司的现金以及有价证券、商品的库存，进行查阅与审查。为此，监事会也可以委托个别监事或者为了特定职责委托特别专业人员。监事会依据《商法典》第二百九十条的规定委托结算审查人进行年终和康采恩结算审计。

（3）如果出于公司利益的需要，监事会应召集股东大会。可以简单多数通过该决议。

（4）业务经营不得交给监事会实施。章程或者监事会应确定，特定种类的业务只能经其许可后实施。监事会拒绝许可的，董事会可以要求股东大会对此项许可作出决议。股东大会对此项许可的决议需要至少已投表决票的四分之三多数通过。章程既不得规定其他多数比例，也不得规定其他要求。

（5）监事不能将其职责交由他人履行。第一百十二条相对于董事代表公司。

相对于董事，监事会在法庭内外代表公司。对此，准用第七十八条第二款第二句的规定。

第一百十三条　监事的薪酬

（1）监事可因其工作获得薪酬。薪酬由公司章程规定或者由股东大会批准。监事的薪酬应与其职责和公司的状况相适应。章程对薪酬作出规定的，股东大会可以通过简单多数作出变更章程以减少薪酬的决议。

（2）首届监事的薪酬只能由股东大会批准。该决议在决议免除首届监事责任的股东大会上才能作出。

（3）向监事分配公司年度盈余的，该份额按照决算盈余计算，扣除按照股票最低发行价格所缴纳出资的至少百分之四的数额。与此冲突的规定，无效。

第一百十六条　监事的注意义务和责任

第九十三条关于董事的注意义务和责任的规定适用于监事的注意义务和责任，但该条第二款第三句除外。监事尤其有义务对获得的秘密报告和秘密咨询予以保密。其确定不适当的薪酬的（第八十七条第一款），尤其要承担赔偿义务。

第五章

公司治理结构的制度安排与
《公司法》

第一节 《公司法（修订草案）》的重大修改建议 [1]

最近,《公司法(修订草案)》向社会公开征求意见,从关于《中华人民共和国公司法(修订草案)》说明的第三点可以看到,这个修订草案是在十九届四中全会之后、在最近刚召开而又意义重大的六中全会之前就已经完成,当然也就没有能够提及和反映六中全会所提出的"建立中国特色现代企业制度"的要求。由于建立中国特色现代企业制度的新要求,直接影响公司法的修订,而公司法又影响巨大,很多年才修改一次,错失了这一次修改机会将会对我国相关经济工作和经济生活产生重大影响和损失。因此,我们建议对此次公开征求意见的《公司法(修订草案)》,从"建立中国特色现代企业制度"的更高站位,进行重新审视和重大修改。现提出主要修改意见如下。

---

1. 本节是东南大学国家发展与政策研究院《公司法》修改课题组的报告。课题组成员:华生、汲铮、董申、张晓奇、蔡倩、张宇,执笔人华生。

一、董事会下设审计委员会不能替代监事会

《公司法(修订草案)》第六十四条规定,"在董事会中设审计委员会的有限责任公司,可以不设监事会或者监事"。第一百二十五条规定,"设审计委员会且其成员过半数为非执行董事的股份有限公司,可以不设监事会或者监事"。而公司法规定,监事会为公司的监督机构。这样一来,董事会的审计委员会就替代了监事会行使监督职能。但是,鉴于我国目前绝大部分公司都是有控股股东和实际控制人的,董事会董事人选无论是执行董事还是非执行董事,主要由控股股东和实际控制人决定。因此,由董事会的审计委员会来履行公司的监督功能就形成了利益冲突,违反了利益关联方应当回避的一般原则。这与《公司法(修订草案)》第七十一条要求公司控股股东及其关联股东回避为公司控股股东提供担保的表决的法律精神也是相矛盾的。

因此,我们建议,除《公司法(修订草案)》中第一百五十三条关于国有独资公司按照规定不设监事会和监事,在董事会中设审计委员会等专门委员会(国有独资公司没有其他股东,不存在其他人来监督的问题,所以这一条的规定是非常正确的)外,删除修订草案第六十四条和第一百二十五条。

二、公司控股股东应回避监事人选的推荐和表决

《公司法(修订草案)》第七十七条规定"有限责任公司设监事会,监事会是公司的监督机构。监事会成员为三人以上。监事会应

当包括股东代表和适当比例的公司职工代表"。第一百三十四条对股份公司作了类似规定。同时,《公司法(修订草案)》特别强调控股股东和实际控制人的责任(第二十条、第一百九十一条),并在公司承担社会责任时首次提出利益相关者的概念(第十九条)。

如上所述,鉴于我国目前绝大部分有限责任公司、股份公司和上市公司都有控股股东和实际控制人,监事会的股东代表自然都是控股股东指定的人选,要由控股股东决定的人来监督自己显然是不现实的。人们几乎从没有听到过任何一个公司的违法违规案件是由监事会发现或报告的。这也是为什么迄今为止公司的监事会从不发挥什么作用的原因。因此,监事会和监事,应当由中小股东以及公司的利益相关者包括职工代表推荐与选举产生,控股股东和实际控制人则必须回避。否则,公司内部监督虚置,就不可能实现习近平总书记所要求的"基础制度扎实、市场监管有效、投资者合法权益得到充分保护"的目标。

因此,建议对修订草案第七十七条、第一百三十四条进行修改,明确规定"监事会由中小股东、公司利益相关方包括职工等代表组成。公司控股股东应回避监事人选的提名和表决"。修改第二百一十一条,将"聘用、解聘承办公司审计业务的会计师事务所,按照公司章程的规定,由股东会、董事会或者监事会决定",改为"由监事会决定"。

三、取消一刀切的强制性独立董事制度

修订草案第一百四十条规定,"上市公司设独立董事"。独立董

事制度是20世纪中期以后，由于美英国家大多数上市公司的股权日益高度分散，没有控股股东，主要在美国创立发展出来的制度。而且即便如此，美国的两大证券交易所也明确规定对于存在控股股东的上市公司，可以不遵守独立董事在董事会中保持一定比例的要求。而德国和日本等国由于采取设立监事会等双层双元体制，所以从来都不硬性规定设独立董事。

我国引进独立董事制度，最初是为了适应国企海外上市的需要，后来在20世纪初加入世贸的大潮中，把这个制度在国内上市公司也固定下来，而且是把美国的单层制有独董的董事会与德国等的双层制董事会、监事会都混加到一起。但是，由于中国的绝大部分上市公司都有控股股东、实际控制人，独立董事占董事会多数、控制上市公司的制度完全不符合国情。而在公司法等法律强化董事责任背景下，少数兼职的独立董事本来就不起什么作用，今后更有更大的风险责任。因此强制性的独立董事制度在中国没有发挥什么作用存在了20年，主要是路径依赖的惯性产物，不仅给上市公司和投资者带来不必要的成本，也遮蔽了人们的眼光，影响了符合中国国情的上市公司治理结构和制度的探索建立。

因此，建议删除修订草案第一百四十条，或保留该条，但将"上市公司设独立董事"，改为"股权分散、没有控股股东的上市公司设立独立董事"。

四、职工代表董事的潜在问题与风险

修订草案第六十三条第一款首次规定，"职工人数三百人以上的有限责任公司,其董事会成员中应当有公司职工代表"。第一百二十四条规定第六十三条第一款的规定,适用于股份有限公司。由于我国企业内的职工组织一般配合企业的领导和中心任务开展工作,自身主要是福利性质的,职工个人的职业安全和岗位报酬等又完全取决于公司的领导。因此,在存在着控股股东的公司设立职工董事意义并不明显。但对于上市公司,设立职工董事则存在两大潜在风险:一是职工个人的责任风险,二是职工董事很容易被在位的、特别是控股比例不高的大股东作为控制董事会、抵制外部收购兼并的工具,不利于资本市场功能的正常发挥。以此来看,从上述全面强化公司监事会功能与作用的路径进入,可以更好地实现习总书记所提出的职工参与、共同治理的目标。

因此,我们建议,关于设立职工代表董事的问题,宜维持现行公司法的许可性规定,与独立董事的情况类同,不宜作强制性规定。

五、明确划分公司有限责任的边界

有限责任是现代公司制度最重要的发明,也是我国社会主义市场经济的基石,不可动摇。所以,修订草案将现行《公司法》第三条的两款内容扩展为两条,用第三条、第四条分别强调了公司和股东所承担的有限责任,我们认为是很有必要的。同时,现行《公司法》"第十五条 公司可以向其他企业投资;但是,除法律另有规定外,不得成为对所投资企业的债务承担连带责任的出资人"。由于该条中"除法律另有规定"留下的空间和余地太大,在司法解释与司法实践中产生了许多歧义和混乱,《公司法(修订草案)》第十四条将其改为:

"公司可以向其他企业投资；法律规定公司不得成为对所投资企业的债务承担连带责任的出资人的，从其规定。"这个修改可以堵住现行"法律另有规定"从而突破公司有限责任边界的做法。但是，这句话从字面上看，法律规定不得成为的、从其规定是一句多余的话。然而如果含义是：法律规定公司成为其所投资企业债务承担连带责任的出资人的，可以不从其规定，显然也不行。因为既然法律有规定，当然也必须从其规定。实际上，对公司有限责任突破的例外情况只有两种：一是如修订草案第二十一条第一款的规定，"公司股东滥用公司法人独立地位和股东有限责任，逃避债务，严重损害公司债权人利益的，应当对公司债务承担连带责任"。二是公司如果投资成为合伙企业承担无限责任的一般合伙人（现合伙企业法对此并未禁止）。为防止对公司有限责任边界的随意突破，修订草案应在排除这两种特殊情况后，明示公司与公司股东不得成为对所投资企业的债务承担连带责任的出资人。

因此，我们建议，修改《公司法（修订草案）》第十四条，将其改为"公司可以向其他企业投资；但是，除本法第二十一条规定的情形外，不得成为对所投资公司的债务承担连带责任的出资人"。

六、清算义务不能动摇现代公司有限责任的边界

由于现行公司法在清算条文上设定的含糊与漏洞，加之最高人民法院关于《公司法》司法解释（二）对股东承担连带责任又作了过大的拓展延伸，近些年来，各地法院因公司清算问题突破公司有限责任边界、追究股东连带责任的案件直线上升。许多职业债权人和金

融寻租者廉价大量收购金融机构若干年乃至几十年前的陈年旧账，对批量僵尸企业提起强制清算，在获得法院对公司财产、账册、重要文件灭失从而已无法清算的认定后，计算出超过股东最初出资额或公司债务额数倍数十倍的各种累计罚息后，追溯公司股东的巨额连带清偿责任，扰乱了正常的经济秩序，造成了恶劣的社会影响。2019年7月，最高人民法院召开了"全国民商事审判工作会议"（又称为"九民工作会议"），其后下发会议纪要，对此进行了一定程度的纠偏。但是由于法律和司法解释漏洞的存在，这个问题并没有得到根本解决。这次《公司法（修订草案）》在这个问题上作了很大努力，有了较大的修正，但仍然存在着较大瑕疵和潜在漏洞，需要作进一步修改。

修订草案在堵住突破公司有限责任边界方面最大的改进是在第二百二十八条，将现行《公司法》第一百八十三条规定的公司"清算组由股东组成"改为"董事为公司清算义务人"。这一与《民法典》相一致的改变，其好处是解脱了股东的连带责任追究问题，缺点是给有的股东恶意规避清算责任追究而用他人担任董事留下了空间。但是，在这个条款上迄今出问题的主要原因并非是义务人的规定，因为有限责任公司的董事和股东经常是重合的。这个条款规定的最大问题是清算义务与权利的时间规定上的严重失衡，导致了将股东或董事置于极端不合法理的困难地位。

修订草案与现行《公司法》相同，都规定了公司应在15日内成立清算组进行清算，同时规定公司未组织清算组和未进行清算的，利害关系人可以申请人民法院指定有关人员组成清算组进行清算。从上述规定看，公司既有清算义务，债权人或利害关系人也有要求清算的救济权利,本来这个权利和义务是平衡的,不存在公司的股东或董事可以滥用权力的问题。由于现行《公司法》并未规定公司股东未及时进行清算应当承担任何责任,所以现行《公司法》规定公司股东有清算日期的要求,而对债权人并无此要求,也不会造成什么问题。因为一般而言,在公司股东不清算的情况下,公司债权人为了保护自己的利益,通常会积极地申请公司清算。上述在司法实践中出现的问题,主要是最高法院的司法解释(二)突破了原有公司法的规定,要求在公司财产、账册等灭失后股东去承担未及时清算的连带赔偿责任。在这种对法律延伸的司法解释要求下,当公司股东没有及时履行清算义务时,公司债权人故意拖延时间、长年累月不申请清算而等到若干年乃至数十年之后,公司财产、账册等灭失再申请清算并追究股东的连带清偿责任,就变成一个有利可图的生意。显然这种结果完全违背了公司法原法条规定的初衷,也是造成目前司法乱象的根源。

现在,修订草案第二百二十八条进一步规定,"清算义务人未及时履行清算义务,给公司或者债权人造成损失的,应当承担赔偿责任"。这个规定从表面上看似乎没有错,但是由于没有时间限制,所以这个漏洞如再经司法解释放大后必然进一步导致清算义务人被无限期追责。因为既然公司清算义务人需要在15日内进行清算,那么,超过15日债权人或利害关系人就可以向法院申请强制清算。如果规定清算义务人需要赔偿,从第16日开始申请到法院判决开始组成清算组的这一期间,对因未及时清算而造成的债权人的损失进行追究,是完全合理的。然而,由于在申请时间上没有任何限制,所以使上述职业讨债人找到了寻租暴富的可乘之机,给当时只有较小过失的清算义务人,带来不成比例的重大损失、造成许多悲剧。由于修订草案并未正面处理这个问题,相反增加规定了清算义务人未及时履行清算责任造成损失的相应赔偿责任,可以想见,在有了这个新规定的司法依据后,司法解释还可能进一步严苛,从而造成更大的不良后果。有鉴于此,我们建议第二百二十八条的相关规定,还需要进行进一步修改,规定明确的申请有效期限。

因此,我们建议,修改第二百二十八条,将最后一款删除并移入下一条,同时修改第二百二十九条为:"公司依照前条第一款的规定应当清算,逾期不成立清算组进行清算或成立清算组后不清算,利害关系人可以自逾期之日起二年内申请人民法院指定有关人员组成清算组进行清算。人民法院应当受理该申请,并及时组织清算组进行清算。在此期间因清算义务人未及时履行清算义务,给公司或者债权人造成损失的,应当承担赔偿责任。"

仅本着遵循十九届六中全会关于"建立中国特色现代企业制度"的要求,提出以上建议,错漏之处难免,仅供参考。

第二节　延伸探讨:我国市场经济的有限责任基础不可动摇——当前司法实践中的一个紧迫问题[1]

今天,成立企业创新创业已经成为一股普遍的社会潮流,也得到了国家多方面政策的鼓励。设立公司的注册手续日益简化便民。但

是很少有人知道的,自己成立的企业一旦日后关门倒闭而又没有费时费钱费力地去将公司清算注销,若干年乃至几十年后,你可能面临着公司债主上门向你讨债的风险。说好的公司有限责任并不能保护你。不仅当初你投入公司的资本早已一去不复返,而且你个人时至今日积累的财产包括家庭的房产都可能因为承担公司债务的连带责任,而被法院判决拿去赔偿。这么说并不是危言耸听,而是当前正在全国发生的越来越多的诉讼和判决案例的严酷现实。

实际上,从20世纪90年代《公司法》颁布以来,我国每年都有几百万家公司成立。当然由于市场竞争的作用,也有大量企业关门倒闭。这些倒闭的企业通常因失去人力财力及办理注销手续的复杂和困难,而没有履行企业解散死亡的全部手续,通常是由于企业不再经营、不再向工商登记部门交纳年检报告而被工商登记部门吊销营业执照。这样的僵尸企业在全国至少以数千万计。人们普遍对此见怪不怪。工商部门只管大量派发公司出生证,政府各部门从未重视、宣传、普及这种吊销营业执照而未经清算注销的企业,在相关法律解释改变后对社会上创业大众的巨大风险。

一、司法解释漏洞造成的司法混乱

本来,现代公司人格独立和股东有限责任是公司法的基本原则。否认公司独立人格,要求滥用公司法人独立地位和股东有限责任的股东对公司负债承担连带责任,是股份有限责任的例外情况。2005年修改的《公司法》第十五条规定,"公司可以向其他企业投资;但是,除法律另有规定外,不得成为对所投资企业的债务承担连带责任

的出资人"。而当时法律上规定的这个另有例外,主要是股东虚假出
资或出资不足,以及股东滥用股东权利和公司独立法人地位非法侵
害债权人合法权益的情况。在公司关门被吊销营业执照后,法律虽
然对股东提出了应在15日内进行清算的要求,但并未提出或规定对
普遍存在的、未进行清算的公司的股东有任何法律惩戒。

2008年5月5日,最高人民法院发布了关于《公司法》司法解释
(二),其第十八条第二款规定,"有限责任公司的股东、股份有限公司
的董事和控股股东因怠于履行义务,导致公司主要财产、账册、重要
文件等灭失,无法进行清算,债权人主张其对公司债务承担连带清偿
责任的,人民法院应依法予以支持。"从这些年来实施的结果来看,这
款司法解释应当说不是解释和阐明了法律规定,实际上是外延了法
律并对法律作了新的、自由裁量权极大的规定,打破了《公司法》本
身确立的公司、公司股东与债权人之间义务和权利的平衡,从而给后
来的司法混乱埋下了根子。

2005年修改的、现行有效的《公司法》规定,公司"应当在解散
事由出现之日起15日内成立清算组,开始清算","逾期不成立清算组
进行清算的,债权人可以申请人民法院指定有关人员组成清算组进
行清算"。按此规定,公司及其股东有义务在公司解散的15日内开始
清算,否则随后债权人就有权提出清算。显然,债权人的权益不太可
能因这15天的期限就被损害,同时债权人还可以因股东在任何时候
滥用权力侵害公司和债权人权益而进行起诉。可以说,债权人的权
益在这里是得到了充分保护的。当然,指控股东侵权的举证责任在
债权人。

但是,依据司法解释(二),举证责任就倒过来了。只要公司股东没有在15日内组成清算组进行清算,那么是否导致财产、账册等灭失而无法清算的举证责任就变成了股东方。更为关键的是,按照这个司法解释,股东只要在15天内未进行清算就构成了违反清算义务要担责,而债权人突破公司有限责任、追溯股东连带责任去提起清算的权利则没有任何期限。正因如此,这个严重的法律漏洞导致了后来的一系列司法混乱。

由于长期以来我国企业关门后吊销而未经清算注销极为普遍,在最高法院的司法解释(二)颁布之后,全国各地以未履行清算责任而致使后来无法清算为由,追究公司股东连带责任的案件急剧增加。2009年常州拓恒公司因2008年被吊销营业执照后,公司未组织清算,该公司被债权人上海存亮贸易有限公司起诉。上海市松江区人民法院判决公司的3名个人股东承担债务连带责任。宣判后,该公司2名个人小股东提出上诉,被上海市第一中级人民法院于2010年9月1日判决:驳回上诉,维持原判。裁判理由为:《公司法》及相关司法解释,并未规定小股东例外;拓恒公司曾因无财产可供执行而被法院中止执行的情况,只能证明当时在执行中未能查找到拓恒公司的财产,不能证明拓恒公司的财产在被吊销营业执照前已全部灭失;2位小股东曾委托律师对公司进行清算,但清算事实上最终并未进行,因此仍然认定2位个人小股东"怠于履行义务"、应承担公司债务连带清偿责任。2012年9月18日,最高人民法院审判委员会还将此案发布为9号指导性案例。

此后,公司吊销未清算而追溯股东连带责任的案例不仅日益增多，而且甚至成为一门生意。一些职业债权人开始大批量超低价收购僵尸企业的陈年旧账，只要发现其中有企业的股东（公司或个人）今天还拥有财产，就去追溯这些吊销了营业执照多年但未进行清算企业的股东连带清偿责任。2014年上海市高级人民法院因为法院审委会在讨论一家公司未清算而追溯股东连带责任的案件中，对此类追溯是否有诉讼时效问题，内部出现了不同的意见。审委会多数人认为，这种对未清算公司的追溯也应该有诉讼时效的限制。2014年12月11日，最高人民法院民二庭对上海市高级人民法院的请示作出了较为明确的答复意见，称"依据《中华人民共和国民法通则》第一百三十七条的规定，该赔偿请求权的诉讼时效期间应从债权人知道或者应当知道因公司股东不履行清算义务而致其债权受到伤害之日起计算。综上，同意你院审委会的多数意见。以上意见仅供参考"。由于按《公司法》规定，要求股东履行清算义务是在公司解散后的15日内，因此这就将股东连带责任的诉讼时效的起算点与公司解散事由出现的时间挂钩，从而堵上了无限期追溯陈年旧账的漏洞。不过，这个"仅供参考"的意见，显然还不能扭转此前多年来对股东无限期追溯债务连带责任的大量已判案例形成的广泛影响。

二、九民会议纪要所作的纠偏与局限

正是在这个背景下，最高人民法院2019年11月8日正式下发全国法院学习贯彻的《全国法院民商事审判工作会议纪要》（又称九民会议纪要）中，在相关部分对司法实践中出现的混乱和问题进行了一定程度的澄清和纠偏，指出："关于有限责任公司股东清算责任的认定,一些案件的处理结果不适当地扩大了股东的清算责任。特别是在实践中出现了一些职业债权人,从其他债权人处大批量超低价收购僵尸企业的'陈年旧账'后,对批量僵尸企业提起强制清算之诉,在获得人民法院对公司主要财产、账册、重要文件等的认定后,根据《公司法》司法解释(二)第十八条第二款的规定,请求有限责任公司的股东对公司负债承担连带清偿责任。有的人民法院没有准确把握上述规定的适用条件,判决没有怠于履行义务的小股东或者虽'怠于履行义务'但与公司主要财产、账册、重要文件的灭失没有因果关系的小股东对公司债务承担远远超过其出资额的责任,导致出现利益明显失衡的现象。"这个表述对追究小股东连带责任的情况表达了比较明显的纠偏态度,但对大股东追究连带责任的态度则不太明朗。同时更重要的是,由于会上出现了不同意见,会议正式发布的纪要在关键性的诉讼时效起算点的表述上,又在上述最高人民法院民二庭2014年出具的意见上出现了明显的倒退,称:"公司债权人以《公司法》司法解释(二)第十八条第二款为依据,请求有限责任公司的股东对公司负债承担连带清偿责任的,诉讼时效期间,自公司债权人知道或者应当知道公司无法进行清算之日起计算。"

根据最高人民法院民事审判第二庭在随后编著的《〈全国法院民商事审判工作会议纪要〉理解与适用》一书中的解释,他们起草的会议征求意见稿之所以被否决和放弃,是因为有人提出公司无法清算是债权人向股东主张连带清偿责任请求权的必备条件。债权人有权申请强制清算,并不等同于债权人要求股东承担连带清偿责任的请求已经成立。所以,没有理由将债权人知道或应当知道有权申请强制清算的时间，作为债权人要求股东承担连带清偿责任请求权诉讼时效的起算点。根据《公司法》司法解释（二）第十八条第二款提起的诉讼，其权利受到伤害的时间应当是其知道或者应当知道公司主要财产、账册、重要文件灭失，无法进行清算之日。也只有在这时，债权人才知道，怠于履行义务的公司股东应当对公司债务承担连带清偿责任。在此之前，公司债权人是无法向公司股东主张赔偿义务的。正是因为这个批评意见很有道理，《纪要》下发的正式文本作出了以上的表述。不能不说，上述对会议征求意见稿的批评意见并非没有一定道理，本来是可以采纳其合理部分、扬弃其缺陷部分而更加完善的。但是完全采纳之则会带来更大的弊病。结果会议纪要在这个关键条款上的倒退和含糊，功亏一篑，放弃了本来可以对司法解释（二）的缺陷所作的补救，这是非常令人惋惜的。

其原因在于这样一来，企业只要未清算，谁也难以证明其无法清算，而只有真正开始了清算才能知道其无法清算。这就带来了一个严重的问题：一个被吊销而未清算的企业，无论到任何时候债权人都有权提起清算，并从随后法院裁决的无法清算之日起，开始计算3年诉讼时效。这就意味着任何一家吊销而未清算的企业，债权人都可以等到一家公司在已关门倒闭的若干年乃至几十年后，其财产、账册、重要文件都必然全部灭失时，再发起清算，并追究股东的连带责任，而且发起清算的时间越晚，所计算的罚息就越重，获取的暴利也就越大。不幸的是这样的荒唐事正在全国各地上演。按照这个逻辑，所有多年前的旧账都可以因重新提起清算而变为新账。《全国法院民商事审判工作会议纪要》中所抨击的陈年旧账就根本不存在，批评也就变成了无的放矢。职业债权人大批量超低价收购僵尸企业去追溯股东的债务连带责任，并成为一桩有利可图的生意，就是完全合理合法和无可指责的。显然，这当然就完全背离了公司法的立法宗旨和初衷，违背了九民会议纪要纠偏的基本精神，乃至会动摇公司有限责任这一市场经济的基石。

产生以上这种自相矛盾和荒唐的结果，究其根源，还是来自最高人民法院2008年司法解释（二）中，打破了原有公司法对清算责任和义务规定的利益平衡。公司法规定股东应当在公司解散事宜出现后的15日内进行清算。这可以说是股东应当履行的义务。同时，公司法又给予债权人在公司不履行义务时有发起清算的救济权利。两者本来是相互平衡的。但是到了司法解释（二）中，只要股东未在这15天内履行义务，债权人就可以无限期地拥有发起清算的权利，并且在日后得出无法清算的结果追溯股东连带责任时，才开始重新计算诉讼时效。

其实，除了诉讼时效问题起点的计算问题，这里还有一个司法解释的溯往问题。法不溯往是我国法律和立法解释的基本原则。但是对于司法解释往往有不同的认识，通常认为由于司法解释只是对法律的解释，因此参照具体情况，一般可以溯往到法律生效的时间。那么，哪些法律解释在哪些情况下应当或可以溯往，而哪些法律解释在哪些情况下又不宜溯往，就有相当大的不确定性和自由裁量权。如上所述，《公司法》司法解释（二）第十八条第二款的规定，明显超出了原法律的内容。由于这一款实行后所引起的一系列矛盾和问题，人们对这条法律解释一直是有质疑的。如果再溯往就与《公司法》

的规定明显冲突。因为公司法明确指出，除法律另有规定外，不得追溯有限责任公司股东的连带责任。问题在于在公司法修改出台及之后，并没有任何法律另行规定了公司股东未清算的债务连带责任。如果我们把司法解释也归为法律范畴（这其实是有问题的，严格地说，再权威的解释只是解释，而不是法律本身），这个另有规定也得到2008年5月《公司法》司法解释（二）出台生效才出现。因此，明确2008年《公司法》司法解释（二）第十八条第二款的规定不得溯往（否则就与法律规定直接冲突），既符合法律的规定与法治的原则，也与九民会议纪要反对用超低价收购僵尸企业的陈年旧账，然后以无法清算为由追溯股东连带责任的精神相一致。

应当看到，九民会议纪要在纠正《公司法》司法解释（二）第十八条第二款的规定方面确实也做了不少努力。不仅在上述小股东免责方面，而且在公司无法清算与财产灭失的关系方面也作出了补救。纪要强调了"【因果关系的抗辩】有限责任公司的股东举证证明其'怠于履行义务'的消极不作为与'公司主要财产、账册、重要文件的灭失，无法进行清算'的结果之间没有因果关系，主张其不应对公司债务承担连带清偿责任的，人民法院依法予以支持"。这对于股东维护自己的合法权益，当然有一定帮助。但是，从过往的案例看，对于当年债权执行时因找不到财产而无法执行，法院通常并不认为这是财产灭失的证据，而认为只是说明当时执行时没有找到财产，不能排除以后找到财产时继续执行，从而不能作为财产当时已灭失的证据。因此，对于多年前吊销而未清算的企业，要在10年20年后被申请清算并因无法清算而追究股东连带责任时，股东很难提供公司财产早在吊销前灭失的证据。这就使得会议纪要费心进行的这一纠偏，对防止利用僵尸企业陈年旧账去追溯股东的连带责任，在实际上作用有限。

应当指出，对未清算企业的连带责任追究问题，过去的讨论和争论主要集中在适用主体上，也就是究竟应当是由公司的董事监事等高管，还是应由股东承担连带责任的问题。2021年1月1日颁布生效的《民法典》第七十条中明确规定，**"法人的董事、理事等执行机构或者决策机构的成员为清算义务人。法律、行政法规另有规定的，依照其规定。清算义务人未及时履行清算义务，造成损害的，应当承担民事责任"**。显然，这条规定采纳了把董事等有限责任公司的高管而不是股东作为清算义务人的观点。因此，很多人认为，今后只要在公司法的修改中，也将清算义务人改为与民法典一致，这样股东清算连带责任的追溯问题也就一劳永逸地解决了。其实，多数有限责任公司的大股东本身就是董事等高管，况且，也确有少数有限责任公司的大股东，指派他人乃至一般工作人员去担任董事等高管职务，以逃避可能的经济和法律责任。因此，仅仅改变清算义务人，并不能堵上司法解释（二）第十八条第二款无限期清算权利的法律漏洞，甚至还可能带来新的弊端。

三、对策与建议

综上所述，由于我国长期以来吊销而未清算注销的公司数量巨大，这一现象又如此长期普遍，显然，除了当事人固然有相当责任，政府部门也难辞其咎。鉴于这一法律漏洞存在着巨大的经济与社会隐

患,并已在司法实践中造成严重的混乱和危害,因此,建议:

（1）股东有限责任是现代市场经济的基础性制度,也是公司法的基本原则。追溯股东滥用权利、对公司负债承担连带责任是有限责任的例外。因此,在追究股东连带责任的案件中,举证责任不能倒置。

（2）鉴于《公司法》司法解释（二）第十八条第二款属于法律原来没有的新内容,并且如果溯往就与法律的规定直接冲突,因此,最高人民法院应当尽快明确这一款规定不能溯往。

（3）当公司解散事由发生时,债权人就知道或应当知道自己的权益可能会受到伤害,因此,法律在规定公司股东有在15日内清算的义务的同时,应当限制债权人随后提起清算权利的时间。这样,在债权人提起清算到法院得出无法清算的裁决后,债权人行使这一追究股东连带责任的请求权就已成立。由于有了发起清算前置时间的限定,这时再开始计算诉讼时效就堵塞了前述巨大的法律漏洞。这样既给了债权人请求权得以成立的充裕时间,又有完整的诉讼时效来行使该请求权。建议结合公司法的修改,对债权人发起清算的时间作出限制。在此之前,最高法院可以对此作出内部指引。

（4）目前,社会上关于企业吊销而未清算注销的法律和经济风险意识还普遍非常淡薄。我国工商登记部门在发放公司登记注册证书时,并未充分提示公司股东不进行清算注销的巨大风险。因此,有必要在全社会开展这方面法律知识的普及,并进行必要的程序上可以操作的风险提示与警示,以避免广大创业人群和公司暴露在这种经济和法律风险之中而缺乏自我保护意识。

附录

我与上证报的故事 | 华生: 风雨之中结友情[1]

编者按

　　1991年7月1日,《上海证券报》诞生于黄浦江畔, 这是新中国第一张提供权威金融证券专业资讯的全国性财经日报, 也是新华社主办、中国证监会法定披露证券信息的主流媒体。

　　30年筚路蓝缕, 30年风雨同舟, 30年春华秋实, 30年建功立业。30年来, 在社会各界的关心和支持下,《上海证券报》积极宣传党和政府关于经济、金融、证券方面的方针政策, 传递及时重要的财经资讯, 提供专业深度的市场分析, 引导投资者树立科学理性的投资理念, 促进中国资本市场健康可持续发展, 在中国资本市场和财经媒体中独树一帜, 形成了强大而深远的传播力、影响力和公信力。

　　作为中国资本市场健康发展的见证者、记录者和推动者,《上海证券报》和中国资本市场同呼吸、共成长。30年光辉岁月, 留下了一

---

1. 发表于《上海证券报》, 作者: 华生, 2021年11月19日。

串串坚实的前进足迹,留下了一个个难忘的珍贵记忆,这些精神财富永远属于关心、爱护、指导、支持、帮助上证报的各界领导、专家和朋友。今天,我们以《我与上证报的故事》的形式,记录这一个个具体生动的故事,重温这一幕幕刻骨铭心的回忆,传递这一份份真挚质朴的情感,就是为了向中国资本市场的参与者、建设者表达崇高的敬意,就是为了向《上海证券报》的呵护者、建设者表达崇高的敬意,就是为了向上海证券报的呵护者、支持者表达深深的谢意!

"快马加鞭未下鞍,征程漫漫再出发"。三十而立、风华正茂的上证报,将不忘初心,牢记使命,砥砺前行,矢志追求政治品德、新闻品格、专业品味、服务品质、一流品牌,在新时代、新征程、新起点,创新业、开新局、立新功。希冀和期待各界领导、专家和朋友,一如既往,继续给予我们关爱、指导和帮助。

华生:

《上海证券报》是我喜爱的一份证券报纸。记得有一段时间,在《上海证券报》上经常能看到一些有深度的理论性分析文章。这些年来,由于我研究的问题与证券市场的关系少了,所以这方面的文章也就看得少了。但尽管如此,《上海证券报》还是我现在订阅的唯一一张证券报。

20世纪90年代初,我从英国留学回国之后不久,就开始关注中国证券市场特殊的股权结构问题,并于1997年初在《经济研究》上发表了第一篇关于股权分置改革的文章。这之后,我与《上海证券报》有过不少联系,多次参加报社组织的活动,也为报纸撰写过文章。

2016年，当宝万之争成为全国财经热点的时候，我正担任万科公司的独立董事，无意中被卷入了这场风波。由于机缘巧合，我又在《上海证券报》的头版和重要版面上，连续发表了六七篇影响很大的文章，从而有了与《上海证券报》密切交往的一段难忘经历。

宝万之争先从宝能公司与旗下保险公司收购万科股票开始，后来很快把当时的万科大股东华润集团拉扯进来，因为其反对深圳地铁的进入而被推到聚光灯下，此后还有恒大集团携恒大人寿、安邦保险集团插手收购万科股票，借助保险资金以图谋渔人之利。在各方势力的角逐博弈和政府出面的干预下，深圳地铁最终入主，有了一个还算圆满的结果。其中跌宕起伏、刀光剑影、流言四起、一波三折，至今想起来还是触目惊心。

记得宝万之争初步平息之后，我曾与《上海证券报》的时任负责人见面畅谈，他告诉我这些文章在上证报发表时，引起了各方的关注。报社接到了方方面面的电话，问询文章的背景、意图和指向，承受了不少难以言说的责难。但是上证报并没有被这些声音所影响，坚持把这系列文章全部刊登完。在很短时间内用重要版面发表一个学者这么多篇系列长文，这在上证报的历史上是绝无仅有的。

我当时听了非常感慨也很受感动。当然，我自己在那期间更是受到过种种猜疑、攻击、谩骂乃至威胁。现在回想起来，最初也许仅仅是"路见不平一声吼"的一时冲动，使自己卷入舆论和争论的漩涡。但也正因为如此，确实给我与《上海证券报》的关系增添了一种曾经风雨同舟的亲切感。

一晃五年过去了。中国证券市场自那时以来，已经有了相当令

人瞩目的发展,《上海证券报》也在不断开拓新的征程中迎来了自己
30周年的喜庆。现在回过去看,宝万之争中聚焦的几个问题,有的现
在已经明朗或日益清晰,有的还有待于人们去解决。

**宝万之争的第一个焦点问题,就是在资本市场上,是否就应该认钱
不认人、钱多就是有理,而不问资金是从哪里来的。**

宝能举牌万科一开始,争论就围绕着保险资金和杠杆资金的激
进使用以及上市公司收购的合法合规性问题展开。中小保险公司用
如万能险这样的各种激进险种,大量吸纳社会资金用于支持保险公
司大股东的收购行为,举牌方利用众多资管产品层层嵌套、循环出
资,撬动银行的理财资金以高杠杆比例来进行上市公司的收购,这些
行为如今都已明确受到禁止。但在当时,利用和放大法规和监管漏
洞无序扩张和野蛮生长的行为,在资本市场上还大行其道。

那时,有不少人认为,既然人家是利用监管的脱节、规则的漏洞
打擦边球,这就说明本身并不违法。因此,政府不必出面纠正制止,
应该让市场自己去解决问题。更有人赞扬和崇拜资本大鳄这种高超
的财技创新,而完全忽略这其中会产生的巨大金融风险。

故而我当时在《上海证券报》发表的文章中指出,保险公司与杠
杆投机相结合,在资本市场上兴风作浪,在法制健全的国外市场上都
不可能发生和被允许,难道在我们社会主义市场经济中反而可以畅行
无阻吗?"纵容这些违法违规的现象发展坐大,我们就会承担更大的
金融风险,而且可能影响市场和公众对全面从严治市的信心"。因此,
"有关监管当局也要采取更加鲜明的态度和更强有力的措施,才能迫

使相关涉嫌方幡然悔悟，回到遵法守法的轨道上来，从而争取到社会危害最小的结果。否则一味姑息，最后的麻烦和损失反而更大"。

后来我们高兴地看到，正是在宝万之争中如《上海证券报》这样主流权威媒体的重点关注和报道，最早触发了保险基金和杠杆资金使用边界的广泛讨论，从而帮助各方认识到保险资金使用、证券市场收购与银行保险等分头监管的漏洞，大大推动了金融系统包括资本市场监管的全面强化和制度健全，并让人们提高了对纠正脱实向虚的金融投机与防控金融风险重要性的认识。这应当说是这场争论的一个积极的成果。

但是，由于多种原因，其中特别是后来被查处落马的时任保监会负责人，被发现是为了个人目的，滥用审批权和监管权，导致保险行业乱象丛生，金融风险积聚。对兴风作浪的金融大鳄不仅不敢亮剑，甚至被发现猫鼠一家，向违法违规的保险公司实控人通风报信，拉关系示好，帮助出谋策逃脱查处，掩盖自己的渎职责任。这反而让这些人自以为得计，有的还越陷越深。

因此，我在当年《上海证券报》文章中提到，他们"作为民营企业发展至今并不容易，应当珍惜节制。否则，多年修行，一朝沦落，那就悔之晚矣"，不曾想竟一语成谶。可见纵容资本大鳄投机冒险，不仅危害社会，最后也会害了肇事者自己。

宝万之争的第二个焦点，是围绕上市公司大股东与经营管理层关系的公司治理结构和资本市场的功能问题。

与国际市场上的大企业如跨国公司通常是股东分散、经营者主导的治理结构不同，国内大部分公司都是被大股东而且往往还只是拥有少数股权的大股东控制。因而许多人认为，上市公司的经营管理层应当听命于大股东，这是天经地义的市场经济的规则，不能破坏，否则就是内部人控制，即便合情合理也是不合规不合法的。

我当时在文章中就指出，上市公司不是或不仅仅是大股东的，而是属于全体股东的。只拥有少数股权的大股东，并非是上市公司的真正主人。上市公司要对全体股东负责，包括还要对公司的相关利益方包括员工、客户、周围邻居和社区、社会等方方面面负责任。所有权经营权合一的企业主模式是传统资本主义企业的典型形态。现代即便是采取有限责任公司形式的中小企业，大股东也必须与小股东商量才能治理企业。现代大型股份制上市公司由于股东数量众多而股权又特别分散，则普遍采取的是所有权与经营权分离的治理模式。这种模式之所以能够成为普遍化的潮流，也是因为其在市场经济的长期竞争演化中有更好的适应性与适存性。

至于资本市场的功能，更不仅仅是为钱服务而不问它是从哪里来、怎么使用。资本市场是为了优化资源配置，是为了发挥市场优胜劣汰的筛选和淘汰功能，是为了优秀企业融资，也是为各类投资者特别是长线投资者的投资和资产配置服务。

如果仅仅因为掌握了垄断的金融牌照，滥用债务杠杆，就可以调集巨量社会资金，在资本市场上"长袖善舞"，助长金融脱实向虚，优质的上市企业反而成为金融资本的猎物、玩物，以致劣币驱逐良币，那就完全背离了我们发展资本市场的初衷和宗旨。对此，我们今天已经有了更加深刻的认识。

宝万之争的第三个焦点，是关于独立董事在上市公司中的作用问题。

在这场股权争夺战中，与万科公司时任大股东相反，全部四名独立董事在不同压力下，对引进深圳地铁公司全部投了赞成票（其中一名委托我投票，另一名用回避表决的办法，实际上也都等同于自己投了赞成票），从而影响和改变了整个事件发展的方向和进程。

独立董事全体与大股东唱反调，独立董事公开发声，在股票停牌的情况下，向市场说明真实情况和披露真实信息，这在当时也引起了轩然大波。

一些人认为，独立董事这么做没有得到授权，是超越了自己的权限范围，损害了上市公司大股东的应有权力，影响了公司正常运作，因而是错误的和有害的。有人甚至提出要追究相关独立董事的法律责任和经济责任。

由于在整个这场争论中，监管部门对独立董事的作用保持沉默，学界分歧和争论很大，市场和社会上观点纷纭、莫衷一是，因此，万科之争并没有在推动独立董事发挥在公司治理中的积极作用方面形成共识。

万科之争之后，一切重归寂静。A股市场几千家上市公司中几乎听不到独立董事什么声音。独立董事制度作为上市公司治理中的重要一环，并没有发挥多少真正的作用。几千家上市公司及其股东们为独立董事每年支付高额的薪酬和各种费用，却没有产生应有的回报，这是非常奇怪和令人遗憾的。

我当时在《上海证券报》的文章中指出，独立董事制度对中国来说是一个舶来品。但是我们在引进中又丢掉了其中一些精髓,如独立董事需要在董事会占多数、独立董事应当选举自己独立的负责人、定期举行无外人参与的独立董事会议、一年至少召开两次无上市公司核心高管参加的经营层会议等。结果独立董事不起什么作用,只是多少沦为上市公司大股东安排自己外部友好关系人士分享福利的渠道。这种有名无实、花费不菲而又四不像的抄袭模仿,是否还有必要? 如何进行根本性的改革? 这确实是证券市场需要认真面对和研究的重要问题。

令人欣慰的是,中国资本市场随着中国经济的繁荣发展和对外开放的不断深化,已经成为中国社会主义市场经济中极为重要的组成部分。其中《上海证券报》创立30年来在这个过程中发挥了重要作用。我衷心祝愿《上海证券报》越办越好,为中国经济的持续稳定发展,为中国资本市场的不断繁荣壮大,为资本市场继续和更大力度的改革开放,作出自己的独特贡献。

独董成花瓶，怎么破？万科前独董：要从整体上重新思考、重新设计[1]

界面新闻：您怎么看康美药业案中独董承担连带赔偿责任？

华生：在康美药业案中，法院判决是根据法律来的；董事会作为企业的日常最高决策机构，企业出了大问题，要求董事会成员承担一定的责任，是在情理之中，法律就这么规定的。

从整体来看，康美药业案的判决肯定有利于推动我们解决独立董事存在的问题。你可以对判决从各种角度去探讨，我认为它的正面意义很大。

该案件将独立董事制度的困局推到"台面"上，可能必须要回答了，要不然接下来稍微谨慎一些，或者有点社会地位的独立董事肯定都不干了。独立董事的整体素质就会显著下降。

界面新闻：康美药业投资者索赔案一审结果为什么会产生这么大反响？

---

1. 华生接受界面新闻记者郭净净、胡振明采访，2021年11月27日。

华生：过去我们的独立董事绝大多数情况下就是一个"摆设"，大股东请来在社会上有一定资历的亲朋好友或关系不错的朋友，来做独立董事。独立董事也没什么事，就一年拿个10万元钱参加几次董事会，原来都觉得没有什么责任。

但康美药业投资者索赔案一来，大家发现，独立董事不仅有责任，而且在极端情况下责任还很重大，这个冲击就很大了。

界面新闻：独立董事一年拿钱不多，需要承担这么大的责任吗？

华生：责任的大小跟你拿的薪酬并没有直接的关联。给了你这个职责，你没有履行好，造成重大损失，就要追究你的责任，这和收入不挂钩。比如，这一次康美药业的会计师、注册会计师也被判承担100%的连带责任，会计师事务所、注册会计师本身拿钱也很有限。

界面新闻：该案件是否影响独立董事的任职信心？

华生：信心肯定会有影响。但这个打击也是正反两个方面的。一个方面是应该打击的，因为他们本来只拿钱不干什么活，应不应该敲打一下，我看也应该。二是它的负面的影响，就是导致多少能帮点忙，资历不错的独立董事也不干了；将来只有那些觉得拿这个钱冒些风险还是值的人愿意干，但这样的人可能就更加不合格了。经济学有个词叫作逆向选择，选择的人越来越差。

界面新闻：独立董事的主要职责是什么？主要发挥什么作用？

华生：即便是在更加成熟的国外市场的上市公司中，独立董事主要任务也不是"看"管理层。那是看不住的，为什么？他一年就来开几次会，他怎么看？基本就是看一看材料，没有什么问题就签字。那材料是大股东写出来的，他写什么你看到什么。而且他看的材料跟投资者看的材料是一个材料,只是比普通投资者早一点点看到而已。这样的话,一般即便真有什么问题,他也发现不了,也不可能发现。

独立董事通常是各行业专家名家,普遍都很忙。当然也有极少数的独立董事可能时间比较充沛,也不怕看别人的眼色。但如果没完没了地跟公司提这个要看看那个要看看,这些都是要涉及费用的。冷眼不说,你还这么麻烦,公司下回就不请你了。

即使在美国,独立董事也负不了责任,因为他的主要责任不是去干这个活。

那么,在公司股权分散的情况下,要独立董事,干什么呢?从国外经验来看,独立董事的第一个任务是筛选公司管理层。他们的独立董事也主要由行业资深人士、特别是其他大企业的在任或退休的高管以及相关行业专家担任,这些人普遍很忙。他们不是被请来去专门看管别人的,也没时间精力。

在独立董事占多数的情况下,他们第一个任务是筛选公司管理层,比如谁能够当这个董事长或当总经理,并进行面试或考察。当选后,就由他们来管理上市公司。比如苹果公司首席执行官库克,一旦苹果出现问题了,这时候库克说了不算,董事会说了算,董事会对管理层提出要求或警示,甚至董事会多数通过了以后可能就把管理层给"炒"了。

这时候,独立董事是真有权,真有权的人不是整天跟着人家后面打小报告的人。

界面新闻:怎么看我国上市公司的独立董事制度?

华生:我们的制度设计从一开始本身就存在着内在的缺陷,很难发挥应有的作用。从这个意义上，说独立董事有冤枉之处，有一定道理。换个角度看，康美药业案这件事情的处理是不是非常合适？这个是可以打问号的，是可以问的。

独立董事需要承担的责任可以小一些，某种意义上，不让他承担太大责任也是可以的。但是他啥也不干，我们股民有必要养这些人吗？这就存在更深层次的内在矛盾。

国情不同，独立董事制度不免有"水土不服"的问题。我们和国外的国情不同。

比如，从公司股权结构来看，国外的公司股权大多比较分散，美国证监会规定上市公司一定要有独立董事，而且独立董事要占公司董事会的多数，董事甚至是由独立董事的提名委员会提名。

而在国内，我们的企业股权比较集中，大多数由大股东、控股股东来实际把控。独立董事更是由上市公司大股东和管理层请来的朋友、亲戚，来帮忙的。

国外的独立董事是真正有权的，我们的独立董事却是"主人"请来帮忙的。按照规定，独立董事要维护公司整体利益，同时要代表中小股东利益，但大股东请来的人怎么能去代表中小股东？这本身就有一个逻辑的矛盾。别人请的人来代表我去监督他，这可能吗？

界面新闻：接下来，中国独立董事制度怎么建设？

华生：这就要从整体上重新思考、重新设计。我们的情况不一样，得考虑根据自身情况来做制度设计。正好很快就要修改《公司法》，独立董事制度是公司法里面决定的，具体办法由国务院规定，国务院委托证监会来做，那么现在就涉及法律是不是要修改的问题，所以这是一个大问题。

从某种意义上看,独立董事制度在中国要改好看起来挺难。有些东西从根本上就有问题,比如我们不可能都搞成类似欧美股权分散的公司结构。

有不少硬核问题待解决。比如,先解决独立性,第一个就是大股东不能提名独立董事,那谁来提名呢?让中小股东提名,中小股东在哪儿呢?中小股东是分散的,今天卖了股,昨天是今天不是了,又由谁来代表中小股东呢?

再来考虑独立董事的权利。独立董事的权利是不是能够超越上市公司大股东本身的权利?这恐怕不行,国企也不同意,民企也不同意。

说康美药业案的判决有积极意义,就是说它给人们提出了很多深层次的问题。

界面新闻:有观点认为,可以成立行业协会来组织监管专职独立董事,您怎么看?

华生:这会有帮助,但根本问题还是解决不了。独立董事是少数还是多数,这是第一个基本问题,就是说权利的分配问题;第二个,独立董事是专职的还是兼职的?一年就参加几次会,他不像孙悟空那样有火眼金睛。行业协会选择也有这个问题。

界面新闻:您曾任职万科(000002.SZ)独立董事,能否谈谈这个经历?

华生:当时是担任深圳证监局局长的张云东给我打电话,我说我从不给任何上市公司做独立董事。后来他说万科跟中国大多数企业都不同,大股东没有多少股,管理层也发挥很大作用,结构很特别,而且这些人很爱惜自己的羽毛。后来过了一两天,确实是他说爱惜羽毛这个事情打动我了。

后来我就回个电话说,既然是你们推荐的,我当也可以,也是一个学习的机会,但是我有一个条件,我不拿钱。(注:华生于2011年3月至2017年6月担任万科A独立董事期间,一直是零薪酬。)

前五年基本上是没干活,事实上也没活给你干。但我免费工作最后一年(2016年)赶上万科出事了,这个时候独立董事起了大作用。

当年6月18日,万科董事会成员共有11人,其中大股东华润方面的董事3人有3票;万科方面的董事4人有4票,占1/3;另外是4位独立董事的4票。

万科那次是有历史意义的,当他们两方发生冲突的时候,董事会的票数起决定作用。但这个决定性作用的前提是,它(公司)必须是没有大股东控制,如果有大股东控制,你独立董事都投反对票也没用。

(注:2016年,万科控股权之争正酣。在万科控股权之争董事会关键投票中,由华润提名的时任独立董事张利平因利益关联"回避表决",让万科董事会的投票基数就从11变成了10个人,最终万科管理层加上独立董事3票合计7票,超过当日出席董事会会议人数的三分之二,这就使得当日万科与深圳地铁集团的重大资产重组事宜得以通过。)

独董制度：作用确实不大，这笔钱花得很冤枉[1]

"我们基本上听不到独董发什么声音，也没看到独董做什么事情，或者是在公司治理当中发挥多少作用。客观性地评价，独董的作用确实不大。"11月26日，著名经济学家华生教授在接受《21世纪经济报道》记者独家专访时表示，中国资本市场原先设立独立董事制度，是为了完善上市公司治理结构、促进上市公司规范运作，"从目前独立董事在公司治理方面起的作用来看，我觉得即使取消了，也不会影响多大，因为本来就没起啥作用，取消了能有多大影响？"

《21世纪经济报道》：您如何评价独董制度对中国资本市场的作用？

华生：客观地讲，总体作用很有限。我们基本上听不到独董发什么声音，也没看到独董做什么事情，或者是在公司治理当中真正发挥作用。客观评价，独董的作用确实不大。

《21世纪经济报道》：如果独董只能做上市公司的"花瓶"，起不

---

1. 华生教授接受《21世纪经济报道》记者韩迅采访，2021年11月29日。

到公平、独立作用，为何不取消独董制度？取消独董制度，会影响上市公司的治理吗？

华生：我们刚开始建立证券市场的时候，绝大部分制度规定都是从西方抄来的，独董制度就是当时引进来的。当时，我们没有注意到中国证券市场与英美国家的资本市场有什么不同，例如上市公司股权结构的区别。

英美证券市场在前一两百年也是没有独董制度的，20世纪后半期才开始搞起来。那么，我们现在的上市公司绝大多数还是属于大股东"一股独大"控制的企业，独董在董事会里起不到什么作用。但是几千家上市公司，一万多独立董事，薪酬以及其他相关的费用也是个大数字，应该说这个钱花得是很冤枉的。

独董制度的缺陷与障碍

《21世纪经济报道》：目前，中国证券市场独董制度存在哪些缺陷？影响独董有效发挥作用的最大障碍是什么？

华生：我觉得最大的缺陷，或者说最大的障碍就是，独董是由上市公司的大股东推荐或提名的，而且是由上市公司发的津贴。那么，你说一个你花钱雇来的人，会投票反对你吗？而且，很多独董都是上市公司老板的熟人或者朋友，或者是别人给他介绍的，那么，你觉得老板会请一个反对他的人去上市公司董事会唱"对台戏"吗？这显然是一个悖论。

《21世纪经济报道》：近三年来，中国证监会对独董作出行政处罚约60次，交易所对独董采取纪律处分超110次。为何这么多年的监管处罚，都没有康美药业一次处罚这么触及独董们的"灵魂"呢？

华生：巨额罚款肯定是一个重要的诱因，一旦真实施，这些独董们是要卖掉自家的房子抵债的，当然触及"灵魂"了。但是，在我看来，康美药业的这个判决是对中国资本市场起了一个非常重要的警示作用。其最大的意义是触动了独董制度的"要害"，使得独董、监管层、市场等等利害关系者第一次意识到一个问题，就是中国证券市场的独董制度要从根本上进行反思，是不是还能这么继续搞下去？

《21世纪经济报道》："康美药业"独董们的连带清偿责任，您觉得是否公平？如果需要承担责任，他们应该承担怎的责任？

华生：这要从不同的角度去看"公平不公平"。从法律角度上说，也没有什么不公平，因为法院是依照相关的法律规定判他们承担相应责任。更何况，法院的判罚也不是针对独董，是董事会的董事都要承担责任。你是董事也好，独董也好，上市公司出了大的违法问题，你们董事们都要承担责任。《公司法》里面有这个规定，所以从这个角度，你不能说不公平是吧？

另外一个角度，是不是独董拿的津贴少，就不应该承担那么重的处罚呢？康美药业的会计师这一次承担的责任比独董大多了，我看，也没有哪个注册会计师跳出来喊冤。更重要的是，中国证券市场独董制度本身存在问题，因此"连带清偿责任"这件事情是可以讨论的，不能简单地说公平或者不公平。

"中国特色社会主义市场经济的上市公司治理结构，需要整体重新设计"

《21世纪经济报道》：如何促进中国证券市场独董制度的改革？

有什么建议吗?

华生: 目前暴露出来的独董问题,不是光说取消或不取消的问题,是中国上市公司的公司治理应该怎么来做、怎么完善? 如果大家都说独董制度不行,那么,还有什么可以行,可以取代独董制度呢?

有人说,如果大股东推荐独董不行,是不是让证券业协会或者中小投资者保护协会搞一个"独董池",里面放一些独董候选人进去? 问题的关键不在这里,而在于独董在董事会到底发挥多大作用的问题。英美股市的上市公司董事会,独董占大多数席位,但我们是放几个人进去作陪衬,这就没多大意思。

但是,A股上市公司大股东愿不愿意让协会推荐外部独董进来,愿不愿意把权力让出来? 谁给他们发津贴? 如果是股权分散的上市公司,是不是就比较适合引入独董占多数的制度? 这都可以研究。但在目前中国的上市公司几乎全部都是大股东控制的情况下,要独董在上市公司里面发挥多大作用,是非常困难的。现在,我们团队正在做一个智库研究报告,希望借机能从根本上重新设计适合中国社会主义市场经济下上市公司治理结构的制度安排。

《21世纪经济报道》: 您当初出任独董的原因是什么? 未来还会继续担任独董吗?

华生: 我几乎不担任独董,因为我从来认为现存的独董制度存在重大缺陷。唯一一次去万科做独董,也是因为当时的深圳证监局局长张云东亲自打电话来给我做工作,说万科是标杆企业,管理层很"爱惜自己的羽毛";而且万科的股权比较分散,不存在大股东控制的问题。

后来我才说那我不拿薪酬可以去做。后来做了两届，实际上前五年也没起什么作用，就是坐坐冷板凳举举手。但是最后一年，万科发生了"宝万之争"风波，我们独董在其中就起了很大作用。

并不是说，我们当时的独董有多厉害，是有客观条件和机缘巧合。因为万科股权比较分散，当管理层与股东方产生矛盾的时候，我们独董的几票就起到了决定性的作用，后来也影响了整个公司的发展方向。但是，它仅仅是个例。因为中国的上市公司无论国企还是民企，几乎全都是大股东控制的。因此，在此后我就不当独董，以后当然也不会当。

专访华生：在宝万之争中发挥作用有特殊性，独董制度应该怎么改[1]

澎湃新闻：康美案近日一审宣判，5名独立董事（以下简称"独董"）被判承担巨额连带赔偿责任。目前，事件本身和带来的影响，都在持续发酵。您如何看待这一事件？

华生：康美案一审判决引发市场各方较大反响，应该说是可以预料的。

一方面，该判决改变了先前外界对独董这一职务的风险和收益的认识，这是最直接的原因。另一方面，则是在揭示独董的任职风险的同时，推动了人们对独董制度存在问题的深度思考。

就这方面而言，虽然康美案一审判决并非完美无缺，或者说判决的具体之处还可以进一步推敲研究。但总体上，该判决对于推动解决独董制度问题，起到了巨大的积极作用，是一件好事。

否则，独董制度再过20年得不到关注，也并非完全不可能。

---

1. 华生教授接受澎湃新闻记者田忠方采访，2021年12月1日。

澎湃新闻：目前，大多数A股上市公司独董一年的报酬普遍在10万元左右。您认为，康美独董承担过亿元连带赔偿责任，冤枉吗？

华生：这个问题要从多个角度来看。

就法理层面而言，判决是根据《公司法》对所有董事的相关规定进行了处罚。独董作为上市公司董事会的成员，公司出现重大违法行为是需要承担法律和经济责任的。

同时，对独董应该承担的责任，法律层面并非是以其收入来作为判罚尺度的。康美案一审判决中，会计师事务所和签字会计师便被判承担100%的连带责任。因此，并非说"拿钱少"就应该承担责任也少，而是要看相关渎职或滥用职权的行为造成了哪些危害。

可以说，本次判决在量刑中已经考虑到了责任的区分。不仅是独董与其他任职人员，在独董成员之间，也对不同独董应承担的连带责任进行了区分。

因此，从法理的角度上，不能说相关独董是冤枉的。只能说他们确实负有一定的责任，同时作为具体个人来说也有不幸之处。从他们个人的角度来看，是可以进一步作一些申诉的。

同时，从国际惯例来看，虽然一般情况下独立董事很少被追究责任，但当出现如安然公司这样的重大财务造假事件时，独立董事也难以置身事外。而康美药业某种程度上不是也可以说就是一个缩小版的"中国的安然"吗？

当然，从另一个角度说，即我国的独董制度构造下，独董是否在任何情况下都能够做到法律的预期，在"应不应该"和"能不能够"之间，应该说还有值得研究的大问题。

澎湃新闻：当下，"花瓶"是不少人对于独董的第一印象。您也曾说起过："A股市场几千家上市公司中几乎听不到独立董事什么声音。"独立董事制度作为上市公司治理中的重要一环，并没有发挥多少真正的作用。在您看来，独董缘何一步步成为"花瓶"？

华生：要厘清这个问题，首先要回到独立董事的产生机制上来。

上市公司独立董事是指不在公司担任除董事外的其他职务，并与其所受聘的上市公司及其主要股东不存在可能妨碍其进行独立客观判断的关系的董事。通俗来讲，即独立董事要和上市公司的大股东、管理层没有关系。

但是，A股的独董制度规定，是大股东和管理层提名独立董事。而在大股东进行"挑人"时，独董的独立性如何，已经打了一个很大的问号。

目前，独董是否"独立"，更多是以其和上市公司是否有表面上的法定关联为主要依据。但一个人最好的朋友，往往都不在本单位。一些与实控人或大股东个人关系特别好的"独董"，真的可以说与上市公司没有关联吗？

另一方面，独董的很大一部分职责，便是监督大股东和管理层。而大股东"挑"来的独董，是很难履行监督职责的，这方面甚至可以说有一些"天方夜谭"。

在这种制度安排下，客观来讲，"被请的人去监督请他的人"，且先不论独董的个人资质如何，要想其在任职中发挥很大的作用，注定是比较难的。

因此，才出现了A股几千个上市公司的万余名独董，每年直接间接费用巨大,但却并未起多大作用,广大独董被诟病为"花瓶"的现象。

澎湃新闻:您也担任过独董一职,在独董的履职中,您是否也遇到过一些"痛点"或"难点"呢?

华生:独董在履职过程中,参加董事会会议是其天然的权利。不过,每家上市公司,一年的董事会议次数,是比较有限的,通常都是10次以内。同时,董事会决议的事项都需要公告,所以会议内容比较形式化,如季报、年报等。

就我担任独董期间的经验看,广大投资者看到的相关公告,独董基本上也就是会上或提前几个小时或一天光景看到。如果有隐藏的问题,公告出来后包括机构投资者在内的市场各方都仔细研读不出的问题,要独董在几个小时内发现是不现实的。

同时,在制度安排上,除了参加董事会外,其他的事情也并没有要求一定要通过独董,加之独董一般都是兼职,因此在平日里独董的工作是不多的。

总体来说,虽然要求独董一年至少要在上市公司工作15天,但并没有制度规定,在这15天内独董的吃住行以及相关的工作条件都是由谁来支付和保证。如果一定要一个兼职人员一年内有15天到上市公司上班,并苛责独董去发现任职上市公司的潜在问题和"猫腻",恐怕也不现实。

说句实在话,我在万科担任了两届共六年时间的独董。其中,前五年其实与绝大多数独董一样,基本上"啥也没干",因为也确实"没啥可干"。

我也不是孙悟空,参加董事会议前看一下会议文件,很难一眼看出文件背后的东西。所以,前五年时间也基本是个"花瓶独董"。不过,我在担任万科独董时也没有从公司拿钱,所以还多少可以自我安慰。独董如果不开会,基本上谁也见不着谁,所以其他人是否做的事情多一些,我还真的不知道。

澎湃新闻:在2016年的"宝万之争"中,包括您在内的四名独董,通过公开发声和投票等,影响和改变了整个事件发展的方向和进程。包括您在内的四名独董,当时为何能够发挥出巨大的能量呢?

华生:客观来讲,当时包括我在内的万科独董们,能够在企业发展的关键时刻发挥作用,有其特殊性。

当时,担任深圳证监局局长的张云东力邀我去担任万科的独董,一开始我是谢绝的,后来通过向我介绍了万科的特殊情况包括股权结构的特殊性后,我才同意担任了万科的独董。万科也是我唯一担任过独董的一家上市公司。因此,我这个独董,既不是大股东请的,也不是管理层请的,我跟他们都不认识。

一方面,万科的股权结构,确实是当时中国证券市场上极个别具有"股权分散"特征的公司,华润作为大股东,持股比例也仅在百分之十几,加上管理层的股份和机构投资者,董事会中应该说形成了大股东、管理层、独立董事"三足鼎立"的局面。

另一方面,也与当时任职的独董有担当分不开。不过,客观而言,假如当时大股东占绝对话语权,那么即便独董们再有独立性和担当,也不会发挥太大的作用。

因此,万科股权分散的特征,是当时独立董事能够在公司遇到危机和问题时,发挥决定性作用的前提。

澎湃新闻: 您曾提出:"独立董事制度对中国来说是一个舶来品,但是我们在引进中又丢掉了其中一些精髓。"虽然"宝万之争"后一切重归寂静,但康美案一审落槌后,A股上市公司独董出现了一波"辞职潮",引发了市场对独董制度的长时间关注与思考。在您看来,独董制度在引进之初,有何问题?

华生: 整体而言,西方的上市公司结构,与中国的上市公司结构是不同的。其中,最典型的便是股权分散这一特点。

西方上市公司很少有持股比例特别高的大股东,因此作为长期发展演化的一个产物,产生了对独董制度的需求,因而出现和发展出了独董的相关制度规则。

我国证券市场在建立之初,借鉴了不少海外市场经验,加快了建设速度,也少走了很多弯路。不过,虽然证券市场建设有很多共同规律,但中国上市公司基本上都是大股东控制,与20世纪初期之前几百年中海外证券市场上的情况差不多。这与20世纪中期之后,国外的上市大企业逐步演变为股权分散的市场结构之后,独立董事制度逐步出现的背景是完全不同的。

因此,在大股东说了算的情况下,独董制度如何发挥作用从一开始便面临难题。海外市场上,很多上市公司董事会中独董占多数,同时董事由独立董事提名等,都与国内实际情况有着基本差别。因此,国情上的巨大的差异,从一开始便注定国内市场不太具备独董制度发展的"土壤"。

如别人的独立董事制度要求独立董事需要在董事会占多数、独立董事应当选举自己独立的负责人、定期举行无外人参与的独立董事会议、一年至少召开两次无上市公司核心高管参加的经营层会议等一些独董制度的规则精髓，也并未引进。

不过，对海外独董制度的精髓部分，我们肯定是丢弃了许多，但是否一定需要"拿来"，也是不一定的，毕竟国情并不一样。

澎湃新闻：截至目前，A股独董制度已走过20年。实践的20年中，关于独董制度您是否有一些比较印象深刻的事件？

华生：公正地说，独董制度20年内起的作用很小。在绝大部分企业、绝大部分时候、绝大部分地方，都是如此。独董的"声音"一直不大。

可以看到，独董制度在近20年内没怎么发生过大的变动，也从侧面反映了"路径依赖"的现象。

不过，也不能说独董制度一点作用没有。一些外部的独立董事参加董事会，发表的观点和提出的看法，多少也会增加公司自身董事的视野，为其提供一些信息和建议。

交往总会有收获，获多获少而已。不过，可能程度上在"开卷有益"的那种状态。这个其实通过请顾问、经常请专家名家召开咨询会议等也能够实现。独董制度对上市公司真正起到大作用的，凤毛麟角，需要很多特定条件才能实现。

澎湃新闻：您也曾提出"独立董事不起什么作用，只是多少沦为上市公司大股东安排自己外部友好关系人士分享福利的渠道。这种有名无实、花费不菲而又四不像的抄袭模仿，是否还有必要"的问题。目前，市场也出现了不少取消独董制度的声音。对这一观点，您现在持什么看法？

华生：我倾向于认为应该通过修改《公司法》，把独立董事制度取消、重新设计公司治理的制度结构的观点。通过20年来检验一个制度，基本上能够引出一些结论。

应当说，当年我国在引进独董制度时，对证券市场的理解和认识深度都不够，因此忽略了独董制度中的国情差异问题。

独董在海外上市公司是"多数派"，在董事会中起主导作用。而我们在引进中，国内上市公司独董作为上市公司董事会的"少数派"和"外人"，很难发挥作用。

澎湃新闻：对独董制度如何进行根本性的改革，似乎已成为势在必行的一件事。您认为独董制度的进一步改革，有哪些可行方向或值得探讨的？

华生：整体来看，有两方面内容值得关注。

一方面，是要考虑是否取消《公司法》中关于上市公司设立独立董事的规定，当然这也要通过充分的论证。如果有人认为还是应当要保留，那也要论证清楚独董制度要怎么改革，才能够实现大家预期的他们所能发挥的作用。这包括要厘清独董到底应该怎么产生、应该履行什么职责、相应的要给独董什么样的任职条件等等，这里有一系列需要回答的问题。同时，还需要考虑解决这些问题的条件是否符合中国国情，在各方面是否可行等。

另外一方面，则是要研究和关注监事会的作用。现在人们对独立董事所起作用的预期，实际上很多都与《公司法》规定的监事会及监事的职责，相互重叠。监事会作为企业内部的常设机构，本来更应该起到实际监督的作用，现在更是沦为花瓶。在本次针对独董的讨论中，监事和监事会的问题被忽略，可以说是一个不应该的遗漏。

灵魂三问：独董是否确实需要？他拿什么制衡大股东？凭什么代表中小股东？[1]

完善独董制度要触及根本

《中国经营报》：独董制度是从国外引入，但是并没有发挥其当初设想的作用。你认为，主要的原因是什么？

华生：我国独董制度是在2001年从国外正式引进，当时的历史背景是我们中国加入世贸，各个部门都在按照中央的部署与国际市场惯例接轨，尽可能向国际规则靠拢，并建立相应制度。在此背景下，我们引进了独董制度以及国有股减持制度，后者在当时影响更大。

任何一个制度都有它的国情与市场土壤，美国独立董事制度的发育，与美国证券市场的股权分散的进程相一致。更不用说另一个重大的区别是，我国实行的是社会主义市场经济，很难简单照搬国外某个国家特殊的某个制度，需要根据中国的国情借鉴，再去进行创新

---

1. 华生教授接受《中国经营报》记者郝亚娟采访，2021年12月8日。

和设计。

现在回过头看，由于一些难以避免的历史局限性，我们当时对国际规则的理解还不够深刻，对中国的国情跟国外有多大差异、是否适合直接搬用，也缺乏深入研究。当然应当看到，除了这两个制度走了弯路，我们证券市场做了很多制度引进都效果显著，大大缩短了我们证券市场规范化的进程。

《中国经营报》：独立董事制度需要什么样的市场环境？

华生：独董制度从引进到现在已经有20年的历史了，可以说，这20年来它就基本上没有发挥什么作用。总体而言，在我国，独董制度没有国情基础，也没有市场基础，仅仅是为了符合行政部门和法律上的要求。

从制度演变上来看，我国上市公司设立独董，最初是20世纪90年代为适应国企海外上市的需要，这样就开始建议国内每个上市公司也可设2个独董，后来发展到要求独董人数的占比不低于三分之一，可以看到现在基本上所有的上市公司都是三分之一的"标准最低配置"。

对比来看，美国的独董制度是逐步发育和完善的，从20世纪30年代以后，独董的占比从10%—20%，经过了将近百年的发展，现在独董占比逐步上升至80%以上。独立董事占董事会的成员比例的变化跟美国证券市场的上市公司股权分散化的进程是相互适应和匹配的，是市场主体自己内生的需求，而中国现在的情况与美国证券市场在20世纪初之前的百余年是相同的，就是股权还是相当集中，上市公司几乎都是大股东直接控制，没有什么所有权与经营权分离的问题，并不存在这样的内在需求。

回过头来看，与当年照搬的国有股减持规则一样，独董制度在现阶段也缺乏在中国生长的土壤和国情。以同样在2001年实行的国有股减持制度来说，这一制度实行后，股市出现了剧烈震动。当时我写了一篇文章题目叫作《漫漫熊市的信号——国有股减持评析》，指出我们不能够照搬西方国家发起人股东可以直接在市场上减持的做法和惯例，因为中国的国情不同，我们在上市初期为了防止国有资产流失，强行规定国有股和法人股不流通，10年来已经形成了在价格和产权界定上的重大差异。经历了从2001年到2005年的这段时间，在广泛听取意见之后，国务院果断收回了国有股减持的决定，同时党中央决策部署启动了股权分置改革。股权分置改革也是证监会在前期做了大量的工作，发挥了关键性的作用。如今，中国股市能够跟国际接轨，很重要的原因在于我们消除了当年流通股与非流通股的割裂，这是一个重大的制度基础，所以后来大家的共识都是认为股权分置改革取得了巨大的成功。

既然当年国有股减持办法可以讨论可以撤销，那么，强制性而又效果甚微的独董制度为什么不可以讨论其取舍和出路呢？因此，我认为研究独董问题要解放思想，开阔思路，搞清问题究竟出在哪里，才可能找到真正的解决办法。

《中国经营报》：你提到过"可以考虑废除独董制度"，是基于什么考虑？

华生：一方面，从企业自身角度，没有设立独立董事的积极性。目前大多数上市公司的独立董事占比是按照要求不低于1/3，结果无论是国企还是民企,几乎全按底线配置。这是因为企业设立独董仅仅是为了满足法规要求,不是自愿的,不是自己有内在需求。

另一方面,从政府角度,取消强制性的独董制度也是给市场主体松绑减负,是简政放权的措施之一。独立董事制度是当初缺乏对发展阶段和国情差异认识的情况下加在中国的上市公司头上的,增加了上市公司及股东的负担。党的十八大以来,中央反复强调要尊重市场主体的权利,发挥市场主体的积极性和创造性,要尽量减少行政上包括法规上对市场主体不必要的束缚,为此,国家也已经取消和废除了大量的过时的法规。废除了强制性的比例要求以后,上市公司真有需要,他自己自然就会去做。

从更大的角度看,公司治理是一个大课题,对独立董事制度的重新研究和作重大的修改要考虑到方方面面,比如,从强制性的变成自愿性的,哪种特定情况下必须设立独董,哪些情况下允许自愿设立或不设立。目前对独立董事制度的认识和误解太大,对独董的许多期盼和要求完全不切实际。希望监管部门在修订独董规则及在全国人大修改公司法的过程中起到积极作用。如果是没用的不可修补的东西,勉强去修补,最终仍然没有生命力。

关键在于谁来代表小股东利益?

《中国经营报》: 在你看来,独立董事在公司治理中应该发挥什么作用?承担的权和责是什么?

华生: 独董发挥作用的前提是能制衡公司决策层。但现实情况是,中国目前的上市公司普遍"一股独大",在大股东控制上市公司的情况下,独立董事没有立足和发挥多大作用的空间,仅仅是个陪衬。而且通常就是大股东提名的,是因为朋友关系被推荐去的。

另一个现实情况是独立董事总要在每一份董事会决议上签字,因为按照规定会议开完当晚就要公告,但基本上对公司的具体情况并不很了解。独立董事所看到的东西,和几小时后投资者、研究机构所看到的一样,敏感数据和内部资料出于信息披露和保密的要求一般也很难提早看到,看到之后马上就要签字,这个责任要求太高了。绝大多数独立董事其实就是一年中赶去上市公司匆匆忙忙地参加几次会议,每次屁股还没坐热,就得往回赶。理想化地指望他们能监控公司治理,是非常不现实的。

另外,我们的独立董事大多是学者专家,有学术知识背景,但是没做过企业。有人总结"学者下海,10个有9个是失败的",这就说明术业有专攻,人有专长,搞学术和管企业需要不同的特质。现在这方面的认知和要求存在很大的误区。如果一味沿着这个方向去改,最终的结果就是缘木求鱼。

《中国经营报》: 如果要为独董规则提出修改建议,你有哪些建议?

华生: 独董制度的完善要放在重构中国特色的公司治理结构的大课题下。我认为,至少从以下两个方面:一是要分类改革,不同股权结构的企业设立独立董事遵照不同的要求;二是增加市场主体的自主权自愿性。

《中国经营报》: 在完善独立董事制度方面,你认为,公司治理结构需要哪些改变?

华生：重新构造和完善中国的公司治理结构，需要群策群力，需要监管部门、立法机构听取和综合各方的意见。独立董事虽然只是一个分支，但它原本也是公司治理结构设计中很重要的一环。如果这一环改变了，那么公司治理结构就需要改变很多内容。重新设计独董制度，可以有多种思路，目的在于建立能够真正有效地约束公司大股东和约束公司管理层的公司治理结构。

在这一点上我们需要明白，独董制度并不是发达市场经济的普遍制度。比如，德国的上市公司就没有独立董事，监事会的构造设计也与中国完全不同。日本受美国影响，谈论独立董事已经很长时间了，但是至今也没做，搞的还是自己特色的"监察役会"。

所以，是独立董事作用大，还是监事会或其他机构更有用，不能教条和迷信，取决于国情和制度设计，取决于谁能够真正代表公众和中小股东利益。不触及根本性的东西，独立董事制度即使修改了，作用也不会大。

对话"中国第一独董"华生：不能让独董继续当"花瓶"[1]

独董20年，作用不大

《时代周报》： 独董制度引入中国，至今已有20年。在你的观察中，独董制度在促进国内上市公司规范运作以及关注中小股东合法权益不受损害方面，发挥的作用大吗？

华生： 客观评价，独董制度起到的作用十分有限。如果不是这次对独董的高额罚单案件，可能也没人关心独董，因为中小股东遇到问题了，他不会说我去找独董，没有这个说法。所以独董制度虽然多年来学术界有一些讨论，但在实践中，应当说20年来基本上没起应起的作用。

《时代周报》： 再好的制度也要符合国情，20年来，中国的资本市场获得了长足发展，独董制度有无同步优化？

华生： 这个制度本来就有特殊的适存性。土壤不适合，那就很难优化，有些甚至起的是反作用。如2004年，证监会提出"完善独立董

---

1. 华生教授接受《时代周报》记者胡天祥采访，2021年12月10日。

事制度,充分发挥独立董事的作用",并作出了六项具体规定;2013年,中央组织部出台《意见》,启动清理"官员独董"工作,目的各不相同。总的来看,制度的改变是希望独董能更多保护中小股东的合法权益不受损害,但独董通常是大股东请的,这本身就是矛盾的。

"独董不懂"与人员构成有关

《时代周报》: 独立董事,首要一点就是独立性。如何评价国内独董的独立性现状?欧美等国家的独董制度,中国有可以借鉴的地方吗?

华生: 首先,国内独董不大可能有独立性,因为他是大股东从自己的社会关系网里面找来的;第二,欧美等国的独董制度跟中国有根本上的不同,不仅是因为上市公司的股权结构不同,还有法律体系不同等。

美国证券市场在很长时期中并没有独董制度,是随着后来股权越来越分散,上市公司找不到大股东,所以市场自身逐步发育出独董在董事会占多数的制度,来代表股东利益,制约公司经营管理层。反观国内上市公司,一般都是"一股独大"的"内部人控制",所以它本身没有对独董的内在需求,这里存在着一个基本的国情和证券市场发展阶段的差异。

《时代周报》: 除了"独董不独",公众对国内独董另一个质疑就是"独董不懂"。你怎么看待公众对独董专业性不足的质疑?

华生: 国内的独立董事多为高校教授,书本知识跟实践知识,当然是不一样的。搞学术与管企业是两个完全不同的领域。俗话说隔行如隔山，学术做得不错、懂书本知识但不懂企业经营，本来也是正常现象。

国内上市公司独立董事的另一个主要来源是财务和法律背景的白领。这些人有一定的专业知识，但是知识面比较窄。特别是企业内部本身就有法务部、财务部，上市公司还都聘请了专门的律师事务所做法律顾问、会计师事务所做财务审计，因此，这部分人的专业知识对于企业来说很难有多少附加价值。

懂企业是要在商业社会里面身经百战，"杀"出来以后才能懂，懂监督至少也需要有企业里纪检监察的经验。所以在我们设计导向的这种独董人员结构下，"独董不懂"是自然结果。

《时代周报》： 但也有专家把这归结为独董往往在多家上市公司身兼职位，从而导致精力不足。

华生： 我觉得这个倒是很次要的，独董本来就是个兼职。实际上你看这些独立董事，他经常不出席董事会，很多都是视频连线，或者委托其他人参加投票，这个是普遍现象。为什么？因为他有自己的主业，他有自己的老板，每天要上班的，独董是他用业余时间当的，一般都是匆匆忙忙赶去开个董事会，屁股还没坐热，就得往回赶。

"提高独董比重"的说法脱离实际

《时代周报》： 在独董制度设计中，独董是制约公司"一股独大"和管理层内部控制的重要角色。但根据清华大学某教授提供的数据，从2001年开始，截至2021年11月24日，独董一共进行了77 480次董事投票表决，弃权仅30次，反对仅36次。你对这个数字感到意外吗？

华生：我一点都不意外，这很正常。就像我们刚才讨论的，独董既"不独"又"不懂"，同时也没有权责去做什么事情。而且独董通常是人情关系请来的，大多数情况下，确实不了解情况，盲目地投反对票去得罪人，也不符合中国社会的惯例和传统文化。

《时代周报》：实际上我们也看到有一些独董，是非常尽职尽责地履行他的职责。在制度方面，如何去保障那些敢于"说不"的独董？

华生：目前国内的制度设计，独董既是大股东请的，也是大股东可以罢免的，这就很难保护。

《时代周报》：关于保障"独董"权益，有学者就提出来，应该考虑增加国内独董在董事会的比重，这样既增加了独董在董事会的话语权，也能达到制衡大股东的目的。这一建议可行吗？

华生：不可行，这种说法很脱离实际，完全是想当然。国内监管规定独董数量至少占董事会的三分之一，上不封顶，但上市公司几乎都是按照最低要求来配备独董，说明什么？说明这个制度本身是无源之水，没有市场需求，没有自身的生命力。

那从制度层面强行提高占比可不可行？更不可行，因为国内公司基本都是大股东控制，如果真的让社会上请来的独立董事控制董事会，控制上市公司，大股东靠边站，这是颠覆性的改变，不具有现实性与可行性。

不能让独董继续当花瓶

《时代周报》：你提到，近期 A 股独董辞职潮的重要诱因是一份针对独董的巨额罚款。实际在此之前，就有学者提出不宜对独董采取过于严厉的处罚，在欧美国家，就很少有痛击、重锤独董的情况。你赞同这种观点吗？

华生：西方国家很少重罚独董，但并不是没有。国内独董制度则是20年来完全没有，有这第一次就觉得痛了？如果不趁着这次机会反思，难道还让独董继续当花瓶，继续成为只会投赞成票的表决机器？

近期，证监会副主席王建军也在公开场合专门讲到这个问题，就说明证监会已经高度重视，正在讨论研究这个问题。

《时代周报》：有不少学者呼吁推广董责险，观点是董责险在欧美及香港市场购买率很高，但国内公司却很低，你怎么看？

华生：董责险当然可以有，但要明确的是，这些保险是在正常情况下对董事的保护，当公司出现重大违法事件的时候，这个险是不覆盖的。

另外要强调的是，买保险还是一个市场化的行为，就像我们不能强制每个公民都买商业保险，也不能够强制公司给董事买责任险，市场的东西要归市场。

《时代周报》：为什么国内公司都不太愿意购买董责险？

华生：国内上市公司基本上是"一股独大"或者"内部人控制"，"董监高"首先就是他们自己，而且他们也知道，只要自己不违法，这个险基本上就跟你健康人去买健康保险一样，除了防意外，基本上是白花钱。但如若真出了违法的行为，这个险又无法保障，所以也就没有买的意义了。

我们要看到,独立董事制度并非是一个普遍的制度形式,同样是发达国家,与中国情况比较相似的德国、日本等国,都没有这个制度。对于独立董事制度在中国土壤上的适应性以及如何改革,还是应该解放思想,勇于创新,保持开放性思维。

康美财务造假案时间线[1]

中国证监会：这是一场有预谋、有组织、长期系统实施的财务造假，且涉案金额创下 A 股历史之最。

2018 年 12 月 28 日　中国证监会立案调查[2]

2018 年 12 月 28 日，康美药业发布晚间公告称收到中国证监会《调查通知书》："因你公司涉嫌信息披露违法违规，根据《中华人民共和国证券法》的相关规定，我会决定对你公司立案调查。"康美药业在公告中表示，公司将全面配合中国证监会调查工作，并严格按照监管要求履行信息披露义务。

---

1. 由邢行、汲铮根据公开资料及媒体报道整理。

2. https://pdf.dfcfw.com/pdf/H2_AN201812281280436418_1.pdf.

2019年4月30日 康美药业披露年报、《2018年度前期会计差错更正专项说明的审核报告》[1]

2019年4月30日,康美药业发布了2018年年报和2019年一季度季报。同时,披露了《2018年度前期会计差错更正专项说明的审核报告》,在报告中:康美药业2017年年报多计299.44亿元货币资金,营业收入多记88.98亿元,营业成本多计76.62亿元。跟金额一样夸张的是其比例,调整前货币资金为340亿元,其中竟有88%是假的,调整后只剩41亿元。

2019年4月30日 上海证券交易所发监管工作函[2]

2019年4月30日,康美药业发布公告收到《上海证券交易所关于对康美药业股份有限公司前期会计差错更正等有关事项的监管工作函》。公告中指出:根据《2018年度前期会计差错更正专项说明的审核报告》及《2018年年报》,上述事项反映出康美药业在财务管理、信息披露、内部控制等方面可能存在重大疑问。

2019年5月5日 上海证券交易所发问询函[3]

上海证券交易所下发问询函,要求康美药业对《2018年年报》及《2018年度前期会计差错更正专项说明的审核报告》中所披露的货币资金多计299.44亿元等11项内容进行更加明确的核实并披露。

---

1. http://pdf.dfcfw.com/pdf/H2_AN201904301324533674_1.pdf. http://www.kangmei.com.cn/uploadfile/2019/0509/20190509092921951.pdf.

2. https://pdf.dfcfw.com/pdf/H2_AN201904301325110932_1.pdf.

3. https://pdf.dfcfw.com/pdf/H2_AN201905051326682825_1.pdf.

　　并要求康美药业全体董事、监事、高级管理人员对前述会计差错、内部控制缺陷事项，全面自查涉及的规范运作及信息披露问题，就是否存在信息披露违规行为进行详细说明，同时结合自身具体职责履行情况，就是否勤勉尽责、是否存在主观故意、是否存在管理层舞弊行为明确发表意见。

　　询问函中要求康美药业于2019年5月14日之前披露对本问询函的回复。

2019年5月9日　康美药业审计机构被立案调查[1]

　　2019年5月9日，证监会对广东正中珠江会计师事务所（以下简称正中珠江）下发立案调查通知书（粤证调查通字190076号），正中珠江被立案调查的原因是因其在康美药业股份有限公司的审计业务中涉嫌违反证券相关法律法规。

　　据悉，正中珠江已连续为康美药业提供审计服务10年以上，2018年之前年报，均为康美药业出具标准无保留意见审计报告。

2019年5月14日　康美药业发布公告延期回复上海证券交易所问询函[2]

　　在公告中：公司收到《监管工作函》和《问询函》后，积极组织相关人员对《监管工作函》和《问询函》中涉及的问题进行分析并逐项

---

1. https://xueqiu.com/4375244628/126503707.

2. https://pdf.dfcfw.com/pdf/H2_AN201905131329235561_1.pdf.

落实。由于部分问题涉及的事项需进一步确认,并需要相关中介机构出具意见。经公司与上海证券交易所申请,将延期回复《监管工作函》和《问询函》,公司正在加快落实、推进相关回复工作,回复公告时间将不晚于2019年5月21日。

2019年5月17日　证监会通报康美药业案进展[1]

2019年5月17日,证监会通报康美药业财务报告造假,涉嫌虚假陈述等违法违规。中国证监会表示,经初步调查,康美药业披露的2016—2018年财务报告存在重大虚假,涉嫌违反证券法相关规定。一是通过使用银行单据虚增存款;二是通过伪造业务凭证进行收入造假;三是部分资金转入关联方账户买卖公司股票。

2019年5月17日　康美药业被风险提示[2]

2019年5月17日,康美药业发布公告称,经公司自查,因公司治理、内部控制存在缺陷,资金管理、关联交易管理等方面存在重大缺陷,违反了公司日常资金管理规范及关联交易管理制度的相关规定。公司对上述问题带来的影响,向广大投资者致以最诚恳的歉意。

同时,公告中称2019年5月21日起,康美药业股份有限公司,主动戴帽变"ST康美"。

---

1. http://www.csrc.gov.cn/csrc/c100028/c1001009/content.shtml.

2. https://pdf.dfcfw.com/pdf/H2_AN201905171330858210_1.pdf.

2019年5月29日　康美药业部分回复上海证券交易所问询函[1]

经过两次延期,康美药业于2019年5月29日发布公告对《问询函》中的大部分问题进行了回复,并承认在公司治理、内部控制存在缺陷,信息披露方面存在未能将本次追溯调整涉及的相关事项及时披露的问题,违反了公司信息披露管理制度的相关规定。

2019年8月16日　康美药业收到证监会《行政处罚及市场禁入事先告知书》[2]

2019年8月16日　证监会对康美药业等作出处罚及负责人禁入市场告知,**实锤造假行为**。证监会拟决定对ST康美责令改正,给予警告,并处以60万元的罚款;对马某田、许某某给予警告,分别处以90万元的罚款;对邱某某、庄某某等19人给予警告并处以10万至30万元不等的罚款。

在证监会对康美药业下发《行政处罚及市场禁入事先告知书》中指出康美药业涉嫌存在以下违法事实:

一是康美药业涉嫌累计虚增营业收入291.28亿元。具体为:《2016年年度报告》虚增营业收入89.99亿元,多计利息收入1.51亿元,虚增营业利润6.56亿元,占合并利润表当期披露利润总额的16.44%;《2017年年度报告》虚增营业收入100.32亿元,多计利息

收入2.28亿元,虚增营业利润12.51亿元,占合并利润表当期披露利润总额的25.91%;《2018年半年度报告》虚增营业收入84.84亿元,多计利息收入1.31亿元,虚增营业利润20.29亿元,占合并利润表当期利润总额的65.52%;《2018年年度报告》虚增营业收入16.13亿元,虚增营业利润1.65亿元,占合并利润表当期披露利润总额的12.11%。

二是累计虚增货币资金886亿元。康美药业《2016年年度报告》虚增货币资金225.49亿元,占公司披露总资产的41.13%和净资产的76.74%;《2017年年度报告》虚增货币资金299.44亿元,占公司披露总资产的43.57%和净资产的93.18%;《2018年半年度报告》虚增货币资金361.88亿元,占公司披露总资产的45.96%和净资产的108.24%。

三是《2018年年度报告》中存在虚假记载,虚增固定资产、在建工程、投资性房地产,共计36亿元。康美药业在《2018年年度报告》中将前期未纳入报表的亳州华佗国际中药城、普宁中药城、普宁中药城中医馆、亳州新世界、甘肃陇西中药城、玉林中药产业园等6个工程项目纳入表内,分别调增固定资产11.89亿元,调增在建工程4.01亿元,调增投资性房地产20.15亿元,合计调增资产总额36.05亿元。

四是《2016年年度报告》《2017年年度报告》《2018年年度报告》中存在重大遗漏,未按规定披露控股股东及其关联方非经营性占用资金的关联交易情况。2016年1月1日至2018年12月31日,康美药业在未经过决策审批或授权程序的情况下,累计向控股股东及其关联方提供非经营性资金116.19亿元用于购买股票、替控股股东及其关联方偿还融资本息、垫付解质押款或支付收购溢价款等用途。

依据《证券法》一百九十三条第一款、第三款的规定,证监会拟决定:

(1)对康美药业股份有限公司责令改正,给予警告,并处以60万元的罚款;

(2)对马某田、许某某给予警告,并分别处以90万元的罚款,其中作为直接负责的主管人员罚款30万元,作为实际控制人罚款60万元;

(3)对邱某某给予警告,并处以30万元的罚款;

(4)对庄某某、温某某、马某洲给予警告,并分别处以25万元的罚款;

(5)对马某耀、林某浩、李某、江某某、李某安、罗某某、林某雄给予警告,并分别处以20万元的罚款;

(6)对张某1、郭某某、张某2、李某华、韩某某、王某给予警告,并分别处以15万元的罚款;

(7)对唐某、陈某给予警告,并分别处以10万元的罚款。

此外,马某田、许某某、邱某某在康美药业信息披露违法行为中居于核心地位,直接组织、策划、领导并实施了涉案违法行为,是最主要的决策者、实施者,其行为直接导致康美药业相关信息披露违法行为的发生,采取终身证券市场禁入措施。庄某某、温某某、马某洲涉案信息披露违法行为的发生与其职责、具体实施行为直接相关,其行为与康美药业信息披露违法行为的发生具有紧密联系,情节较为严重采取10年证券市场禁入措施。

2020年5月14日　康美药业收到证监会《行政处罚决定书》及《市场禁入决定书》[1]

在《行政处罚决定书》和《市场禁入决定书》中指出：

本案现已调查、审理终结。经查明，康美药业存在以下违法事实：

（1）《2016年年度报告》《2017年年度报告》《2018年半年度报告》《2018年年度报告》中存在虚假记载，虚增营业收入、利息收入及营业利润；

（2）《2016年年度报告》《2017年年度报告》《2018年半年度报告》中存在虚假记载，虚增货币资金；

（3）《2018年年度报告》中存在虚假记载，虚增固定资产、在建工程、投资性房地产；

（4）《2016年年度报告》《2017年年度报告》《2018年年度报告》中存在重大遗漏，未按规定披露控股股东及其关联方非经营性占用资金的关联交易情况；

（5）董事、监事和高级管理人员履职相关情况。

康美药业董事、监事、高级管理人员违反2005年《证券法》第六十八条第三款关于"上市公司董事、监事、高级管理人员应当保证上市公司所披露的信息真实、准确、完整"的规定，构成2005年《证券法》第一百九十三条第一款所述"直接负责的主管人员和其他直接

---

1. https://pdf.dfcfw.com/pdf/H2_AN202005151379753105_1.pdf.

责任人员"。

马某田,担任康美药业董事长、总经理,全面管理公司事务,组织安排相关人员将上市公司资金转移到其控制的关联方,且未在定期报告里披露相关情况;同时为掩盖上市公司资金被关联方长期占用、虚构公司经营业绩等违法事实,组织策划康美药业相关人员通过虚增营业收入、虚增货币资金等方式实施财务造假,明知康美药业《2016年年度报告》《2017年年度报告》《2018年半年度报告》和《2018年年度报告》披露数据存在虚假,仍然签字并承诺保证相关文件真实、准确、完整,直接导致康美药业披露的定期报告存在虚假陈述,是康美药业信息披露违法行为直接负责的主管人员。马某田除依据上述身份实施违法行为外,同时作为实际控制人存在指使信息披露违法行为。

许某某,作为康美药业实际控制人,担任康美药业副董事长副总经理以及主管会计工作的负责人,协助马某田管理公司事务,与马某田共同组织安排相关人员将上市公司资金转移到其控制的关联方,知悉马某田组织相关人员实施财务造假;明知康美药业《2016年年度报告》《2017年年度报告》《2018年半年度报告》和《2018年年度报告》披露数据存在虚假,仍然签字并承诺保证相关文件真实、准确、完整,直接导致康美药业披露的定期报告存在虚假陈述,是康美药业信息披露违法行为直接负责的主管人员。许某某除依据上述身份实施违法行为外,同时作为实际控制人存在指使信息披露违法行为。

邱某某,作为时任康美药业董事、副总经理和董事会秘书,主管公司信息披露事务,对公司定期报告的真实性、完整性、准确性承担主要责任,并在《2016年年度报告》《2017年年度报告》《2018年半年度报告》上签字;根据马某田的授意安排,组织相关人员将上市公司资金转移至控股股东及其关联方,组织策划公司相关人员实施、并亲自参与实施财务造假行为,直接导致康美药业披露的定期报告存在虚假陈述,是康美药业信息披露违法行为直接负责的主管人员。

庄某某,作为康美药业财务总监,组织财务会计部门按规定进行会计核算和编制财务报告。其作为财务负责人,在《2016年年度报告》《2017年年度报告》《2018年半年度报告》和《2018年年度报告》上签字和声明,承诺保证相关文件真实、准确、完整,应当对康美药业披露的定期报告存在虚假陈述承担法律责任,是康美药业信息披露违法行为的其他直接责任人员。

温某某,先后担任康美药业职工监事、总经理助理、副总经理,协助董事会秘书和财务负责人分管财务工作,并在《2016年年度报告》《2017年年度报告》《2018年半年度报告》和《2018年年度报告》上投赞成票或签字;根据马某田、邱某某的授意安排,组织相关人员将上市公司资金转移至控股股东及其关联方,组织协调公司相关人员实施财务造假及信息披露违法行为,应当对康美药业披露的定期报告存在虚假陈述承担法律责任,是康美药业信息披露违法行为的其他直接责任人员。

马某洲,作为康美药业监事和财务部总监助理,分管出纳工作,在《2016年年度报告》《2017年年度报告》《2018年半年度报告》和《2018年年度报告》审议中投赞成票;根据马某田等人安排,参与财务造假工作,应当对康美药业披露的定期报告存在虚假陈述承担法律责任,是康美药业信息披露违法行为的其他直接责任人员。

马某耀、林某浩、李某、江某某、李某安、张某1、郭某某、张某2、罗某某、林某雄、李某华、韩某某、王某、唐某、陈某等其他董事、监事和高级管理人员,在《2016年年度报告》《2017年年度报告》《2018年半年度报告》和《2018年年度报告》审议中投赞成票或签字,保证财务报告真实、准确、完整,现有证据不足以证明上述人员已尽勤勉义务,应当对康美药业披露的定期报告存在虚假陈述承担法律责任,是康美药业信息披露违法行为的其他直接责任人员。

其中,对于本案件先关人员的处罚内容与《行政处罚及市场禁入事先告知书》一致,本处不再赘述。

2020年5月14日 康美药业相关人员涉嫌犯罪行为被移送司法机关[1]

5月14日,证监会网站显示,近日,证监会依法对康美药业**违法违规**案作出行政处罚及市场禁入决定,决定对康美药业责令改正,给予警告,并处以60万元罚款,对21名责任人员处以10万元至90万元不等罚款,对6名主要责任人采取10年至终身证券市场禁入措施。相关中介机构涉嫌违法违规行为正在行政调查审理程序中。同时,证监会已将康美药业涉嫌犯罪行为相关人员移送司法机关。

证监会最终认定,2016年至2018年期间,康美药业虚增巨额营

---

1. http://www.csrc.gov.cn/csrc/c100028/c1000782/content.shtml.

业收入，通过伪造、变造大额定期存单等方式虚增货币资金，将不满足会计确认和计量条件工程项目纳入报表，虚增固定资产等。同时，康美药业在未经过决策审批或授权程序的情况下，累计向控股股东及其关联方提供非经营性资金约116.19亿元，用于购买股票、替控股股东及其关联方偿还融资本息、垫付解质押款或支付收购溢价款等用途。

2020年7月9日　康美药业时任实控人被采取强制措施[1]

康美药业7月9日晚间公告：收到公司实际控制人马某田先生家属的通知，马某田先生因涉嫌违规披露、不披露重要信息罪被公安机关采取强制措施。

马某田先生自2020年5月份已不在公司担任任何职务。目前公司生产经营正常，公司董事、监事、高级经理人员将加强公司管理，确保各项业务持续稳定开展。

2020年12月31日　广州中院依法受理案件普通代表人诉讼[2]

广州中院受理了原告顾某某、刘某某等11名投资者共同起诉被告马某田、许某某、邱某某、庄某某、温某某、马某洲、马某耀、林某浩、李某、江某某、李某安、罗某某、林某雄、李某华、韩某某、王某、张某1、郭某某、张某2、唐某、陈某、康美药业股份有限公司（以下简称康美药

1. https://pdf.dfcfw.com/pdf/H2_AN202007091390548217_1.pdf.
2. https://pdf.dfcfw.com/pdf/H2_AN202012311446044176_1.pdf.

业)证券虚假陈述责任纠纷一案。经本案原告共同推选,顾某某、刘某某拟为诉讼代表人,同时请求诉讼请求相同并申请加入本案诉讼的其他投资者,一并提起普通代表人诉讼。

诉讼请求:

(1)请求确认原告顾某某、刘某某为本起诉书各原告的诉讼代表人,并请求法院发起普通代表人诉讼;

(2)请求依法判决马某田、许某某赔偿原告投资差额损失410 522元;

(3)请求依法判决马某田、许某某赔偿原告投资差额损失的佣金123.17元、印花税410.52元、利息损失1 172.51元;

(4)请求依法判决各被告对原告的上述损失承担连带责任。

2021年2月20日 正中珠江被罚[1]

证监会对正中珠江(特殊普通合伙)责令改正,没收业务收入1 425万元,并处以4 275万元罚款;对杨某某、张某璃、苏某某三人给予警告,并分别处以10万元罚款;对刘某给予警告,并处以3万元罚款。

对杨某某、张某璃分别采取5年证券市场禁入措施,对苏某某采取10年证券市场禁入措施。

---

1. http://www.csrc.gov.cn/csrc/c101927/c013ed46d13b14c8baff1824846936589/content.shtml; http://www.csrc.gov.cn/csrc/c101928/c9a654df415374f6aa6a1a5e46e4e8221/content.shtml.

2021年3月26日　广州中院发布《普通代表人诉讼权力登记公告》[1]

公告中：自2017年4月20日（含）起至2018年10月15日（含）期间以公开竞价方式买入、并于2018年10月15日闭市后仍持有康美药业股票（现简称为ST康美，证券代码：600518），且与本案具有相同诉讼请求的投资者，可以于2021年4月25日之前登记加入本案诉讼，但根据《最高人民法院关于审理证券市场因虚假陈述引发的民事赔偿案件的若干规定》第十九条规定，虚假陈述与损害结果之间不存在因果关系情形的投资者，不符合前述权利登记范围，本院不予登记。

2021年3月26日　投服中心公开接受投资者委托[2]

针对广州中院发出的《普通代表人诉讼权利登记公告》，投服中心在中国投资者网发布了《投服中心接受康美药业虚假陈述民事赔偿案投资者委托的说明》，公开接受投资者委托，如在法定时限内接受50名投资者委托，将向广州中院申请参加（2020）粤01民初2171号案普通代表人诉讼并转换为特别代表人诉讼。

2021年3月30日　广州中院准许原告追加被告[3]

原告顾某某、刘某某等11名投资者根据中国证券监督管理委员

1. http://www.gzcourt.gov.cn/fygg/ck11/2021/03/26152533718.html.
2. https://pdf.dfcfw.com/pdf/H2_AN202103261476996494_1.pdf.
3. https://xueqiu.com/1520208526/177393659.

会对正中珠江及杨某某、张某璃、刘某、苏某某的行政处罚决定，向广州中院申请追加正中珠江、杨某某、张某璃、刘某、苏某某为本案被告，请求判令前述五被告与马某田、许某某等被告承担连带赔偿责任。广州中院依法对原告追加被告的申请予以准许。

2021年4月8日　投服中心申请转换为特别代表人诉讼[1]

投服中心向广州中院提交上述56名投资者证据材料，并向广州中院申请转换为特别代表人诉讼。

在3月26日投服中心表示公开接受投资者委托，系统开放后仅3个工作日，投服中心便已收到50人以上申请。3月26日至4月7日接受投资者委托期间，投资者申请总人数479人，其中适格投资者352人，适格比例73.5%。

2021年4月16日　转换申请成功，特别代表人诉讼权利登记公告发布[2]

广州中院发布《特别代表人诉讼权利登记公告》，公告明确本案权利人范围为自2017年4月20日（含）起至2018年10月15日（含）期间以公开竞价方式买入、并于2018年10月15日闭市后仍持有康美药业股票，且与本案具有相同种类诉讼请求的投资者，但具有《最高人民法院关于审理证券市场因虚假陈述引发的民事赔偿案件的若干

---

1. https://baijiahao.baidu.com/s?id=1697477102922015497&wfr=spider&for=pc.
2. http://www.gzcourt.gov.cn/fygg/ck11/2021/04/16171929622.html.

规定》第十九条规定的虚假陈述与损害结果之间不存在因果关系情形的除外。符合前述权利人范围的投资者如未在公告期间届满（即2021年5月16日）后15日内向本院提交书面声明退出本特别代表人诉讼的,即视为同意参加本特别代表人诉讼。

2021年5月28日　召开庭前会议[1]

康美药业证券虚假陈述集体诉讼案召开庭前会议。法庭主持原告、被告双方交换了证据,听取了双方诉辩意见,明确了案件争议焦点。

参加集体诉讼庭前会议的有:原告方中证中小投资者服务中心有限责任公司的代表及委托律师、被告方康美药业股份有限公司的代表及委托律师、正中珠江及本案其他被告的委托律师。

2021年5月31日　退出期限届满，确定原告名单

投资者退出期限已于2021年5月31日届满,广州中院根据投服中心提交的权利人名单,依法审查确定了本案的原告名单,并提供以下查询方式供投资者查询。

2021年7月27日　广州中院一审开庭[2]

7月27日,广州中院公开开庭审理了康美药业证券虚假陈述集体诉讼案。这是国内资本市场首例"证券纠纷特别代表人诉讼",即

---

1. http://www.gzcourt.gov.cn/xwzx/about/2021/05/28203601856.html.

2. http://www.gzcourt.gov.cn/xwzx/about/2021/07/27175137658.html.

市场所说的 A 股首例集体诉讼。

　　原告方中证中小投资者服务中心有限责任公司的代表及委托律师，以及 22 名被告方康美药业股份有限公司的代表及委托律师、正中珠江及其他被告的委托律师参加了庭审活动。受法庭委托，有关证券专家出庭解答了相关问题。法庭听取了双方当事人的诉辩意见和调解意愿后，宣布择期宣判。

2021年11月12日　广州中院一审判决[1]

　　11 月 12 日，广州中院对全国首例证券集体诉讼案作出一审判决，责令康美药业股份有限公司因年报等虚假陈述侵权赔偿证券投资者损失 24.59 亿元，原董事长、总经理马某田及 5 名直接责任人员、正中珠江及直接负责人承担 100% 连带赔偿责任。其余 13 名责任人承担 5%—20% 不等的连带赔偿责任，其中康美药业的 5 名独立董事（其中包括 4 名大学教授），被判承担 1.23 亿元至 2.46 亿元不等的连带责任。

　　法院查明，康美药业披露的年度报告和半年度报告中，存在虚增营业收入、利息收入及营业利润，虚增货币资金和未按规定披露股东及其关联方非经营性占用资金的关联交易情况，正中珠江出具的财务报表审计报告存在虚假记载，均构成证券虚假陈述行为。经专业机构评估，投资者实际损失为 24.59 亿元。

---

1. http://www.gzcourt.gov.cn/xwzx/about/2021/11/12160421701.html. https://pdf.dfcfw.com/pdf/H2_AN202111121528629932_1.pdf.

2021年11月17日　广东省佛山市中级人民法院宣判

2021年11月17日，广东省佛山市中级人民法院对康美药业原董事长、总经理马某田等12人操纵证券市场案公开宣判。马某田因操纵证券市场罪、违规披露、不披露重要信息罪以及单位行贿罪数罪并罚，被判处有期徒刑12年，并处罚金人民币120万元；康美药业原副董事长、常务副总经理许某某及其他责任人员11人，因参与相关证券犯罪被分别判处有期徒刑并处罚金。

后续

2021年9月末，康美总资产缩水至314.95亿元，整体缩水一半有余，原先占比最大的货币资金和存货，分别缩水98%和64%，降至6.33亿元和56.34亿元，合计占总资产比重也从原来的73%降至26%。

鉴于挤完水分后，其总资产314.59亿元，不足以覆盖429.02亿元的总负债，康美药业已经在4月向法院申请破产重整，6月召开了第一次债权人会议，并于2021年11月2日发布公告招募重整投资人。

2021年底，广东神农氏企业管理合伙企业出资54亿元，联合其他社会资本合计出资65亿元持股29.9%，康美药业完成破产重整工作，其全部债务已通过现金、股份等方式实现100%清偿。广东神农氏也成为*ST康美第一大股东。广东神农氏由广药集团、广东粤财等共同组成，其中广药集团持股比例达到46.049%，广药集团也顺势入主康美药业。

2022年1月8日，*ST康美发布了包括《康美药业关于董事会、监事会换届选举的公告》在内的多份董事会、监事会候选人提名公告，意味着该公司董事会、监事会将很快完成换届。

目前，已完成重组的康美药业，公司市值也从低谷时的80亿元开始回升，到2022年3月中旬，*ST康美总市值已回到400亿元左右。

康美案判决书摘录（2021年11月12日）

　　康美案的判决书是当下法律制度、监管制度以及公司治理制度的集合显现，其中能提供的信息颇多，抗辩双方的理由、法院的因果推定、责任的判定以及损失的确认不仅会为后续相关案件提供判例参考，同时亦是不可多得的研究材料。因此，这里特摘录了民事判决书中第二、第三部分的内容备查。

二、原告投资损失与案涉虚假陈述行为之间有无因果关系

　　本争议焦点涉及的因果关系包括原告的交易行为与案涉虚假陈述行为之间是否存在因果关系及原告的投资损失与案涉虚假陈述行为之间是否存在因果关系，即交易因果关系与损失因果关系。

（一）交易因果关系

　　《最高人民法院关于审理证券市场因虚假陈述引发的民事赔偿案件的若干规定》第十八条规定："投资人具有以下情形的，人民法院应当认定虚假陈述与损害结果之间存在因果关系：（一）投资人所投资

的是与虚假陈述直接关联的证券;(二)投资人在虚假陈述实施日及以后,至揭露日或者更正日之前买入该证券;(三)投资人在虚假陈述揭露日或者更正日及以后,因卖出该证券发生亏损,或者因持续持有该证券而产生亏损。"按照该司法解释之规定,符合条件的投资者的交易行为与被告虚假陈述行为之间应被推定认为存在交易因果关系。

基于此,根据前述关于实施日、揭露日的分析以及本院2021年2月10日作出的(2020)粤01民初2171号民事裁定,本案权利人范围为自2017年4月20日(含)起至2018年10月15日(含)期间以公开竞价方式买入,并于2018年10月15日闭市后仍持有康美药业股票(证券代码:600518),且与本案具有相同种类诉讼请求的投资者,但具有《最高人民法院关于审理证券市场因虚假陈述引发的民事赔偿案件的若干规定》第十九条规定的虚假陈述与损害结果之间不存在因果关系情形的除外。本院按照前述范围确定投资者名单,调取了相关投资者交易数据,并委托投保基金对投资者的损失情况进行了核算。

本院调取相关投资者数据时已限定为以公开竞价方式买入的投资者的数据,实质上已将通过大宗交易等非竞价交易方式买入的投资者排除。虽然部分被告对此提出异议,但均未能举证证明仍有此类投资者作为原告,故本院对该异议不予支持。因此,本院认为,本案原告的交易行为均与被告虚假陈述行为之间存在交易因果关系。

(二)损失因果关系

关于原告的损失与被告虚假陈述行为是否具有损失因果关系。

首先,原告投资损失金额的认定问题。投保基金计算投资者损失时使用的是移动加权平均法的计算方法,康美药业等部分被告提出异议,认为应当使用先进先出加权平均法。但本院认为,使用移动加权平均法计算时,针对投资者每次买入股票测算一次买入成本,卖出股票的成本以前一次的买入均价为计价依据,即买入均价等于本次购入的股票金额加上本次购入前的持股成本的和,除以本次购入股票的数量加上本次购入前股票的数量的和。这个方法实际上考虑了从实施日到揭露日整个期间,投资者每次买入股票的价格和数量,同时也剔除了因为卖出证券导致的盈亏。因此,该方法更为符合实际情况,对从实施日到揭露日期间多次进行交易的投资者的成本认定更合理,故本院对投保基金采用的移动加权平均法表示认可。

其次,关于本案系统风险扣除的问题。《最高人民法院关于审理证券市场因虚假陈述引发的民事赔偿案件的若干规定》第十九条规定:"被告举证证明原告具有以下情形的,人民法院应当认定虚假陈述与损害结果之间不存在因果关系:(一)在虚假陈述揭露日或者更正日之前已经卖出证券;(二)在虚假陈述揭露日或者更正日及以后进行的投资;(三)明知虚假陈述存在而进行的投资;(四)损失或者部分损失是由证券市场系统风险等其他因素所导致;(五)属于恶意投资、操纵证券价格的。"本案中,案涉虚假陈述行为从实施日到揭露日时间较长,在此期间,证券市场走势波动亦较大。投资者的损失中,部分损失系证券市场系统因素造成,该部分损失应予剔除。至于扣除方式,投保基金选取医药生物(申万)指数作为比对指数,并采用"个体相对比例法"测算投资者证券市场系统风险扣除比例。本院认为申万行业指数编制较早,且在证券市场具有较大影响力,可以被选取作为比对指数。而在测算时,投保基金采用"个体相对比例法"测算投资者证券市场系统风险扣除比例,即从投资者第一笔有效买入开始,假设投资者买卖案涉股票时,同时买入卖出相同数量的医药生物(申万)指数,每一笔交易均同步对应指数的买入卖出,并将每个投资者持股期间的指数加权平均跌幅与个股加权平均跌幅进行对比,扣除证券市场系统风险的影响。投保基金具体所采用的计算公式为:市场系统风险扣除比例=证券买入与卖出期间指数加权平均跌幅/证券买入与卖出期间个股加权平均跌幅;指数加权平均跌幅=(指数卖出损失+指数持有损失)/(有效索赔股数×指数买入均价);个股加权平均跌幅=(个股卖出损失+个股持有损失)/(有效索赔股数×个股买入均价)。本院认为该测算方法可以更合理计算不同时期买入康美药业股票的各投资者因市场系统风险受到的损失,投保基金以此方法测算系统风险扣除比例,并无不妥。根据测算情况,除去损失金额在扣除系统风险后为0或者负数的3 289名投资者后,共计52 037名投资者有损失。

最后,关于本案是否还应当扣除非系统风险所导致的投资者损失问题。本院认为,一方面,按照《最高人民法院关于审理证券市场因虚假陈述引发的民事赔偿案件的若干规定》第十九条之规定,缺乏扣除非系统风险导致的损失的法律依据;另一方面,部分被告提出了诸如经营不善、实际控制人曾行贿等应当扣除非系统风险的理由,但未举证证明何种事件应当作为非系统风险,也未证明该等事件独立于虚假陈述行为对康美药业股价产生消极影响。故本案缺乏扣除非系统风险的依据,本院对于部分被告扣除非系统风险的主张不予支持。

此外,经本院核实,投保基金测算的投资者佣金、印花税及利息损失结果均无误,故应予采信。

综上,经投保基金测算,案涉虚假陈述行为所导致的52 037名投资者损失为2 458 928 544元,本院对投资者的该部分赔偿主张予以支持。52 037名投资者所主张的超出上述金额之外的损失,以及损失金额在扣除系统风险后为0或者负数的3 289名投资者所主张的损失,与案涉虚假陈述行为之间不具有因果关系,本院对该赔偿请求不予支持。

三、各被告赔偿责任的认定

(一)康美药业及其实际控制人、董事、监事、高级管理人员的赔偿责任

《中华人民共和国证券法》(2014年修正)第六十九条规定:"发行人、上市公司公告的招股说明书、公司债券募集办法、财务会计报告、上市报告文件年度报告、中期报告、临时报告以及其他信息披露资料,有虚假记载、误导性陈述或者重大遗漏,致使投资者在证券交易中遭受损失的,发行人、上市公司应当承担赔偿责任;发行人、上市公司的董事、监事、高级管理人员和其他直接责任人员以及保荐人、承销的证券公司,应当与发行人、上市公司承担连带赔偿责任,但是能够证明自己没有过错的除外;发行人、上市公司的控股股东、实际

控制人有过错的,应当与发行人、上市公司承担连带赔偿责任。"

康美药业作为上市公司,披露的《2016年年度报告》《2017年年度报告》《2018年半年度报告》中存在虚假记载,虚增营业收入、利息收入及营业利润,虚增货币资金;披露的《2016年年度报告》《2017年年度报告》中存在重大遗漏,未按规定披露控股股东及其关联方非经营性占用资金的关联交易情况,依据《中华人民共和国证券法》(2014年修正)第六十九条之规定,康美药业对案涉投资者损失承担赔偿责任。

马某田作为康美药业董事长、总经理和实际控制人,组织安排相关人员将上市公司资金转移到其控制的关联方,且未在定期报告里披露相关情况;为掩盖上市公司资金被关联方长期占用、虚构公司经营业绩等违法事实,组织策划康美药业相关人员通过虚增营业收入、虚增货币资金等方式实施财务造假。许某某作为康美药业副董事长、副总经理和实际控制人,是主管会计工作的负责人,与马某田共同组织安排相关人员将上市公司资金转移到其控制的关联方,且知悉马某田组织相关人员实施财务造假。此外,马某田、许某某明知康美药业《2016年年度报告》《2017年年度报告》《2018年半年度报告》披露数据存在虚假,仍然作为董事签字并承诺保证相关文件真实、准确、完整。马某田、许某某的行为直接导致康美药业披露的定期报告存在虚假陈述,是应当对康美药业信息披露违法行为直接负责的人员。依据《中华人民共和国证券法》(2014年修正)第六十九条之规定,马某田、许某某应当承担连带赔偿责任。

邱某某作为康美药业董事、副总经理、董事会秘书,主管公司信息披露事务,对公司定期报告的真实性、完整性、准确性承担主要责任;但却根据马某田的授意安排,组织相关人员将上市公司资金转移至控股股东及其关联方,组织策划公司相关人员实施、并亲自参与实施财务造假行为。庄某某为康美药业财务负责人,参与实施财务造假行为。温某某协助董事会秘书和财务负责人分管财务工作,根据马某田、邱某某的授意安排,组织相关人员将上市公司资金转移至控股股东及其关联方,组织协调公司相关人员实施财务造假及信息披露违法行为。马某洲担任财务部总监助理,分管出纳工作,根据马某田等人安排,参与财务造假工作。此外,邱某某、庄某某、温某某、马某洲明知康美药业《2016年年度报告》《2017年年度报告》《2018年半年度报告》披露数据存在虚假,仍然作为董事、监事或高级管理人员签字并承诺保证相关文件真实、准确、完整。邱某某、庄某某、温某某、马某洲的行为直接导致康美药业披露的定期报告存在虚假陈述,也是应当对康美药业信息披露违法行为直接负责的人员。依据《中华人民共和国证券法》(2014年修正)第六十九条之规定,邱某某、庄某某、温某某、马某洲应当承担连带赔偿责任。

马某耀、林某浩、李某、江某某、李某安、罗某某、林某雄、李某华、韩某某、王某、张某1、郭某某、张某2等被告,虽然并非具体分管康美药业财务工作,但康美药业公司财务造假持续时间长,涉及会计科目众多,金额十分巨大,前述被告作为董事、监事或高级管理人员如尽勤勉义务,即使仅分管部分业务,也不可能完全不发现端倪。因此,虽然前述被告作为董事、监事或高级管理人员并未直接参与财务造假,却未勤勉尽责,存在较大过失,且均在案涉定期财务报告中签字,保证财务报告真实、准确、完整，所以前述被告是康美药业信息披露违法行为的其他直接责任人员。故依据《中华人民共和国证券法》（2014年修正）第六十九条之规定，马某耀、林某浩等被告应当承担与其过错程度相适应的赔偿责任。其中，马某耀、林某浩、李某、罗某某、林某雄、李某华、韩某某、王某均非财务工作负责人，过失相对较小，本院酌情判令其在投资者损失的20%范围内承担连带赔偿责任；江某某、李某安、张某1为兼职的独立董事，不参与康美药业日常经营管理，过失相对较小，本院酌情判令其在投资者损失的10%范围内承担连带赔偿责任；郭某某、张某2为兼职的独立董事，过失相对较小，且仅在《2018年半年度报告》中签字，本院酌情判令其在投资者损失的5%范围内承担连带赔偿责任。

唐某、陈某未以董事、监事、高级管理人员的身份签名确认《2016年年度报告》《2017年年度报告》《2018年半年度报告》内容的真实、准确、完整，不存在虚假记载、误导性陈述或重大遗漏，不属于案涉虚假陈述行为人，不应当对投资者损失承担赔偿责任。

（二）正中珠江及其工作人员的赔偿责任

《中华人民共和国证券法》（2014年修正）第一百七十三条规定："证券服务机构为证券的发行、上市、交易等证券业务活动制作、出具审计报告、资产评估报告、财务顾问报告、资信评级报告或者法律意见书等文件，应当勤勉尽责，对所依据的文件资料内容的真实性、准确性、完整性进行核查和验证。其制作、出具的文件有虚假记载、误导性陈述或者重大遗漏，给他人造成损失的，应当与发行人、上市公司承担连带赔偿责任,但是能够证明自己没有过错的除外。"

根据中国证监会《行政处罚决定书》(〔2021〕11号)认定的事实,康美药业2016年、2017年、2018年年度报告存在虚增收入、虚增货币资金等虚假记载行为。正中珠江为上述年度报告提供审计服务,其中2016年、2017年财务报表出具了标准无保留意见的审计意见,2018年财务报表出具了保留意见。在2016年和2017年年报审计期间,正中珠江相关审计人员了解捷科系统为康美药业的业务管理信息系统,金蝶EAS系统为康美药业的财务处理信息系统,但未关注两套系统是否存在差异,未实施必要的审计程序。正中珠江对于货币资金科目和营业收入科目的风险应对措施方面存在重大缺陷,包括未对现金对账执行内部控制测试程序、未关注明显异常或相互矛盾的审计证据、函证回函率较低时未实施替代性程序、审计底稿"加塞"函证交易数据以及项目经理苏某某严重违反独立性要求等。正中珠江上述未实施基本的审计程序行为,严重违反《中国注册会计师审计准则》和《中国注册会计师职业道德守则》等规定,导致康美药业严重财务造假未被审计发现,影响极其恶劣,故本院认为正中珠江应当承担连带赔偿责任。

杨某某作为正中珠江合伙人和2016年、2017年康美药业审计项目的签字注册会计师,在执业活动中因重大过失造成正中珠江需承担赔偿责任。根据《中华人民共和国合伙企业法》第五十七条第一款关于"一个合伙人或者数个合伙人在执业活动中因故意或者重大过失造成合伙企业债务的,应当承担无限责任或者无限连带责任,其他合伙人以其在合伙企业中的财产份额为限承担责任"之规定,杨某某应当在正中珠江承责范围内承担连带赔偿责任。

刘某并非康美药业2016年、2017年审计项目的签字注册会计师,不是案涉虚假陈述行为人,故不应对投资者损失承担赔偿责任。

虽然张某璃作为案涉审计报告签字注册会计师,苏某某作为审计项目经理,均存在过错,但规定中介机构直接责任人承担赔偿责任的《最高人民法院关于审理证券市场因虚假陈述引发的民事赔偿案件的若干规定》第二十四条所依据的《中华人民共和国证券法》(1999年施行)第一百六十一条已经被修正,而行为发生时施行的《中华人民共和国证券法》(2014年修正)第一百七十三条已无中介机构直接责任人承担赔偿责任的规定。根据新法优于旧法的法律适用原则,张某璃、苏某某作为正中珠江的员工,不应因其职务行为直接对投资者承担赔偿责任。

综上,本院认为,康美药业应对投资者损失共计2 458 928 544元承担赔偿责任;马某田、许某某、邱某某、庄某某、温某某、马某洲与康美药业承担连带赔偿责任;马某耀、林某浩、李某、罗某某、林某雄、李某华、韩某某、王某在康美药业赔偿责任20%范围内承担连带赔偿责任;江某某、李某安、张某1在10%范围内承担连带赔偿责任;郭某某、张某2在5%范围内承担连带赔偿责任;正中珠江与康美药业承担连带赔偿责任;杨某某在正中珠江承责范围内承担连带赔偿责任;唐某、陈某、张某璃、刘某、苏某某在本案中不承担民事赔偿责任。

本案诉讼裁判的范围为各被告应当向原告承担的责任问题,至于各承担连带责任的被告之间的责任分担与追偿,不在本案裁判范围之内,各方如承担实际赔付责任后可另行解决。综上所述,依据

《中华人民共和国证券法》（2014年修正）第六十三条、第六十九条、第一百七十三条，《中华人民共和国合伙企业法》第五十七条第一款，《最高人民法院关于审理证券市场因虚假陈述引发的民事赔偿案件的若干规定》第七条、第十七条、第十八条、第十九条、第二十条、第二十一条、第三十三条，《中华人民共和国民事诉讼法》第五十三条、第五十四条、第六十四条，《最高人民法院关于证券纠纷代表人诉讼若干问题的规定》第二十四条、第二十六条、第三十二条、第三十四条、第三十九条、第四十一条之规定，判决如下：

一、被告康美药业股份有限公司于本判决生效之日起十五日内，向原告顾某某、黄某某等52 037名投资者赔偿投资损失2 458 928 544元。原告所获赔偿金额的计算方法为投资差额损失与相应的佣金、印花税、利息损失之和。其中投资差额损失=（买入均价−卖出均价或基准价）×持股数量×（1−证券市场风险因素的影响比例），买入均价采用第一笔有效买入后的移动加权平均法计算，多个账户应合并计算，证券市场风险因素采用个股涨跌幅与生物医药（申万）指数涨跌幅进行同步对比的方法扣除。佣金损失=投资差额损失×0.03%。印花税损失=投资差额损失×0.1%。利息损失=（投资差额损失+佣金损失+印花税损失）×0.35%×第一笔有效买入日至最后一笔卖出日或者基准日的实际天数/365天（各原告应获赔偿金额详见本判决附表，或登录微信小程序"广州微法院"查询）。

二、被告马某田、许某某、邱某某、庄某某、温某某、马某洲对本判决第一项确定的被告康美药业股份有限公司债务承担连带清偿责任。

三、被告马某耀、林某浩、李某、罗某某、林某雄、李某华、韩某某、王某在本判决第一项确定的被告康美药业股份有限公司债务的20%范围内承担连带清偿责任。

四、被告江某某、李某安、张某1在本判决第一项确定的被告康美药业股份有限公司债务的10%范围内承担连带清偿责任。

五、被告郭某某、张某2在本判决第一项确定的被告康美药业股份有限公司债务的5%范围内承担连带清偿责任。

六、被告正中珠江(特殊普通合伙)、杨某某对本判决第一项确定的被告康美药业股份有限公司债务承担连带清偿责任。

七、驳回原告顾某某、黄某某等55 326名投资者的其他诉讼请求。

如果未按本判决指定的期间履行给付金钱义务,应当依照《中华人民共和国民事诉讼法》第二百五十三条规定,加倍支付迟延履行期间的债务利息。

本案案件受理费12 336 442.72元保全费5 000元,由被告康美药业股份有限公司、马某田、许某某、邱某某、庄某某、温某某、马某洲、马某耀、林某浩、李某、罗某某、林某雄、李某华、韩某某、王某、江某某、李某安、张某1、郭某某、张某2、正中珠江(特殊普通合伙)、杨某某共同负担。双方当事人对计算方法、赔偿金额等有异议的,可以向本院申请复核。

原告代表人中证中小投资者服务中心有限责任公司不服本判决的,可以在本判决书送达之日起15日内向本院递交上诉状,并按对方当事人的人数提出副本,上诉于广东省高级人民法院;同时,原告代表人中证中小投资者服务中心有限责任公司应当在上诉期间届满前通知全体原告,原告决定放弃上诉的,应当在收到通知之日起15日内通知本院。

原告代表人中证中小投资者服务中心有限责任公司决定放弃上诉的,可以在本判决书送达之日起15日内通知全体原告;原告决定上诉的,应当在收到通知之日起15日内向本院递交上诉状,并按对方当事人的人数提出副本,上诉于广东省高级人民法院。

链接

链接1-1

Corporate officers and directors are not permitted to use their position of trust and confidence to further their private interests. While technically not trustees, they stand in a fiduciary relation to the corporation and its stockholders. A public policy, existing through the years, and derived from a profound knowledge of human characteristics and motives, has established a rule that demands of a corporate officer or director, peremptorily and inexorably, the most scrupulous observance of his duty, not only affirmatively to protect the interest of the corporation committed to his charge, but also to refrain from doing anything that would work injury to the corporation, or to deprive it of profit or advantage which his skill and ability might properly bring to it, or to enable it to make in the reasonable and lawful exercise of its powers.

链接1-2

The rule itself "is a presumption that in making a business decision, the directors of a corporation acted on an informed basis, in good faith and in the honest belief that the action taken was in the best interests of the company." ... Thus, the party attacking a board decision as uninformed must rebut the presumption that its business judgment was an informed one.

链接1-3

Legally, the board itself will be required only to authorize the most significant corporate acts or transactions: mergers, changes in capital structure, fundamental changes in business, appointment and compensation of the CEO, etc.

链接1-4

Relevant and timely information is an essential predicate for satisfaction of the board's supervisory and monitoring role under s 141 of the DGCL.

链接1-5

responsibility to assure that appropriate information and reporting systems are established by management

链接1-6

The directors knew OR should have known that violations of the law were occurring, and in either event.

链接1-7

The directors knew OR should have known that violations of the law were occurring, and ...

链接1-8

Such failure proximately resulted in the losses complained of.

链接1-9

When specified facts do not create a reasonable doubt that the directors of a corporation acted in good faith in exercising their oversight responsibilities, a derivative suit will be dismissed for failure to make demand.

链接1-10

Where a business decision was not involved, as in this case, the standard to determine demand futility is whether the particularized factual allegations create a reasonable doubt that, as of the time the complaint was filed, the directors could have exercised their independent and disinterested business judgment in response to a demand.

链接1-11

Therefore, because a showing of bad faith conduct is required to establish director oversight liability, the fiduciary duty violated by that conduct is the duty of loyalty.

链接1-12

Sarbanes-Oxley ACT. 201. SERVICES OUTSIDE THE SCOPE OF PRACTICE OF AUDITORS

(a) PROHIBITED ACTIVITIES. — Section 10A of the Securities Exchange Act of 1934 (15 U.S.C. 78j—1) is amended by adding at the end the following:

"(g) PROHIBITED ACTIVITIES. — Except as provided in subsection (h), it shall be unlawful for a registered public accounting firm (and any associated person of that firm, to the extent determined appropriate by the Commission) that performs for any issuer any audit required by this title or the rules of the Commission under this title or, beginning 180 days after the date of commencement of the operations of the Public Company Accounting Oversight Board established under section 101 of the Sarbanes-Oxley Act of 2002 (in this section referred to as the 'Board'), the rules of the Board, to provide to that issuer, contemporaneously with the audit, any non-audit service, including —

"(1) bookkeeping or other services related to the accounting records or financial statements of the audit client;

"(2) financial information systems design and implementation;

"(3) appraisal or valuation services, fairness opinions, or contribution-in-kind reports;

"(4) actuarial services;

"(5) internal audit outsourcing services;

"(6) management functions or human resources;

"(7) broker or dealer, investment adviser, or investment banking services;

"(8) legal services and expert services unrelated to the audit; and

"(9) any other service that the Board determines, by regulation, is impermissible.

"(h) PREAPPROVAL REQUIRED FOR NON-AUDIT SERVICES. — A reg- istered public accounting firm may engage in any non-audit service, including tax services, that is not described in any of paragraphs (1) through (9) of subsection (g) for an audit client, only if the activity is approved in advance by the audit committee of the issuer, in accordance with subsection (i)."

(b) EXEMPTION AUTHORITY. — The Board may, on a case by case basis, exempt any person, issuer, public accounting firm, or transaction from the prohibition on the provision of services under section 10A(g) of the Securities Exchange Act of 1934 (as added by this section), to the extent that such exemption is necessary or appropriate in the public interest and is consistent with the protection of investors, and subject to review by the Commission in the same manner as for rules of the Board under section 107.

Sarbanes-Oxley ACT. 202. PREAPPROVAL REQUIREMENTS.

Section 10A of the Securities Exchange Act of 1934 (15 U.S.C. 78j–1), as amended by this Act, is amended by adding at the end the following:

"(i) PREAPPROVAL REQUIREMENTS. —

"(1) IN GENERAL. —

"(A) AUDIT COMMITTEE ACTION. — All auditing services (which may entail providing comfort letters in connection with securities underwritings or statutory audits required for insurance companies for purposes of State law) and non-audit services, other than as provided in subparagraph (B), provided to an issuer by the auditor of the issuer shall be preapproved by the audit committee of the issuer.

"(B) DE MINIMUS EXCEPTION. — The preapproval requirement under subparagraph (A) is waived with respect to the provision of non-audit services for an issuer, if —

"(i) the aggregate amount of all such non-audit services provided to the issuer constitutes not more than 5 percent of the total amount of revenues paid by the issuer to its auditor during the fiscal year in which the nonaudit services are provided;

"(ii) such services were not recognized by the issuer at the time of the engagement to be non-audit services; and

"(iii) such services are promptly brought to the attention of the audit committee of the issuer and approved prior to the completion of the audit by the audit committee or by 1 or more members of the audit committee who are members of the board of directors to whom authority to grant such approvals has been delegated by the audit committee.

"(2) DISCLOSURE TO INVESTORS. — Approval by an audit committee of an issuer under this subsection of a non-audit service to be performed by the auditor of the issuer shall be disclosed to investors in periodic reports required by section 13(a).

"(3) DELEGATION AUTHORITY. — The audit committee of an issuer may delegate to 1 or more designated members of the audit committee who are independent directors of the board of directors, the authority to grant preapprovals required by this subsection. The decisions of any member to whom authority is delegated under this paragraph to preapprove an activity under this subsection shall be presented to the full audit committee at each of its scheduled meetings.

"(4) APPROVAL OF AUDIT SERVICES FOR OTHER PURPOSES. — In carrying out its duties under subsection (m)(2), if the audit committee of an issuer approves an audit service within the scope of the engagement of the auditor, such audit service shall be deemed to have been preapproved for purposes of this subsection."

Sarbanes-Oxley ACT. 203. AUDIT PARTNER ROTATION.

Section 10A of the Securities Exchange Act of 1934 (15 U.S.C. 78j–1), as amended by this Act, is amended by adding at the end the following:

"(j) AUDIT PARTNER ROTATION. — It shall be unlawful for a registered public accounting firm to provide audit services to an issuer if the lead (or coordinating) audit partner (having primary responsibility for the audit), or the audit partner responsible for reviewing the audit, has performed audit services for that issuer in each of the 5 previous fiscal years of that issuer.".

Sarbanes-Oxley ACT. 204. AUDITOR REPORTS TO AUDIT COMMITTEES.

Section 10A of the Securities Exchange Act of 1934 (15 U.S.C. 78j–1), as amended by this Act, is amended by adding at the end the following:

"(k) REPORTS TO AUDIT COMMITTEES. — Each registered public accounting firm that performs for any issuer any audit required by this title shall timely report to the audit committee of the issuer —

"(1) all critical accounting policies and practices to be used;

"(2) all alternative treatments of financial information within generally accepted accounting principles that have been discussed with management officials of the issuer, ramifications of the use of such alternative disclosures and treatments, and the treatment preferred by the registered public accounting firm; and

"(3) other material written communications between the registered public accounting firm and the management of the issuer, such as any management letter or schedule of unadjusted differences."

Sarbanes-Oxley ACT. 301. PUBLIC COMPANY AUDIT COMMITTEES.

Section 10A of the Securities Exchange Act of 1934 (15 U.S.C. 78f) is amended by adding at the end the following:

"(m) STANDARDS RELATING TO AUDIT COMMITTEES. —

"(1) COMMISSION RULES. —

"(A) INGENERAL. — Effective not later than 270 days after the date of enactment of this subsection, the Commission shall, by rule, direct the national securities exchanges and national securities associations to prohibit the listing of any security of an issuer that is not in compliance with the requirements of any portion of paragraphs(2) through(6).

"(B)OPPORTUNITY TO CURE DE FECTS. — The rules of the Commission under subparagraph(A)shall provide for appropriate procedures for an issuer to have an opportunity to cure any defects that would be the basis for a prohibition under subparagraph(A), before the imposition of such prohibition.

"(2) RESPONSIBILITIES RELATING TO REGISTERED PUBLIC ACCOUNT ING FIRMS. — The audit committee of each issuer, in its capacity as a committee of the board of directors, shall be directly responsible for the appointment, compensation, and oversight of the work of any registered public accounting firm employed by that issuer(including resolution of dis agreements between management and the auditor regarding financial reporting) for the purpose of preparing or issuing an audit report or related work,and each such registered public accounting firm shall report directly to the audit committee.

"(3) INDEPENDENCE. —

"(A) IN GENERAL. — Each member of the audit committee of the issuer shall be a member of the board of directors of the issuer, and shall otherwise be independent.

"(B) CRITERIA. — In order to be considered to be independent for purposes of this paragraph, a member of an audit committee of an issuer may not, other than in his or her capacity as a member of the audit committee, the board of directors, or any other board committee —

"(i) accept any consulting, advisory, or other compensatory fee from the issuer; or

"(ii) be an affiliated person of the issuer or any subsidiary thereof.

"(C) EXEMPTION AUTHORITY. — The Commission may exempt from the requirements of subparagraph(B)a particular relationship with respect to audit commit tee members, as the Commission deter mines appropriate in light of the circumstances.

"(4) COMPLAINTS. — Each audit committee shall establish procedures for —

"(A) the receipt, retention, and treatment of complaints received by the issuer regarding accounting, internal accounting controls, or auditing matters; and

"(B) the confidential, anonymous submission by employees of the issuer of concerns regarding questionable accounting or auditing matters.

"(5) AUTHORITY TO ENGAGE ADVIS ERS. — Each audit committee shall have the authority to engage independent counsel and other advisers, as it determines necessary to carry out its duties.

"(6) FUNDING. — Each issuer shall pro vide for appropriate funding, as deter mined by the audit committee, in its capacity as a committee of the board of directors, for payment of compensation —

"(A) to the registered public accounting firm employed by the issuer for the purpose of rendering or issuing an audit re port;and

"(B) to any advisers employed by the audit committee under paragraph(5)."

Sarbanes-Oxley ACT. 302. CORPORATE RESPONSIBILITY FOR FINANCIAL REPORTS

(a) REGULATIONS REQUIRED. — The Commission shall, by rule,

require, for each company filing periodic reports under section 13(a) or 15(d) of the Securities Exchange Act of 1934 [15 U.S.C. 78m, 78o(d)], that the principal executive officer or officers and the principal financial officer or officers, or persons performing similar functions, certify in each annual or quarterly report filed or submitted under either such section of such Act that —

(1) the signing officer has reviewed the report;

(2) based on the officer s knowledge, the report does not contain any untrue statement of a material fact or omit to state a material fact necessary in order to make the statements made, in light of the circumstances under which such statements were made, not misleading;

(3) based on such officer s knowledge, the financial statements, and other financial information included in the report, fairly present in all material respects the financial condition and results of operations of the issuer as of, and for, the periods presented in the report;

(4) the signing officers —

(A) are responsible for establishing and maintaining internal controls;

(B) have designed such internal controls to ensure that material information relating to the issuer and its consolidated subsidiaries is made known to such officers by others within those entities, particularly during the period in which the periodic reports are being prepared;

(C) have evaluated the effectiveness of the issuer's internal controls as of a date within 90 days prior to the report; and

(D) have presented in the report their conclusions about the effectiveness of their internal controls based on their evaluation as of that date;

(5) the signing officers have disclosed to the issuer s auditors and the audit committee of the board of directors (or persons fulfilling the equivalent function) —

(A) all significant deficiencies in the design or operation of internal controls which could adversely affect the issuer's ability to record, process, summarize, and report financial data and have identified for the issuer's auditors any material weaknesses in internal controls; and

(B) any fraud, whether or not material, that involves management or other employees who have a significant role in the issuer's internal controls; and

(6) the signing officers have indicated in the report whether or not there were significant changes in internal controls or in other factors that could significantly affect internal controls subsequent to the date of their evaluation, including any corrective actions with regard to significant deficiencies and material weaknesses.

(b) FOREIGN REINCORPORATIONS HAVE NO EFFECT. — Nothing in this section 302 shall be interpreted or applied in any way to allow any issuer to lessen the legal force of the statement required under this section 302, by an issuer having reincorporated or having engaged in any other transaction that resulted in the transfer of the corporate domicile or offices of the issuer from inside the United States to outside of the United States.

(c) DEADLINE. — The rules required by subsection (a) shall be effective not later than 30 days after the date of enactment of this Act.

Sarbanes-Oxley ACT. 303. IMPROPER INFLUENCE ON CONDUCT OF AU- DITS.

(a) RULES TO PROHIBIT. — It shall be unlawful, in contravention of such rules or regulations as the Commission shall prescribe as necessary and appropriate in the public interest or for the protection of investors, for any officer or director of an issuer, or any other person acting under the direction thereof, to take any action to fraudulently influence, coerce, manipulate, or mislead any independent public or certified accountant engaged in the performance of an audit of the financial statements of that issuer for the purpose of rendering such financial statements materially misleading.

(b) ENFORCEMENT. — In any civil proceeding, the Commission shall have exclusive authority to enforce this section and any rule or regulation issued under this section.

(c) NO PREEMPTION OF OTHER LAW. — The provisions of sub- section (a) shall be in addition to, and shall not supersede or preempt, any other provision of law or any rule or regulation issued thereunder.

(d) DEADLINE FOR RULEMAKING. — The Commission shall —

(1) propose the rules or regulations required by this section, not later than 90 days after the date of enactment of this Act; and

(2) issue final rules or regulations required by this section, not later than 270 days after that date of enactment.

Sarbanes-Oxley ACT. 401. DISCLOSURES IN PERIODIC REPORTS

(a) DISCLOSURES REQUIRED. — Section 13 of the Securities Exchange Act of 1934 (15 U.S.C. 78m) is amended by adding at the end the following:

"(i) ACCURACY OF FINANCIAL REPORTS. — Each financial report that contains financial statements, and that is required to be pre- pared in accordance with (or reconciled to) generally accepted accounting principles under this title and filed with the Commission shall reflect all material correcting adjustments that have been Deadline. "

"(j) OFF-BALANCE SHEET TRANSACTIONS. — Not later than 180 days after the date of enactment of the Sarbanes-Oxley Act of 2002, the Commission shall issue final rules providing that each annual and quarterly financial report required to be filed with the Commission shall disclose all material off-balance sheet trans- actions, arrangements, obligations (including contingent obligations), and other relationships of the issuer with unconsolidated entities or other persons, that may have a material current or future effect on financial condition, changes in financial condition, results of operations, liquidity, capital expenditures, capital resources, or significant components of revenues or expenses."

(b) COMMISSION RULES ON PRO FORMA FIGURES. — Not later than 180 days after the date of enactment of the Sarbanes-Oxley Act of 2002, the Commission shall issue final rules providing that pro forma financial information included in any periodic or other report filed with the Commission pursuant to the securities laws, or in any public disclosure or press or other release, shall be presented in a manner that —

(1) does not contain an untrue statement of a material fact or omit to state a material fact necessary in order to make the pro forma financial information, in light of the cir- cumstances under which it is presented, not misleading; and

(2) reconciles it with the financial condition and results of operations of the issuer under generally accepted accounting principles.

(c) STUDY AND REPORT ON SPECIAL PURPOSE ENTITIES. —

(1) STUDY REQUIRED. — The Commission shall, not later than 1 year after the effective date of adoption of off-balance sheet disclosure rules required by section 13(j) of the Securities Exchange Act of 1934, as added by this section, complete a study of filings by issuers and their disclosures to determine —

(A) the extent of off-balance sheet transactions, including assets, liabilities, leases, losses, and the use of special purpose entities; and

(B) whether generally accepted accounting rules result in financial statements of issuers reflecting the economics of such off-balance sheet transactions to investors in a transparent fashion.

(2) REPORT AND RECOMMENDATIONS. — Not later than 6 months after the date of completion of the study required by paragraph (1), the Commission shall submit a report to the President, the Committee on Banking, Housing, and Urban Affairs of the Senate, and the Committee on Financial Services of the House of Representatives, setting forth —

(A) the amount or an estimate of the amount of off- balance sheet transactions, including assets, liabilities, leases, and losses of, and the use of special purpose entities by, issuers filing periodic reports pursuant to section 13 or 15 of the Securities Exchange Act of 1934;

(B) the extent to which special purpose entities are used to facilitate off-balance sheet transactions;

(C) whether generally accepted accounting principles or the rules of the Commission result in financial statements of issuers reflecting the economics of such transactions to investors in a transparent fashion;

(D) whether generally accepted accounting principles specifically result in the consolidation of special purpose entities sponsored by an issuer in cases in which the issuer has the majority of the risks and rewards of the special purpose entity; and

(E) any recommendations of the Commission for improving the transparency and quality of reporting off- balance sheet transactions in the financial statements and disclosures required to be filed by an issuer with the Commission.

Sarbanes-Oxley ACT. 404. MANAGEMENT ASSESSMENT OF INTERNAL CONTROLS.

(a) RULES REQUIRED. — The Commission shall prescribe rules requiring each annual report required by section 13(a) or 15(d) of the Securities Exchange Act of 1934 [15 U.S.C. 78m or 78o(d)] to contain an internal control report, which shall —

(1) state the responsibility of management for establishing and maintaining an adequate internal control structure and procedures for financial reporting; and

(2) contain an assessment, as of the end of the most recent fiscal year of the issuer, of the effectiveness of the internal control structure and

procedures of the issuer for financial reporting.

(b) INTERNAL CONTROL EVALUATION AND REPORTING. — With respect to the internal control assessment required by subsection (a), each registered public accounting firm that prepares or issues the audit report for the issuer shall attest to, and report on, the assessment made by the management of the issuer. An attestation made under this subsection shall be made in accordance with standards for attestation engagements issued or adopted by the Board. Any such attestation shall not be the subject of a separate engagement.

Sarbanes-Oxley ACT. 906. CORPORATE RESPONSIBILITY FOR FINANCIAL REPORTS.

(a) IN GENERAL. — Chapter 63 of title 18, United States Code, is amended by inserting after section 1349, as created by this Act, the following:

"§1350. Failure of corporate officers to certify financial reports

"(a) CERTIFICATION OF PERIODIC FINANCIAL REPORTS. — Each periodic report containing financial statements filed by an issuer with the Securities Exchange Commission pursuant to section 13(a) or 15(d) of the Securities Exchange Act of 1934 (15 U.S.C. 78m(a) or 78o(d)) shall be accompanied by a written statement by the chief executive officer and chief financial officer (or equivalent thereof) of the issuer.

"(b) CONTENT. — The statement required under subsection (a) shall certify that the periodic report containing the financial statements fully complies with the requirements of section 13(a) or 15(d) of the Securities Exchange Act pf 1934 [15 U.S.C. 78m or 78o(d)] and that information contained in the periodic report fairly presents, in all material respects, the financial condition and results of operations of the issuer.

"(c) CRIMINAL PENALTIES. — Whoever —

"(1) certifies any statement as set forth in subsections (a) and (b) of this section knowing that the periodic report accompanying the statement does not comport with all the requirements set forth in this section shall be fined not more than $1 000 000 or imprisoned not more than 10 years, or both; or

"(2) willfully certifies any statement as set forth in sub-sections (a) and (b) of this section knowing that the periodic report accompanying the statement does not comport with all the requirements set forth in this section shall be fined not more than $5 000 000, or imprisoned not more than 20 years, or both."

(b) CLERICAL AMENDMENT. — The table of sections at the beginning of chapter 63 of title 18, United States Code, is amended by adding at the end the following:

"1350. Failure of corporate officers to certify financial reports."

链接1-13
第十一節　役員等の損害賠償責任
（役員等の株式会社に対する損害賠償責任）
　第四百二十三条　取締役、会計参与、監査役、執行役又は会計監査人（以下この章において「役員等」という。）は、その任務を怠ったときは、株式会社に対し、これによって生じた損害を賠償する責任を負う。

（株式会社に対する損害賠償責任の免除）
　第四百二十四条　前条第一項の責任は、総株主の同意がなければ、免除することができない。

　第四百六十六条　株式会社は、その成立後、株主総会の決議によって、定款を変更することができる。

　第三百九条-2株主総会の決議は、当該株主総会において議決権を行使することができる株主の議決権の過半数（三分の一以上の割合を定款で定めた場合にあっては、その割合以上）を有する株主が出席し、出席した当該株主の議決権の三分の二（これを上回る割合を定款で定めた場合にあっては、その割合）以上に当たる多数をもって行わなければならない。

　　（取締役等による免除に関する定款の定め）
　　第四百二十六条　第四百二十四条の規定にかかわらず、監査役 設置会社（取締役が二人以上ある場合に限る。）、監査等委員会設 置会社又は指名委員会等設置会社は、第四百二十三条第一項の責任 について、当該役員等が職務を行うにつき善意でかつ重大な過失が ない場合において、責任の原因となった事実の内容、当該役員等の 職務の執行の状況その他の事情を勘案して特に必要と認めるとき は、前条第一項の規定により免除することができる額を限度として 取締役（当該責任を負う取締役を除く。）の過半数の同意（取締役 会設置会社にあっては、取締役会の決議）によって免除することが できる旨を定款で定めることができる。
　　第一項の規定による定款の定めに基づいて役員等の責任を免 除する旨の同意（取締役会設置会社にあっては、取締役会の決 議）を行ったときは、取締役は、遅滞なく、前条第二項各号に掲 げる事項及び責任を免除することに異議がある場合には一定の期 間内に当該異議を述べるべき旨を公告し、又は株主に通知しなけ ればならない。ただし、当該期間は、一箇月を下ることができない。
　　総株主（第三項の責任を負う役員等であるものを除く。）の議決権の百分の三（これを下回る割合を定款で定めた場合にあっては、その割合）以上の議決権を有する株主が同項の期間内に同項の異議を述べたとき（株式会社に最終完全親会社等がある場合において、第一項の規定による定款の定めに基づき免除しようとする責任が特定責任であるときにあっては、当該株式会社の総株主（第三項の責任を負う役員等であるものを除く。）の議決権の百分の三（これを下回る割合を定款で定めた場合にあっては、その割合）以上の議決権を有する株主又は当該最終完全親会社等の総株主（第三項の責任を負う役員等であるものを除く。）の議決権の百分の三（これを下回る割合を定款で定めた場合にあっては、その割合）以上の議決権を有する株主が第三項又は第五項の期間内に当該各項の異議を述べたとき）は、株式会社は、第一項の規定による定款の定めに基づく免除をしてはならない。

（責任の一部免除）
　第四百二十五条　前条の規定にかかわらず、第四百二十三条第一項の責任は、当該役員等が職務を行うにつき善意でかつ重大な過失がないときは、賠償の責任を負う額から次に掲げる額の合計額（第四百二十七条第一項において「最低責任限度額」という。）を控除して得た額を限度として、株主総会（株式会社に最終完全親会社等（第八百四十七条の三第一項に規定する最終完全親会社等をいう。以下この節において同じ。）がある場合において、当該責任が特定責任（第八百四十七条の三第四項に規定する特定責任をいう。以下この節において同じ。）であるときにあっては、当該株式会社及び当該最終完全親会社等の株主総会。以下この条において同じ。）の決議によって免除することができる。
　「最低責任限度額」
　当該役員等がその在職中に株式会社から職務執行の対価として受け、又は受けるべき財産上の利益の一年間当たりの額に相当する額として法務省令で定める方法により算定される額に、次のイからハ4までに掲げる役員等の区分に応じ、当該イからハまでに定める数を乗じて得た額
　　イ　代表取締役又は代表執行役　六
　　ロ　代表取締役以外の取締役（業務執行取締役等であるものに限る。）又は代表執行役以外の執行役四
　　ハ　取締役（イ及びロに掲げるものを除く。）、会計参与、監査役又は会計監査人二

（責任限定契約）
　第四百二十七条　第四百二十四条の規定にかかわらず、株式会社は、

取締役（業務執行取締役等であるものを除く。）、会計参与、監査役又は会計監査人（以下この条及び第九百十一条第三項第二十五号において「非業務執行取締役等」という。）の第四百二十三条第一項の責任について、当該非業務執行取締役等が職務を行う につき善意でかつ重大な過失がないときは、定款で定めた額の範囲 内であらかじめ株式会社が定めた額と最低責任限度額とのいずれか 高い額を限度とする旨の契約を非業務執行取締役等と締結すること ができる旨を定款で定めることができる。

（役員等の第三者に対する損害賠償責任）
　　　第四百二十九条　役員等がその職務を行うについて悪意又は重 大な過失があったときは、当該役員等は、これによって第三者に生 じた損害を賠償する責任を負う。
　　　取締役及び執行役　次に掲げる行為
　　　イ株式、新株予約権、社債若しくは新株予約権付社債を引き受ける者の募集をする際に通知しなければならない重要な事項についての虚偽の通知又は当該募集のための当該株式会社の事業その他の事項に関する説明に用いた資料についての虚偽の記載若しくは記録
　　　ロ計算書類及び事業報告並びにこれらの附属明細書並びに臨時計算書類に記載し、又は記録すべき重要な事項についての虚偽の記載又は記録
　　　ハ虚偽の登記
　　　ニ虚偽の公告（第四百四十条第三項に規定する措置を含む。）

　　　二会計参与計算書類及びその附属明細書、臨時計算書類並びに会計参与報告に記載し、又は記録すべき重要な事項についての虚偽の記載又は記録

　　　三監査役、監査等委員及び監査委員監査報告に記載し、又は記録すべき重要な事項についての虚偽の記載又は記録
　　　四会計監査人会計監査報告に記載し、又は記録すべき重要な事項につ

いての虚偽の記載又は記録

（役員等の連帯責任）

　第四百三十条　役員等が株式会社又は第三者に生じた損害を賠償する責任を負う場合において、他の役員等も当該損害を賠償する責任を負うときは、これらの者は、連帯債務者とする

链接2-1　The New York Stock Exchange Listed Company Manual

303A.00　Introduction

General Application

Companies listed on the Exchange must comply with certain standards regarding corporate governance as codified in this Section 303A. Consistent with the NYSE's traditional approach, as well as the requirements of the Sarbanes-Oxley Act of 2002, certain provisions of Section 303A are applicable to some listed companies but not to others.

Equity Listings

Section 303A applies in full to all companies listing common equity securities, with the following exceptions:

(1) Controlled Companies

A listed company of which more than 50% of the voting power for the election of directors is held by an individual, a group or another company is not required to comply with the requirements of Sections 303A.01, 303A.04 or 303A.05. Controlled companies must comply with the remaining provisions of Section 303A.

303A.01　Independent Directors

Listed companies must have a majority of independent directors.

Effective boards of directors exercise independent judgment in carrying out their responsibilities. Requiring a majority of independent directors will increase the quality of board oversight and lessen the possibility of damaging conflicts of interest.

303A.03   Executive Sessions

To empower non-management directors to serve as a more effective check on management, the non-management directors of each listed company must meet at regularly scheduled executive sessions without management.

Commentary: To promote open discussion among the non-management directors, companies must schedule regular executive sessions in which those directors meet without management participation. "Non-management" directors are all those who are not executive officers, and includes such directors who are not independent by virtue of a material relationship, former status or family membership, or for any other reason.

While this Section 303A.03 refers to meetings of non-management directors, listed companies may instead choose to hold regular executive sessions of independent directors only.

If a listed company chooses to hold regular meetings of all non-management directors, such listed company should hold an executive session including only independent directors at least once a year.

303A.04   Nominating/Corporate Governance Committee

(a) Listed companies must have a nominating/corporate governance committee composed entirely of independent directors.

(b) The nominating/corporate governance committee must have a written charter:

(i) the committee s purpose and responsibilities — which, at minimum, must be to: identify individuals qualified to become board members, consistent with criteria approved by the board, and to select, or to recommend that the board select, the director nominees for the next annual meeting of shareholders; develop and recommend to the board a set of corporate governance guidelines applicable to the corporation; and oversee the evaluation of the board and management; and

(ii) an annual performance evaluation of the committee.

303A.05　Compensation Committee

(a) Listed companies must have a compensation committee composed entirely of independent directors.

(b) The compensation committee must have a written charter:

(i) the committee s purpose and responsibilities — which, at minimum, must be to have direct responsibility to:

(A) review and approve corporate goals and objectives relevant to CEO compensation, evaluate the CEO's performance in light of those goals and objectives, and, either as a committee or together with the other independent directors (as directed by the board), determine and approve the CEO's compensation level based on this evaluation;

(B) make recommendations to the board with respect to non-CEO executive officer compensation, and incentive-compensation and equity-based plans that are subject to board approval; and

(C) prepare the disclosure required by Item 407(e)(5) of Regulation S-K;

(ii) an annual performance evaluation of the compensation committee.

(iii) The rights and responsibilities of the compensation committee set forth in Section 303A.05(c).

303A.07　Audit Committee Additional Requirements

(a) The audit committee must have a minimum of three members. All audit committee members must satisfy the requirements for independence set out in Section 303A.02 and, in the absence of an applicable exemption, Rule 10A-3(b)(1).

(b) The audit committee must have a written charter that addresses:

(i) the committee s purpose — which, at minimum, must be to:

(A) assist board oversight of (1) the integrity of the listed company's financial statements, (2) the listed company's compliance with legal and regulatory requirements, (3) the independent auditor's qualifications and independence, and (4) the performance of the listed company's internal audit function and independent auditors (if the listed company does not yet have an internal audit function because it is availing itself of a transition period pursuant to Section 303A.00, the charter must provide that the committee will assist board oversight of the design and implementation of the internal audit function); and

(B) prepare the disclosure required by Item 407(d)(3)(i) of Regulation S-K;

(ii) an annual performance evaluation of the audit committee; and

(iii) the duties and responsibilities of the audit committee — which, at a minimum, must include those set out in Rule 10A-3(b)(2), (3), (4) and (5) of the Exchange Act , as well as to:

(A) at least annually, obtain and review a report by the independent auditor describing: the firm's internal quality-control procedures; any material issues raised by the most recent internal quality-control review, or peer review, of the firm, or by any inquiry or investigation by governmental or professional authorities, within the preceding five years, respecting one or more independent audits carried out by the firm, and any steps taken to deal with any such issues; and (to assess the auditor's independence) all relationships between the independent auditor and the listed company;

(B) meet to review and discuss the listed company's annual audited financial statements and quarterly financial statements with management and the independent auditor, including reviewing the listed company's specific disclosures under "Management's Discussion and Analysis of Financial Condition and Results of Operations";

(C) discuss the listed company's earnings press releases, as well as financial information and earnings guidance provided to analysts and rating agencies;

(D) discuss policies with respect to risk assessment and risk management;

(E) meet separately, periodically, with management, with internal auditors (or other personnel responsible for the internal audit function) and with independent auditors;

(F) review with the independent auditor any audit problems or difficulties and management's response;

(G) set clear hiring policies for employees or former employees of the independent auditors; and

(H) report regularly to the board of directors.

链接2-2　Nasdaq 5600. Corporate Governance Requirements

5601. Preamble to the Corporate Governance Requirements

Companies applying to list and listed on Nasdaq must meet the qualitative requirements outlined in this Rule 5600 Series.

5605. Board of Directors and Committees

(b) Independent Directors

(1) Majority Independent Board

A majority of the board of directors must be comprised of Independent Directors as defined in Rule 5605(a)(2).

IM-5605-1. Majority Independent Board

Majority Independent Board. Requiring that the board be comprised of a majority of Independent Directors empowers such directors to carry out more effectively these responsibilities.

（2）Executive Sessions

Independent Directors must have regularly scheduled meetings at which only Independent Directors are present ("executive sessions").

IM-5605-2. Executive Sessions of Independent Directors

Regularly scheduled executive sessions encourage and enhance communication among Independent Directors. It is contemplated that executive sessions will occur at least twice a year, and perhaps more frequently, in conjunction with regularly scheduled board meetings.

（c）Audit Committee Requirements

（1）Audit Committee Charter

Each Company must certify that it has adopted a formal written audit committee charter and that the audit committee will review and reassess the adequacy of the formal written charter on an annual basis. The charter must specify:

(A) the scope of the audit committee s responsibilities, and how it carries out those responsibilities, including structure, processes and membership requirements;

(B) the audit committee s responsibility for ensuring its receipt from the outside auditors of a formal written statement delineating all relationships between the auditor and the Company, actively engaging in a dialogue with the auditor with respect to any disclosed relationships or services that may impact the objectivity and independence of the auditor and for taking, or recommending that the full board take, appropriate action to oversee the independence of the outside auditor;

(C) the committee s purpose of overseeing the accounting and financial reporting processes of the Company and the audits of the financial statements of the Company; and

(D) the specific audit committee responsibilities and authority set forth in Rule 5605(c)(3).

（2）Audit Committee Composition

(A) Each Company must have, and certify that it has and will continue to have, an audit committee of at least three members, each of whom must: (i) be an Independent Director as defined under Rule 5605(a)(2); (ii) meet the criteria for independence set forth in Rule 10A-3(b)(1) under the Act [subject to the exemptions provided in Rule 10A-3(c) under the Act]; (iii) not have participated in the preparation of the financial statements of the Company or any current subsidiary of the Company at any time during the past three years; and (iv) be able to read and understand fundamental financial statements, including a Company s balance sheet, income statement, and cash flow statement. Additionally, each Company must certify that it has, and will continue to have, at least one member of the audit committee who has past employment experience in finance or accounting, requisite professional certification in accounting, or any other comparable experience or background which results in the individual s financial sophistication, including being or having been a chief executive officer, chief financial officer or other senior officer with financial oversight responsibilities.

（3）Audit Committee Responsibilities and Authority

The audit committee must have the specific audit committee responsibilities and authority necessary to comply with Rule 10A-3(b)(2), (3), (4) and (5) under the Act [subject to the exemptions provided in Rule 10A-3(c) under the Act], concerning responsibilities relating to: (i) registered public accounting firms, (ii) complaints relating to accounting, internal accounting controls or auditing matters, (iii) authority to engage advisers, and (iv) funding as determined by the audit committee. Audit committees for investment companies must also establish procedures for the confidential, anonymous submission of concerns regarding questionable accounting or auditing matters by employees of the investment adviser, administrator, principal underwriter, or any other provider of accounting related services for the investment company, as well as employees of the investment company.

(d) Compensation Committee Requirements

（1）Compensation Committee Charter

Each Company must certify that it has adopted a formal written compensation committee charter and that the compensation committee will review and reassess the adequacy of the formal written charter on an annual basis. The charter must specify:

(A) the scope of the compensation committee s responsibilities, and how it carries out those responsibilities, including structure, processes and membership requirements;

(B) the compensation committee s responsibility for determining, or recommending to the board for determination, the compensation of the chief executive officer and all other Executive Officers of the Company;

(C) that the chief executive officer may not be present during voting or deliberations on his or her compensation; and

(D) the specific compensation committee responsibilities and authority set forth in Rule 5605(d)(3).

（2）Compensation Committee Composition

(A) Each Company must have, and certify that it has and will continue to have, a compensation committee of at least two members. Each committee member must be an Independent Director as defined under Rule 5605(a)(2). In addition, in affirmatively determining the independence of any director who will serve on the compensation committee of a board of directors, the board of directors must consider all factors specifically relevant to determining whether a director has a relationship to the Company which is material to that director s ability to be independent from management in connection with the duties of a compensation committee member, including, but not limited to:

(i) the source of compensation of such director, including any consulting, advisory or other compensatory fee paid by the Company to such director; and

(ii) whether such director is affiliated with the Company, a subsidiary of the Company or an affiliate of a subsidiary of the Company.

（3）Compensation Committee Responsibilities and Authority

As required by Rule 10C-1(b)(2), (3) and (4)(i)-(vi) under the Act, the compensation committee must have the following specific responsibilities and authority.

(A) The compensation committee may, in its sole discretion, retain or obtain the advice of a compensation consultant, legal counsel or other adviser.

(B) The compensation committee shall be directly responsible for the appointment, compensation and oversight of the work of any compensation consultant, legal counsel and other adviser retained by the compensation committee.

(C) The Company must provide for appropriate funding, as determined by the compensation committee, for payment of reasonable compensation to a compensation consultant, legal counsel or any other adviser retained by the compensation committee.

(D) The compensation committee may select, or receive advice from, a compensation consultant, legal counsel or other adviser to the compensation committee, other than in-house legal counsel, only after taking into consideration the following factors:

(i) the provision of other services to the Company by the person that employs the compensation consultant, legal counsel or other adviser;

(ii) the amount of fees received from the Company by the person that employs the compensation consultant, legal counsel or other adviser, as a percentage of the total revenue of the person that employs the compensation consultant, legal counsel or other adviser;

(iii) the policies and procedures of the person that employs the compensation consultant, legal counsel or other adviser that are designed to prevent conflicts of interest;

(iv) any business or personal relationship of the compensation consultant, legal counsel or other adviser with a member of the compensation committee;

(v) any stock of the Company owned by the compensation consultant, legal counsel or other adviser; and

(vi) any business or personal relationship of the compensation consultant, legal counsel, other adviser or the person employing the adviser with an Executive Officer of the Company.

(e) Independent Director Oversight of Director Nominations

(1) Director nominees must either be selected, or recommended for the Board's selection, either by:

(A) Independent Directors constituting a majority of the Board s Independent Directors in a vote in which only Independent Directors participate, or

(B) a nominations committee comprised solely of Independent Directors.

(2) Each Company must certify that it has adopted a formal written charter or board resolution, as applicable, addressing the nominations process and such related matters as may be required under the federal securities laws.

5615. Exemptions from Certain Corporate Governance Requirements

(c) How the Rules Apply to a Controlled Company

（1）Definition

A Controlled Company is a Company of which more than 50% of the voting power for the election of directors is held by an individual, a group or another company.

（2）Exemptions Afforded to a Controlled Company

A Controlled Company is exempt from the requirements of Rules 5605(b), (d) and (e), except for the requirements of subsection (b)(2) which pertain to executive sessions of Independent Directors.

IM-5615-5. Controlled Company Exemption

It should be emphasized that this controlled company exemption does not extend to the audit committee requirements under Rule 5605(c) or the requirement for executive sessions of Independent Directors under Rule 5605(b)(2).

链接3-1

They sat up there on the eighteenth floor in those big chairs with the [brass name] plates on them and they were a bunch of, well, I'd better not say it. The board was definitely responsible for the trouble. They took their fees and they didn't do anything. Over a period of years, people just sat there. That poor man from the University of Pennsylvania [Gaylord P. Harnwell], he never opened his mouth. They didn't know the factual picture and they didn't try to find out.

链接3-2

managements [knew] from previous experience that members of the board will not ask penetrating, discerning, and challenging questions

链接3-3

the "advising board" had been something like a fraud — simply a way of giving managers the appearance of accountability

链接3-4

Absent cause for suspicion there is no duty upon the directors to install and operate a corporate system of espionage to ferret out wrongdoing which they have no reason to suspect exists

链接3-5

the ability to exercise independent judgment is not solely dependent upon the label attached to a particular director

链接3-6

directors from organizations with customary commercial, industrial, banking, or underwriting relationships with the company to serve on an audit committee unless the board found that such relationships would interfere with the exercise of independent judgment as a committee member

链接3-7

an independent committee possesses the corporate power to seek the termination of a derivative suit. Section 141(c) allows a board to delegate all of its authority to a committee. Accordingly, a committee with properly delegated authority would have the power to move for dismissal or summary judgment if the entire board did.

链接3-8

We do not think that the interest taint of the board majority is per se a legal bar to the delegation of the board's power to an independent committee composed of disinterested board members. The committee can properly act for the corporation to move to dismiss derivative litigation that is believed to be detrimental to the corporation's best interest.

链接3-9

First, the Court should inquire into the independence and good faith of the committee and the bases supporting its conclusions. Limited discovery may be ordered to facilitate such inquiries. The corporation should have the burden of proving independence, good faith and a reasonable investigation, rather than presuming independence, good faith and reasonableness. 789 If the Court determines either that the committee is not independent or has not shown reasonable bases for its conclusions, or, if the Court is not satisfied for other reasons relating to the process, including but not limited to the good faith of the committee, the Court shall deny the corporation's motion. If, however, the Court is satisfied under Rule 56 standards that the committee was independent and showed reasonable bases for good faith findings and recommendations, the Court may proceed, in its discretion, to the next step.

链接3-10

the strong global position of U.S. firms — which had avoided physical and economic devastation during the war — was a source of rents that managers could allocate away from shareholders without harsh capital market punishment.

链接3-11

for corporation executives to act in the interests of shareholders alone, and not also in the interests of employees and consumers, is unethical

链接3-12

Unocal's board consists of eight independent outside directors and six insiders. It met on April 13, 1985, to consider the Mesa tender offer. Thirteen directors were present, and the meeting lasted nine and one-half hours......The eight outside directors, comprising a clear majority of the thirteen members present, then met separately with Unocal's financial advisors and attorneys. Thereafter, they unanimously agreed to advise the board that it should reject Mesa's tender offer as inadequate, and that Unocal should pursue a self-tender to provide the stockholders with a fairly priced alternative to the Mesa proposal. The board then reconvened and unanimously adopted a resolution rejecting as grossly inadequate Mesa's tender offer.

链接3-13

A majority of the board (ten of sixteen) were independent, and all but two of the independent directors (one of whom was contemplating a leveraged bid for the firm) voted for the plan. The directors extensively discussed the shareholder rights plan with the corporation's financial advisors and counsel, illuminated by debate with the particular independent director who opposed the plan most vigorously. The board had the burden of showing that the defensive measure was reasonable in relation to the threat posed, but that proof is materially enhanced.

链接3-14

the paramount duty of management and of boards of directors is to the corporation's stockholders; the interests of other stakeholders are relevant as a derivative of the duty to stockholders

链接3-15

The first listed incident, in February 1999, is an Audit Committee meeting in which Board members were told that Enron was using accounting practices that "push limits" and were "at the edge" of acceptable practice. Three times in 1999 and 2000, the Board was asked to and approved an unprecedented arrangement allowing Enron's CFO to set up private equity funds, the LJM partnerships, to do business with Enron for the purpose of improving Enron's financial statements. The Board also approved moving an affiliated company, Whitewing, off the company books, while guaranteeing its debt with $1.4 billion in Enron stock and helping it obtain funding for the purchase of Enron assets. Committee and Board presentations throughout 1999, 2000, and 2001 chronicled the company's foray into more and more off-the-books activity. Three times in 2000, the Board was asked to and approved complex transactions called the Raptors, despite questionable accounting and ongoing risk to the company. The Board was also informed that, in 6 short months, LJM had produced over $2 billion in funds flow for Enron, and Enron's gross revenues had jumped from $40 billion in 1999 to $100 billion in 2000. These figures are striking, yet apparently no Board member questioned them.

链接3-16

The directors of any corporation organized under this chapter may, by the certificate of incorporation or by an initial bylaw, or by a bylaw adopted by a vote of the stockholders, be divided into 1, 2 or 3 classes; the term of office of those of the first class to expire at the first annual meeting held after such classification becomes effective; of the second class 1 year thereafter; of the third class 2 years thereafter; and at each annual election held after such classification becomes effective, directors shall be chosen for a full term, as the case may be, to succeed those whose terms expire. The certificate of incorporation or bylaw provision dividing the directors into classes may authorize the board of directors to assign members of the board already in office to such classes at the time such classification becomes effective.

链接3-17

Unless directors are elected by written consent in lieu of an annual meeting as permitted by this subsection, an annual meeting of stockholders shall be held for the election of directors on a date and at a time designated by or in the manner provided in the bylaws.

链接3-18

Model Business Corporation Act 7.28: Unless otherwise provided in the articles of incorporation, directors are elected by a plurality of the votes cast by the shares entitled to vote in the election at a meeting at which a quorum is present.

链接3-19

Subject to this chapter in respect of the vote that shall be required for a specified action, the certificate of incorporation or bylaws of any corporation authorized to issue stock may specify the number of shares and/or the amount of other securities having voting power the holders of which shall be present or represented by proxy at any meeting in order to constitute a quorum for, and the votes that shall be necessary for, the transaction of any business, but in no event shall a quorum consist of less than 1/3 of the shares entitled to vote at the meeting, except that, where a separate vote by a class or series or classes or series is required, a quorum shall consist of no less than 1/3 of the shares of such class or series or classes or series.

Members of the governing body shall be elected by a plurality of the votes of the members of the corporation present in person or represented by proxy at the meeting and entitled to vote thereon.

链接3-20

The amendments are designed to facilitate the benefits the Commission sought to provide with Form N-PX as articulated in the adopting release, namely: to provide better information to investors who wish to determine to which fund managers they should allocate their capital, and whether their existing fund managers are adequately maximizing the value of their shares.

链接3-21　Proposal Four: Stockholder Proposal Regarding Change in Stockholder Voting Give Each Share an Equal Vote

Resolved

Shareholders request that our Board take all practicable steps in its control to initiate and adopt a recapitalization plan for all outstanding stock to have one vote per share. We recommend that this be done through a phase-out process in which the board would, within seven years or other timeframe justified by the board, establish fair and appropriate mechanisms through which disproportionate rights of Class B shareholders could be eliminated. This is not intended to unnecessarily limit our Board's judgment in crafting the requested change in accordance with applicable laws and existing contracts.

Supporting Statement

In allowing certain stock more voting power, our company takes public shareholder money but does not provide all shareholders an equal voice in our company's governance, and therefore severely limits shareholders' ability to provide effective feedback to management and the board. Founder Mark Zuckerberg controls over 53% of the vote, though he owns less than 13% of the economic value of the firm.

Facebook Opposing Statement

A substantial majority of the members of our board of directors are independent under applicable SEC and Nasdaq rules, we have recently added several new independent directors, and each of the committees of our board of directors is comprised entirely of independent directors. We believe the independent members of our board of directors provide effective oversight and represent the interests of all stockholders.

The dual class capital structure with two classes of common stock (Class A common stock with one vote per share and Class B common stock with ten votes per share) was implemented in 2009, well before our initial public offering, and all of our investors who purchased shares of our Class A common stock in, and after, our initial public offering were aware of our capital structure, which is disclosed in detail in our public filings with the SEC.

In addition, our stockholders rejected a substantially similar proposal at each of our last six annual meetings of our stockholders.

We believe that our capital structure is in the best interests of our stockholders and that our current corporate governance structure is sound and effective. Therefore, our board of directors recommends that our stockholders vote against this proposal.

Proposal Five: Shareholder Proposal Regarding an Independent Chair Independent Board Chair

Resolved

Shareholders request the Board of Directors adopt as policy, and amend the bylaws as necessary, to require henceforth that the Chair of the Board of

Directors, whenever possible, be an independent member of the Board. This independence policy shall apply prospectively so as not to violate any contractual obligations. If the Board determines that a Chair who was independent when selected is no longer independent, the Board shall select a new Chair who satisfies the requirements of the policy within a reasonable amount of time. Compliance with this policy is waived if no independent director is available and willing to serve as Chair.

Supporting Statement

Facebook CEO Mark Zuckerberg has been Board Chair since 2012. His dual-class shareholdings give him approximately 58% of Facebook's voting shares while holding only 13% of the economic interest, leaving the Board, even with a lead independent director, with only a limited ability to check Mr. Zuckerberg's power. We believe this weakens Facebook's governance, accountability, and oversight of management. Selecting an independent Chair would free the CEO to focus on managing the Company and enable the Chairperson to focus on oversight and strategic guidance. Facebook.

Facebook has resisted recent shareholder requests to separate these roles. The last two years, the same proposal received a majority vote of independent shareholders at the Company's annual stockholder meeting. In 2020, the proposal received support among 63% of independent shareholders, according to our calculations. Despite clearly demonstrated shareholder concern regarding the Board's leadership structure, the Company has not acted on this important signal from its non-insider shareholders. Facebook.

Concentrating power in the hands of one person — any person — is unwise. Looking forward to future growth opportunities, we believe Facebook will benefit from enhanced risk oversight and corporate governance, helping to rebuild trust with investors, employees, users, and regulators. Transitioning to an independent board Chair is necessary to rebuild the company's reputation and to create a governance structure with the benefits of genuine accountability and meaningful oversight.

Facebook Opposing Statement

We believe that our current board structure is effective in supporting strong board leadership.

We believe that the role of the Lead Independent Director facilitates effective representation of the interests of all stockholders.

We believe that our current board structure is in the best interests of our stockholders. Therefore, our board of directors recommends that our stockholders vote against this proposal.

Proposal Six: Stockholder Proposal Regarding Majority Voting for Directors Directors to be Elected by Majority Vote

Resolved

Shareholders hereby request that our Board of Directors initiate the appropriate process as soon as possible to amend our Company's articles of incorporation and/or bylaws to provide that director nominees shall be elected by the affirmative vote of the majority of votes cast at an annual meeting of shareholders, with a plurality vote standard retained for contested director elections, that is, when the number of director nominees exceeds the number of board seats. This proposal includes that a director who receives less than such a majority vote be removed from the board immediately or as soon as a replacement director can be qualified on an expedited basis. If such a director has key experience, they can transition to being a consultant or a director emeritus.

Supporting Statement

Facebook operates essentially as a dictatorship. Mark Zuckerberg controls a majority of the votes using a multi-class share structure with unequal voting rights. Shareholders cannot elect directors annually, call special meetings and have no right to act by written consent. A supermajority vote is required to amend certain bylaws. Our Board is locked into an out-dated governance structure that reduces board accountability to shareholders. Reform is needed.

Facebook Opposing Statement

Given our status as a controlled company, there is not a significant practical difference between majority voting and plurality voting for the election of directors. Accordingly, we believe that deviating from the plurality voting standard is unnecessary at this time. However, our compensation, nominating & governance committee will continue to evaluate the appropriate voting standard for the election of directors.

We believe that our capital structure is in the best interests of our stockholders and that our current corporate governance structure is sound and effective. Therefore, our board of directors recommends that our stockholders vote against this proposal.

链接3-22

In order to prevail on its motion to terminate the Delaware Derivative Action, the SLC must persuade me that: (1) its members were independent; (2) that they acted in good faith; and (3) that they had reasonable bases for their recommendations.[17] If the SLC meets that burden, I am free to grant its motion or may, in my discretion, undertake my own examination of whether Oracle should terminate and permit the suit to proceed if I, in my oxymoronic judicial "business judgment," conclude that procession is in the best interests of the company. This two-step analysis comes, of course, from Zapata.

链接3-23

The SLC's investigation was, by any objective measure, extensive. The SLC reviewed an enormous amount of paper and electronic records. SLC counsel interviewed seventy witnesses, some of them twice. SLC members participated in several key interviews, including the interviews of the Trading Defendants. Importantly, the interviewees included all the senior members of Oracle's management most involved in its projection and monitoring of the company's financial performance, including its sales and revenue growth. These interviews combined with a special focus on the documents at the company bearing on these subjects, including e-mail communications. The SLC also asked the plaintiffs in the various actions to identify witnesses the Committee should interview. The Federal Class Action plaintiffs identified ten such persons and the Committee interviewed all but one, who refused to cooperate. The Delaware Derivative Action plaintiffs and the other derivative plaintiffs declined to provide the SLC with any witness list or to meet with the SLC. During the course of the investigation, the SLC met with its counsel thirty-five times for a total of eighty hours. In addition to that, the SLC members, particularly Professor Grundfest, devoted many more hours to the investigation. In the end, the SLC produced an extremely lengthy Report totaling 1,110 pages (excluding appendices and exhibits) that concluded that Oracle should not pursue the plaintiffs' claims against the Trading Defendants or any of the other Oracle directors serving during the 3Q FY 2001.

链接3-24

He fact that neither Grundfest nor Garcia-Molina received compensation from Oracle other than as directors; the fact that neither Grundfest nor Garcia-Molina were on the Oracle board at the time of the alleged wrongdoing; the fact that both Grundfest and Garcia-Molina were willing to return their compensation as SLC members if necessary to preserve their status as independent; the absence of any other material ties between Oracle, the Trading Defendants, and any of the other defendants, on the one hand, and Grundfest and Garcia-Molina, on the other; and the absence of any material ties between Oracle, the Trading Defendants, and any of the other defendants, on the one hand, and the SLC's advisors, on the other.

链接3-25

two Stanford professors were recruited to the Oracle board in summer 2001 and soon asked to investigate a fellow professor and two benefactors of the University.

链接3-26

these connections generate a reasonable doubt about the SLC's impartiality because they suggest that material considerations other than the best interests of Oracle could have influenced the SLC's inquiry and judgments.

链接4-1

第二条　五　公開会社　その発行する全部又は一部の株式の内容として譲渡による当該株式の取 得について株式会社の承認を要する旨の定款の定めを設けていない株式会社をいう。

六　大会社 次に掲げる要件のいずれかに該当する株式会社をいう。

ア　最終事業年度に係る貸借対照表 第四百三十九条前段に規定する場合にあっては（ 同条の規定により定時株主総会に報告された貸借対照表をいい、株式会社の成立後 最初の定時株主総会までの間においては、第四百三十五条第一項の貸借対照表をい う。ロにおいて同じ ）に資本金として計上した額が五億円以上であること。

イ　最終事業年度に係る貸借対照表の負債の部に計上した額の合計額が二百億円以上 であること。

第四百条　委員会設置会社 指名委員会、監査委員会及び報酬委員会（以下「委員会」とい う ）を置く株式会社をいう．　委員三人以上で組織する。
3　各委員会の委員の過半数は、社外取締役でなければならない。

第三百二十七条　取締役会設置会社（監査等委員会設置会社及び指名委員会等設置会社を除く。）は、監査役を置かなければならない。
会計監査人設置会社（ 委員会設置会社を除く）は 監査役を置かなければならない。

第三百二十八条　大会社（公開会社でないもの、監査等委員会設置会社

及び指名委員会等設置会社を除く。）は、監査役会及び会計監査人を置かな
ければならない。

　　第三百三十五条
　　２　監査役は、株式会社若しくはその子会社の取締役若しくは支配人そ
の他の使用人又は当該子会社の会計参与（会計参与が法人であるときは、そ
の職務を行うべき社員）若しくは執行役を兼ねることができない。
　　３　監査役会設置会社においては、監査役は、三人以上で、そのうち半
数以上は、社外監査役でなければならない。

　　第二条　第十六　社外監査役　株式会社の監査役であって、次に掲げ
る要件のいずれにも該当するものをいう。
　　イ　その就任の前十年間当該株式会社又はその子会社の取締役、会計
参与（会計参与が法人であるときは、その職務を行うべき社員。ロにおいて同
じ。）若しくは執行役又は支配人その他の使用人であったことがないこと。
　　ロ　その就任の前十年内のいずれかの時において当該株式会社又はその
子会社の監査役であったことがある者にあっては、当該監査役への就任の前
十年間当該株式会社又はその子会社の取締役、会計参与若しくは執行役又は
支配人その他の使用人であったことがないこと。
　　ハ　当該株式会社の親会社等（自然人であるものに限る。）又は親会社等
の取締役、監査役若しくは執行役若しくは支配人その他の使用人でないこと。
　　ニ　当該株式会社の親会社等の子会社等（当該株式会社及びその子会
社を除く。）の業務執行取締役等でないこと。
　　ホ　当該株式会社の取締役若しくは支配人その他の重要な使用人又は
親会社等（自然人であるものに限る。）の配偶者又は二親等内の親族でない
こと。

　　第三百四十三条　監査役の選任に関する議案を株主総会に提出するに

は、監査役（監査役が二人以上ある場合にあっては、その過半数）の同意を
得なければならない。
　　監査役の選任を株主総会の目的とすること又は監査役の選任に関する議
案を株主総会に提出することを請求することができる。

　　第三百三十六条　　監査役の任期は、選任後四年以内に終了する事業年
度のうち最終のものに関する定時株主総会の終結の時までとする。
　　公開会社でない株式会社において、定款によって、同項の任期を選任後
十年以内に終了する事業年度のうち最終のものに関する定時株主総会の終結
の時まで伸長することを妨げない。

　　第三百八十七条　　監査役の報酬等は、定款にその額を定めていないとき
は、株主総会の決議によって定める。

　　第四百二十九条　　役員等がその職務を行うについて悪意又は重大な過
失があったときは、当該役員等は、これによって第三者に生じた損害を賠償す
る責任を負う。
　　三　監査役、監査等委員及び監査委員　監査報告に記載し、又は記録
すべき重要な事項についての虚偽の記載又は記録。

　　第三百四十条　　監査役は、会計監査人が次のいずれかに該当するとき
は、その会計監査人を解任することができる。
　　一　職務上の義務に違反し、又は職務を怠ったとき。
　　二　会計監査人としてふさわしくない非行があったとき。
　　三　心身の故障のため、職務の執行に支障があり、又はこれに堪えない
とき。
　　前項の規定による解任は、監査役が二人以上ある場合には、監査役の
全員の同意によって行わなければならない。

　　第三百九十九条　　会計監査人又は一時会計監査人の職務を行うべき者の報酬等を定める場合には、監査役（監査役が二人以上ある場合にあっては、その過半数）の同意を得なければならない。

　　第三百四十四条　　監査役設置会社においては、株主総会に提出する会計監査人の選任及び解任並びに会計監査人を再任しないことに関する議案の内容は、監査役が決定する。
　　同項中「監査役が」とあるのは、「監査役の過半数をもって」とする。

　　第三百四十六条　4　会計監査人が欠けた場合又は定款で定めた会計監査人の員数が欠けた場合において、遅滞なく会計監査人が選任されないときは、監査役は、一時会計監査人の職務を行うべき者を選任しなければならない。

　　第三百五十七条　　取締役は株式会社に著しい損害を及ぼすおそれのある事実があることを発見したときは、直ちに、当該事実を株主（監査役設置会社にあっては、監査役）に報告しなければならない。

　　第三百九十七条　　会計監査人は、その職務を行うに際して取締役の職務の執行に関し不正の行為又は法令若しくは定款に違反する重大な事実があることを発見したときは、遅滞なく、これを監査役に報告しなければならない。

　　第三百八十二条　　監査役は、取締役が不正の行為をし、若しくは当該行為をするおそれがあると認めるとき、又は法令若しくは定款に違反する事実若しくは著しく不当な事実があると認めるときは、遅滞なく、その旨を取締役（取締役会設置会社にあっては、取締役会）に報告しなければならない。
　　2　監査役は、前条に規定する場合において、必要があると認めるとき

は、取締役（第三百六十六条第一項ただし書に規定する場合にあっては、招
集権者）に対し、取締役会の招集を請求することができる。

　　第三百八十四条　監査役は、取締役が株主総会に提出しようとする議
案、書類その他法務省令で定めるものを調査しなければならない。この場合
において、法令若しくは定款に違反し、又は著しく不当な事項があると認める
ときは、その調査の結果を株主総会に報告しなければならない。

　　第三百八十五条　監査役は、取締役が監査役設置会社の目的の範囲外
の行為その他法令若しくは定款に違反する行為をし、又はこれらの行為をす
るおそれがある場合において、当該行為によって当該監査役設置会社に著し
い損害が生ずるおそれがあるときは、当該取締役に対し、当該行為をやめる
ことを請求することができる。
　　2　前項の場合において、裁判所が仮処分をもって同項の取締役に対し、
その行為をやめることを命ずるときは、担保を立てさせないものとする。

　　第三百九十三条　監査役会の決議は、監査役の過半数をもって行う。

　　第三百九十四条　監査役会設置会社は、監査役会の日から十年間、前
条第二項の議事録をその本店に備え置かなければならない。
　　2　監査役会設置会社の株主は、その権利を行使するため必要があると
きは、裁判所の許可を得て、次に掲げる請求をすることができる。
　　前項の議事録が書面をもって作成されているときは、当該書面の閲覧又
は謄写の請求。

　　第三百八十六条　監査役設置会社と取締役との間の訴えにおける会社の
代表等。
　　次に掲げる場合には、監査役が監査役設置会社を代表する。

　1監査役設置会社が第八百四十七条第一項、第八百四十七条の二第一項
若しくは第三項（同条第四項及び第五項において準用する場合を含む。）又は
第八百四十七条の三第一項の規定による請求（取締役の責任を追及する訴え
の提起の請求に限る。）を受ける場合

　2監査役設置会社が第八百四十九条第四項の訴訟告知（取締役の責任
を追及する訴えに係るものに限る）並びに第八百五十条第二項の規定による通
知及び催告（取締役の責任を追及する訴えに係る訴訟における和解に関するも
のに限る）を受ける場合。